# 図解
# 国際物流のしくみと貿易の実務

鈴木邦成 著
*Kuninori Suzuki*

Mechanism
of Global Logistics
and Foreign Trade

B&Tブックス
日刊工業新聞社

# はじめに

少子高齢化などの影響で国内マーケットが縮小を続けていることもあり、海外に目を向ける企業が増えています。生産から流通、消費にいたるサプライチェーンの一連の流れのすべてを国内のみで完結できる時代はもはや過去のものとなりつつあります。海外との連携を視野に入れつつ、ビジネスを進めなければならない時代に突入しているわけです。

そうした時代の流れのなか、貿易・国際物流の重要性はこれまで以上に高まりつつあります。ただしグローバル化が急速に進展している一方で、欧米諸国の環境関連やセキュリティ対応の複雑な規制、あるいは中国などの新興国の独特な規制に対して的確に対応する必要も出てきています。

本書ではその点をふまえ、製造業の輸出入管理担当者、国際物流事業者などが日々の実務に役立つ知識を体系的にまとめ、わかりやすく解説することにしました。本書の構成は次のようになっています。

まず、第1章「国際物流のしくみ」では国際物流についての基本知識を整理しました。同時に第2章以下の専門知識の解説の土台となる内容となっています。

第2章「国際輸送のポイント」では海上輸送と航空輸送という国際輸送の二大形態について、それぞれに必要な知識と実務手順を解説します。

第3章「輸出取引・管理の実務」では、輸出取引、輸出管理に必要な実務知識を整理しました。また、欧州の環境法規や米国のサプライチェーンセキュリティ政策に対応した規制などに対する対応についても詳述しています。

第4章「輸入取引・管理の実務」では輸入実務の基本的な流れをふまえたうえで、許可承認や検査の確認などが必要な輸入貨物など、輸入取引、輸入管理における実務知識をまとめ、わかりやすく解説しています。

第5章「貿易と保険」では、貿易・国際物流の一連の流れのなかで必要となる保険についての知識を解説しています。

第6章「国際物流と貿易」では、近年、ますますその関係が密接になってきている国際物流と貿易の関係をふまえ、製造業などの荷主企業の国際物流・出入荷担当者などが知っていると役に立つ内容をわかりやすく解説しています。

さらに巻末の資料編では、実務に必要な手順書、チェックリスト、一覧表、用語解説などをまとめて掲載しています。

本書を読むことによって、読者各位が貿易・国際物流のしくみを理解し、実務知識を身につけ、仕事を進めるうえでの大きなプラスとなることを祈ってやみません。

２０１０年８月

鈴木邦成

図解　国際物流のしくみと貿易の実務 ◉ 目次

## 第2章　国際輸送のポイント ―――― 35

## 第4章 輸入取引・管理の実務

## 第5章 貿易と保険 139

## 第6章 国際物流と貿易 163

第 1 章

# 国際物流のしくみ

01

# 国際物流とは

## 重要性を増す国際物流！

### 高まる国際物流への注目！

企業経営における物流の役割、位置付けは急速に高まってきています。多くの企業が戦略的に物流をとらえ、その最適化を図るロジスティクス（戦略物流）の高度化に力を入れているのです。同時に、工場から製品などを輸送し、物流センターを経由して、消費拠点にモノを送り込むという一連の物流プロセスがグローバルに広がる傾向も強まっています。製造業はその生産拠点を中国、東南アジアなど、世界各国に広げています。海外の工場で生産される日本企業の製品は、海上輸送、航空輸送を経て、日本国内に輸入されたり、第三国に輸出されたりすることになります。

ただし、生産コストや現地の輸配送コスト、保管コストなどを安く抑えることができても、国際物流の一連の流れのなかで高コストの部分があれば、それで利益を吐き出してしまうことも考えられます。国際物流のしくみについての十分な知識が不可欠になるわけです。

また、少子高齢化などによる国内マーケットの縮小化をにらみ、海外マーケットのさらなる開拓、進出も日本企業の至上命題となっています。ところが近年は、世界経済の急速なグローバル化の影響などを受けて、国際セキュリティ対策や国際的な環境規制に迅速かつ適正に対応していくことが、製造業にも求められるようになってきました。

そうした国際社会環境の変化を的確にとらえつつ、国際物流の最適化を目指していく姿勢も必要になってきているといえましょう。

### 国際物流の枠組み

物流とは物的流通の略です。物流に対して商取引

Point
- ロジスティクスの高度化
- 国際物流の最適化

## 貿易と国際物流の関係

の流れを商的流通（商流）と呼んでいます。そして物流と商流をあわせて流通という上位概念でくくられます。また国際間のモノの流れを国際物流といいます。ちなみに国際的な商取引の流れが貿易（国際商流）と呼ばれているわけです。

国際的なモノの流れとそれに関する商取引は、輸出と輸入を両軸として行われます。

たとえば、原材料・部品などを海外から購入し、国内の工場で製品を生産し、第三国に販売するというケースでは、原材料・部品などの輸入、完成品の輸出という2つの国際物流のプロセスが存在することになります。その際、輸出・輸入の双方についてどのような輸送手段を選択し、どこにどれくらいの期間、保管するのかということを的確に決定しなければなりません。

ただし、国内の物流ならば、トラック輸送や鉄道輸送が中心となるでしょうが、国際物流では船舶や航空機を使うケースがほとんどになります。また、保管方法や貨物の検査などについても、国内の物流とは異なることが少なくありません。そうした国際物流の特殊性を把握していく必要があるわけです。

# 02 国際物流の構成要素

## 六大機能を有機的に結合！

国際物流の機能には、輸送（国際輸送）、保管（蔵置など）、荷役（保税地域での荷役など）、流通加工（海外・保税地域など）、包装・梱包（コンテナ・通い箱など）、情報管理（国際貨物の情報管理など）があります。

国際輸送は大きく、海上輸送、航空輸送、国際複合輸送に分けて考えることができます。島国である日本の地域特性を考えると、国際輸送は海運か空運のどちらかということになりますが、その双方を併用するという選択肢も存在するわけです。

海上輸送は荷主が自らの船で貨物を輸送することも不可能ではありませんが、一般には外航海運業者に依頼します。さらに、外航海運業者には船舶運航業、船舶貸渡業、海運仲立業、海運代理店業があります。

航空輸送は緊急性、季節変動性、トレンド性の高い製品やサンプル製品などの輸送に用いられることが多くなっています。なお、航空貨物輸送を行う事業者は航空運送業（キャリア）、貨物利用運送業（フォワーダー）、航空運送代理店業に区分されます。

国際複合輸送は、「国連国際物品複合条約」の定義によると、国際間を複数の輸送手段を用いて一つの輸送契約で2国間の貨物の輸送を行うことになります。複数の輸送手段が使われていても、輸送は一貫した責任をもって行われ、トータル運賃が設定されることになります。また「複合運送証券」も発行されます。

保税とは、輸入された貨物が通関を済ませていない状態のことです。通関前の輸出、輸入の許可を受けていない貨物は保税地域のなかに蔵置されることになります。また保税地域にある倉庫のことを保税

**Point**

- 海運と空運による国際輸送
- 保税倉庫の活用

## 国際物流の六大機能

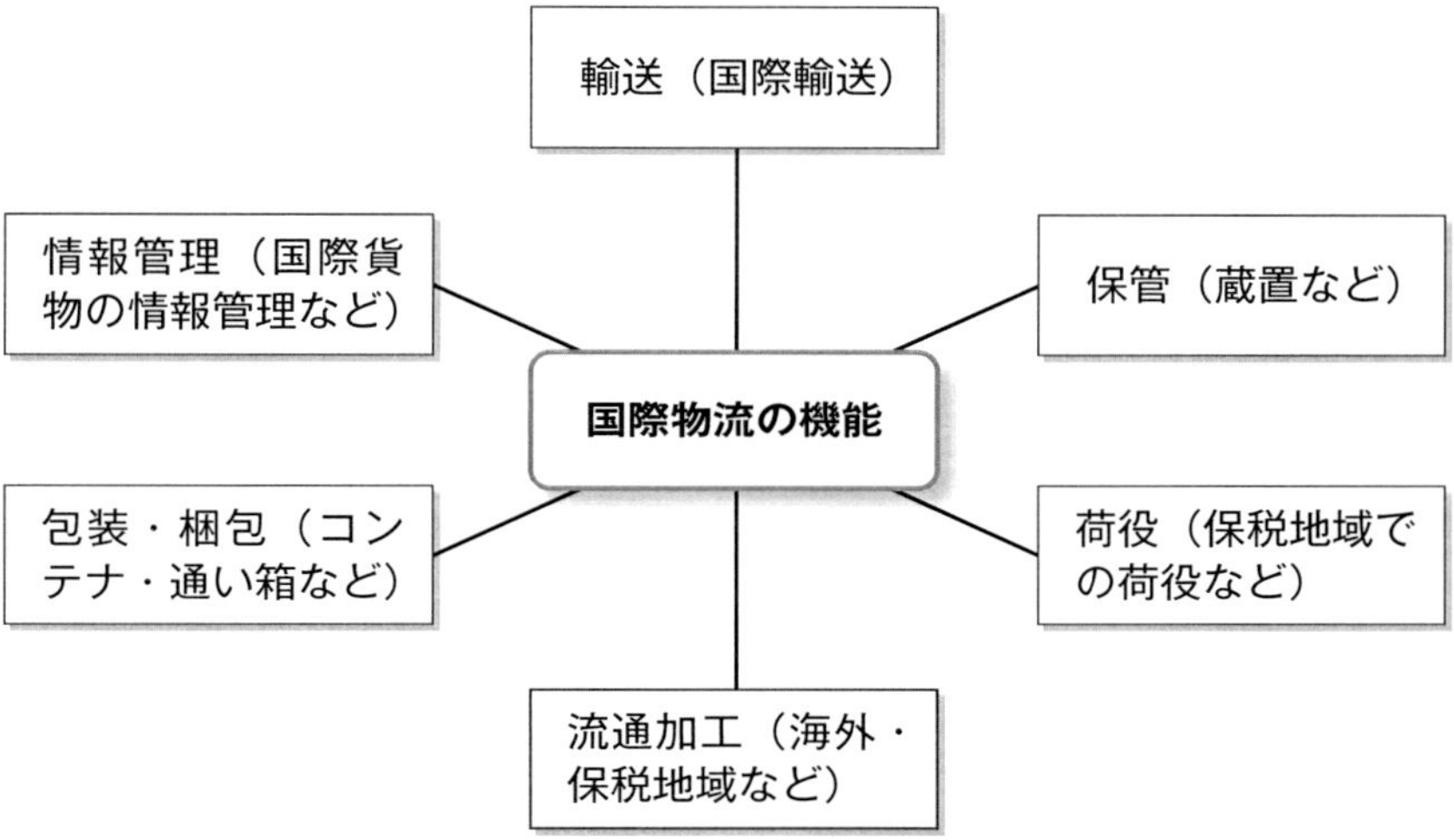


倉庫といいます。保税倉庫を使うことで、通関前の検品、仕分けなどが可能になります。不良品などが見つかった場合にも通関することなく、積戻しをすることが可能になります。また、輸送料、保管料などについて消費税がかからないなど、税金面でのメリットもあります。

　国際物流の荷役には海運における船内の荷捌《にさば》き（船内荷役）、沿岸における荷捌き（沿岸荷役）、あるいは保税倉庫などにおける仕分け、ピッキングなどの業務があります。

　国際物流における流通加工としては、保税地域などにおける輸出入する製品の検品、検針、ラベル貼り、梱包などがあげられます。

　国際物流における包装・梱包としては、輸出入される製品などの特性を十分理解しつつ、コンテナ、パレット、通い箱、段ボール箱などを上手に活用していきます。

　国際物流における情報管理には、グローバルな視点から在庫管理システムを導入していくことが不可欠になります。コンテナ貨物の位置情報などを可視化するためにコンテナ管理システム、通関処理システムなどの効果的な活用も必要になります。

**用語解説**

**国連国際物品複合条約**：国際複合運送などについて定めている。

**複合運送証券**：国際輸送の全行程の責任を持つ「複合運送人」が発行する運送状のこと。

# 03 グローバルサプライチェーンの構築と国際物流

## ますます遠くなる生産地！

### 長くなるサプライチェーンの距離

　さまざまな製造業は生産コストの低減を目的に海外に進出していきました。しかし、それらの海外拠点も生活レベルが向上すると、それにあわせて労働コストも上昇することになります。その結果、製造業はより賃金の安い地域に生産拠点をシフトさせていくことになります。具体的にいえば、以前は競って進出していた上海地域の労働コストが上昇したため、生産拠点は中国内陸や「チャイナプラスワン」と呼ばれるさらに低コストで工場運営が可能なベトナムやインドに移ることになったのです。いいかえれば、日本を起点としたグローバルサプライチェーンの距離はどんどん長くなる傾向にあるわけです。

　そしてサプライチェーンの距離が長くなれば、それにあわせて国際輸送のリードタイムも長く、複雑になります。たとえば、中国の生産拠点が上海にあれば、上海近郊の工場から出荷された製品を保税区の倉庫を経由して日本に輸入するというスキームになります。保税倉庫での検品や流通加工が入る可能性もありますが、モノの流れは比較的、単純です。

　ところが工場が内陸にシフトし、サプライチェーンの距離が伸びると、スキームはやや複雑になります。内陸の拠点からトラック輸送でもっとも近い港湾に製品などを運ぶのか、それともそれではリードタイムが長くなるリスクが出てくるので航空輸送を行うのか、といった具合に存在するいくつかの選択肢を吟味する必要性が出てくるわけです。

　一例をあげれば、中国内陸から日本の地方都市への航空輸送のケースでもダイレクトに成田国際空港に持ってきて、そこから日本国内をトラック輸送するか、韓国の仁川国際空港から日本の地方空港に運ぶというルートを用いるか、時期に応じて変わる航

Point

- 国際輸送のリードタイム
- グローバル在庫管理

### 長くなるグローバルサプライチェーンの距離

**グローバルサプライチェーン**
国際物流の重要性が高まる！

→

**長くなる傾向**
生産拠点、物流拠点などは中国オンリーから「チャイナ・プラス・ワン」、「チャイナ・プラス・ツー」の時代へ

→

**ますます複雑化する方向**
グローバル在庫管理の必要性などが高まる！

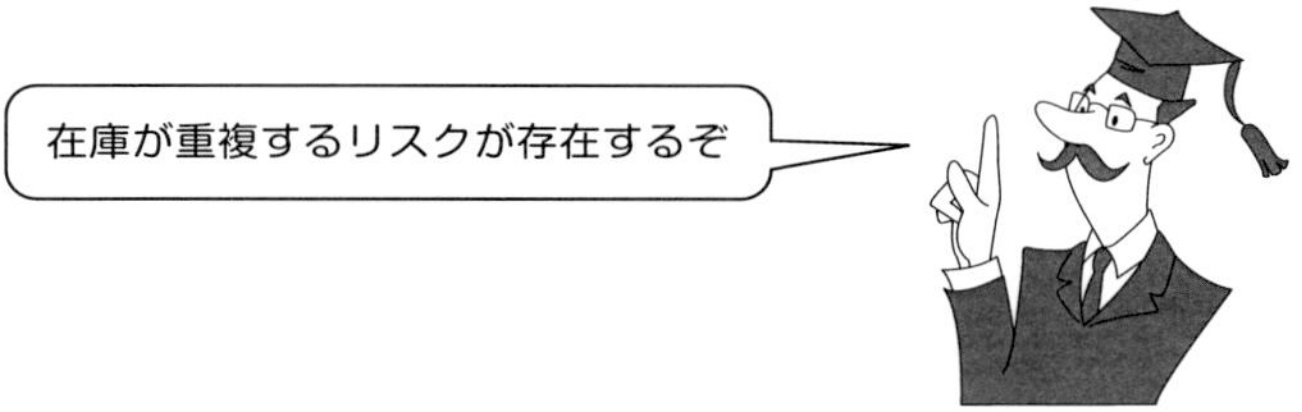


空運賃などの物流コストを注視、検討しながら柔軟に決定しなければならないケースもあるのです。

## グローバル在庫管理の必要性

　また、在庫管理については、国別、あるいは地域ワイドでの生産量がかさみ、在庫が重複するリスクを回避すべく、グローバル在庫管理システムを導入する企業もあります。

　サプライチェーンの距離が長くなれば、当然ながらリードタイムも長くなります。

　しかし、リードタイムが長くなり、生産拠点から消費地へのモノの流れに時間がかかれば、タイムリーに商品を売りさばく機会を逸することにもなりかねません。したがって、「販売機会を逃がさないようにするためには在庫重複もやむなし」という社内の声が大きくなることも少なからずあるわけです。

　ただし、当然のことながら、たとえグローバル規模でも製品在庫が過度に重複すれば、企業にとっては体力の低下を招きかねません。グローバルサプライチェーン全体を見渡し、可能な限り、国際在庫の重複も避ける努力が必要になってくるわけです。

04

# 国際物流のインフラ①　港湾

## 我が国輸出入貨物のほとんどを網羅！

### コンテナ港のしくみ

国際輸送のための基本インフラとして、まず把握しておかなければならないのは港湾の機能と役割です。

我が国の輸出入貨物の99・7%（重量ベース）が港湾を使用しています。すなわち港湾は、日本の国際物流のゲートウエイとしての役割を担っているといえるでしょう。

港湾では寄港した船舶が貨物の積み卸しなどの港湾荷役作業が行われます。海上貨物のなかには貨物をコンテナに入れずに個別に運ぶ「バラ積み」と呼ばれる方式が採用されることもありますが、近年の国際輸送はコンテナ輸送が主流となっています。

コンテナ輸送はコンテナターミナルが整備された「コンテナ港」で行われています。

コンテナ船が利用する港湾には、コンテナの積み卸しのためのガントリークレーンを岸壁に設置します。

さらにいえば陸運との接点となるコンテナターミナルが必要になります。コンテナターミナルにはエプロン、マーシャリングヤード、コンテナフレイトステーション、出入口ゲートがあります。

エプロンとはガントリークレーンを設置する岸壁のことです。エプロンと隣接するかたちで、コンテナを船積み荷役の順に整列させるマーシャリングヤードが設けられています。エプロンとマーシャリングヤードを合わせてコンテナヤードと呼びます。

コンテナヤードにはコンテナを船積みの順番に積み重ねてあります。

コンテナフレイトステーションとは貨物量が少ない場合、船会社が他社の荷物と混載する詰め合わせ作業などを行う場所です。

Point
- コンテナ港
- 定期船と不定期船

**コンテナ港のしくみ**

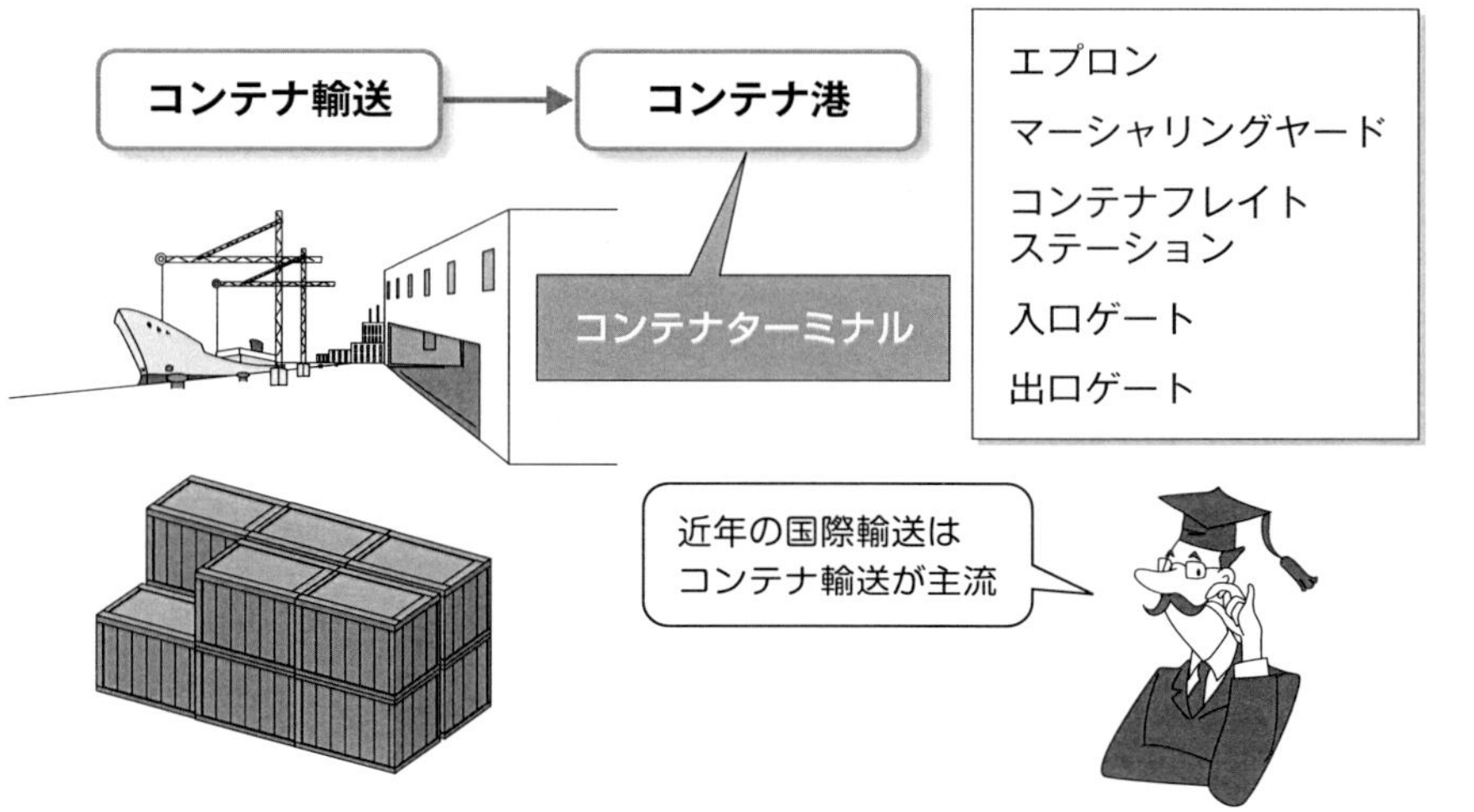


出入ゲートでは書類の受け渡し、重量測定などが行われます。

なおコンテナ単位（1本が単位）とする大口貨物をＦＣＬ（フル・コンテナ・ロード）貨物といいます。

## 海上運送のしくみ

海上運送には定期船、不定期船、専用船を利用するケースが考えられます。

多数の荷主の物品を一隻の船に混載する「個品運送」が一般的です。ちなみに、個品運送では運航スケジュールがあらかじめ決まっている定期船が利用されることになります。同一種類の物品を専用船に積み込むこともあります。

荷主が船舶をチャーターして海上運送を行うことを傭船といいます。穀物、鉱石などのバラ積み貨物などを対象に不定期船を用いて行われます。

定期船の運賃には重量建て運賃、容積建て運賃、従価建て運賃、ボックスレートがあり、基本運賃に加えて通貨変動、燃料割増、船混割増などの割増料金が設定されます。定期船の運賃のしくみを理解することで、国際物流の大枠も見えてきます。

05

# 国際物流のインフラ② 空港

## 付加価値の高い貨物の国際輸送を担う！

**貿易額ベースでは全体の3割に！**

航空貨物の国際物流に占める比重は重量ベースで1％未満です。航空輸送される貨物は小ロットで緊急性が高い物品などが中心となるためです。国際空港から海外へ輸出や輸入されすることが多くなるので、成田国際空港や関西国際空港などの使用率が高くなります。今後は羽田（東京国際空港）が再国際化で国際貨物を増やしていくことが予想されます。

ただし、近年の貿易額ベースでは貿易額全体に占める割合は約30％に達しています。その理由は付加価値の高い高額な貨物輸送に使われているからです。さらに世界的な航空輸送インフラの整備、充実などが進んでいることもあり、これからのより一層の発展が期待されています。

さらに、グローバルサプライチェーンの距離がこれまで以上に伸長し、反面、リードタイムのタイト化、ジャストインタイムの徹底などが求められる流れのなかで国際航空輸送の重要性は増しています。

それに伴い、空港インフラのさらなる強化も望まれているわけです。ただし、国際物流の高度化に適応していくためには24時間運用可能、複数の長距離用滑走路の整備、貨物取扱施設など、グローバルロジスティクス機能の強化が不可欠となります。

**遅れる日本の航空貨物ビジネス**

かつては世界1位の航空貨物輸送量だった日本の航空会社は、国内空港のインフラ整備の遅れや近代経営への脱皮を失敗などにより、航空貨物輸送ビジネス市場では苦戦を強いられています。

航空貨物輸送ランキング（国際航空運送協会調べ、２００８年）を見ると、輸送量1位は大韓航空で以下、キャセイパシフィック航空、ルフトハンザ

Point
- グローバルロジスティクス機能の強化
- 直送貨物と混載貨物

### 航空輸送の現状と課題

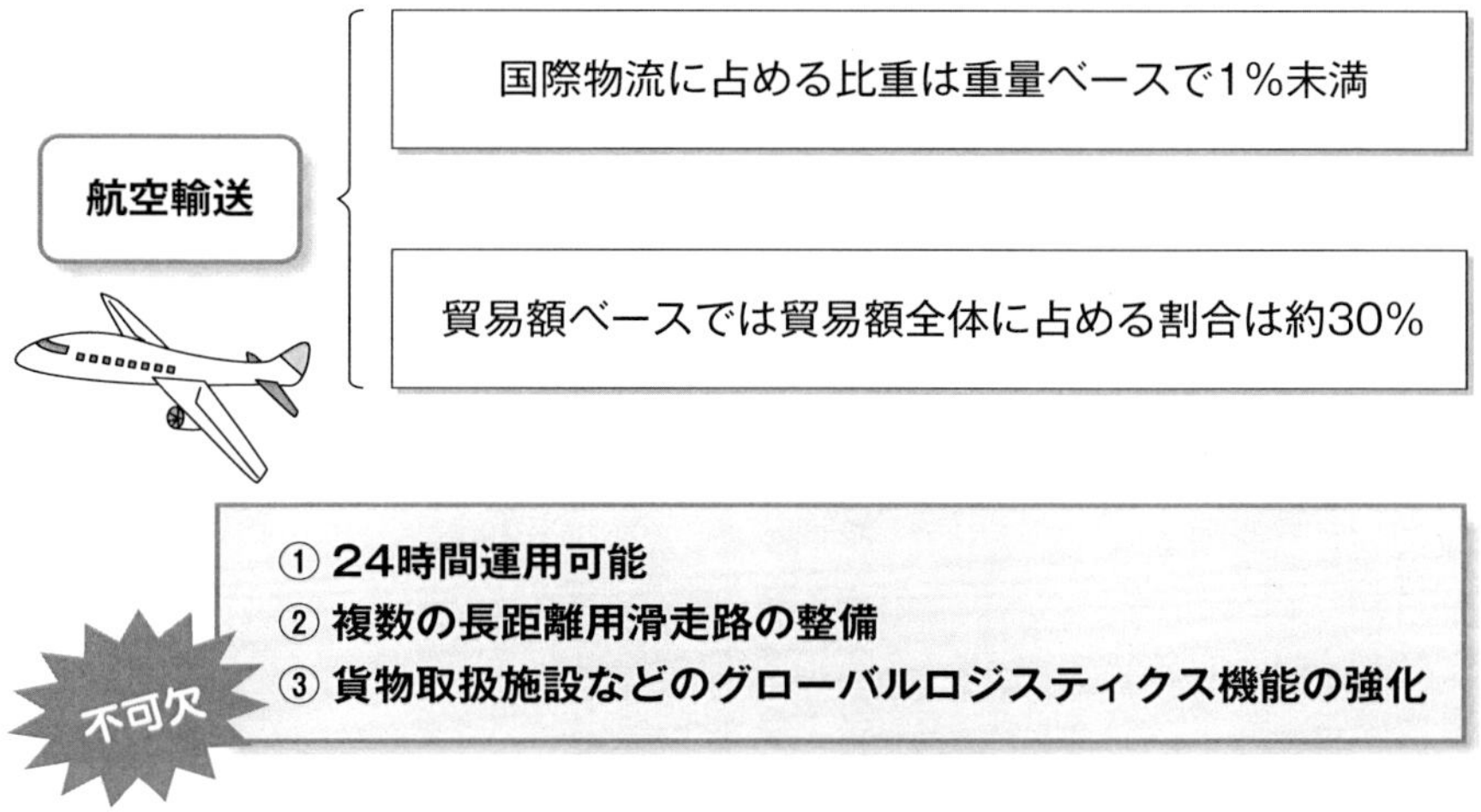
航空輸送
国際物流に占める比重は重量ベースで1%未満
貿易額ベースでは貿易額全体に占める割合は約30%
不可欠
① 24時間運用可能
② 複数の長距離用滑走路の整備
③ 貨物取扱施設などのグローバルロジスティクス機能の強化

カーゴ、シンガポール航空、フェデックスといった順になっています。

またフェデックス、UPSなどのグローバルインテグレーターは、荷主企業からの集荷、輸送、通関、配送という一連の国際物流のプロセスを一貫責任のもとに行い、グローバル化を進めています。しかし日本の物流企業のなかには、そういったグローバルインテグレーターに対抗するだけの国際競争力を持った企業が育っていないことも大きな課題といえましょう。

なお、国際航空貨物は大きく直送貨物と混載貨物の2つに分けることができます。

直送貨物とは製造業などの荷主企業が航空フォワーダーなどに輸送を委託し、航空会社の約款、運賃に基づいて貨物を集荷、輸送、通関、配送するというものです。混載貨物では混載業者が航空会社と運送契約を締結し、貨物を集荷します。集荷された貨物は混載業者が航空会社に対して荷送人となり、仕向地ごとにまとめて大口貨物とします。

ただし、航空貨物の運賃は原則として空港から空港までとなっています。したがって集荷、通関、保管などの付帯サービスは別になります。

# 06 サプライチェーンセキュリティへの対応

## 「安全な輸送」が国際物流のカギに！

### 検査体制の強化

米国では2001年の同時多発テロ（9・11）以降、テロ対策強化の視点からサプライチェーンセキュリティの管理体制の強化を進めています。

そしてその一環として2007年には「100%貨物スキャン法」が議会を通過しました。「エックス線検査装置と放射性物質検知装置を組み合わせた非接触型検査装置を使い、外国港湾において船積み前にすべての米国向けのコンテナ貨物の検査を行うこと」が数年内に行われることが決まりました。コンテナ全量検査を義務化するというかたちで、諸外国に米国向けの輸出管理を徹底させるという発想です。

もっとも、「コンテナの全量検査は基本的に無理のある考え方で、年間1200万本のコンテナを逐一、海外港湾で検査すれば、国際物流は阻害され、荷主のコストは莫大なものになる」とも指摘されています。

しかしそれでもサザンプトン港（英国）などでは、すでにテストプログラムが実施されています。すべての米国向けコンテナのスキャニング、画像および情報の米国への送信、放射性物質検知装置がアラームを発した場合の対処方法についてのテストが行われているのです。

また、物流のグローバル化の進展により、輸出についても国際的な枠組みを強化する動きも出てきています。本来、各国の国際物流・貿易政策を見てみると、自国への輸入を規制、管理することには熱心だが、輸出する物品に関する管理はそれほど綿密に行われてきませんでした。東西冷戦体制が崩壊し、旧共産圏や中国などの資本主義経済へ参入したこともあり安全保障の観点からの輸出管理、輸出規制は

Point

- コンテナ全量検査
- 輸出管理の徹底

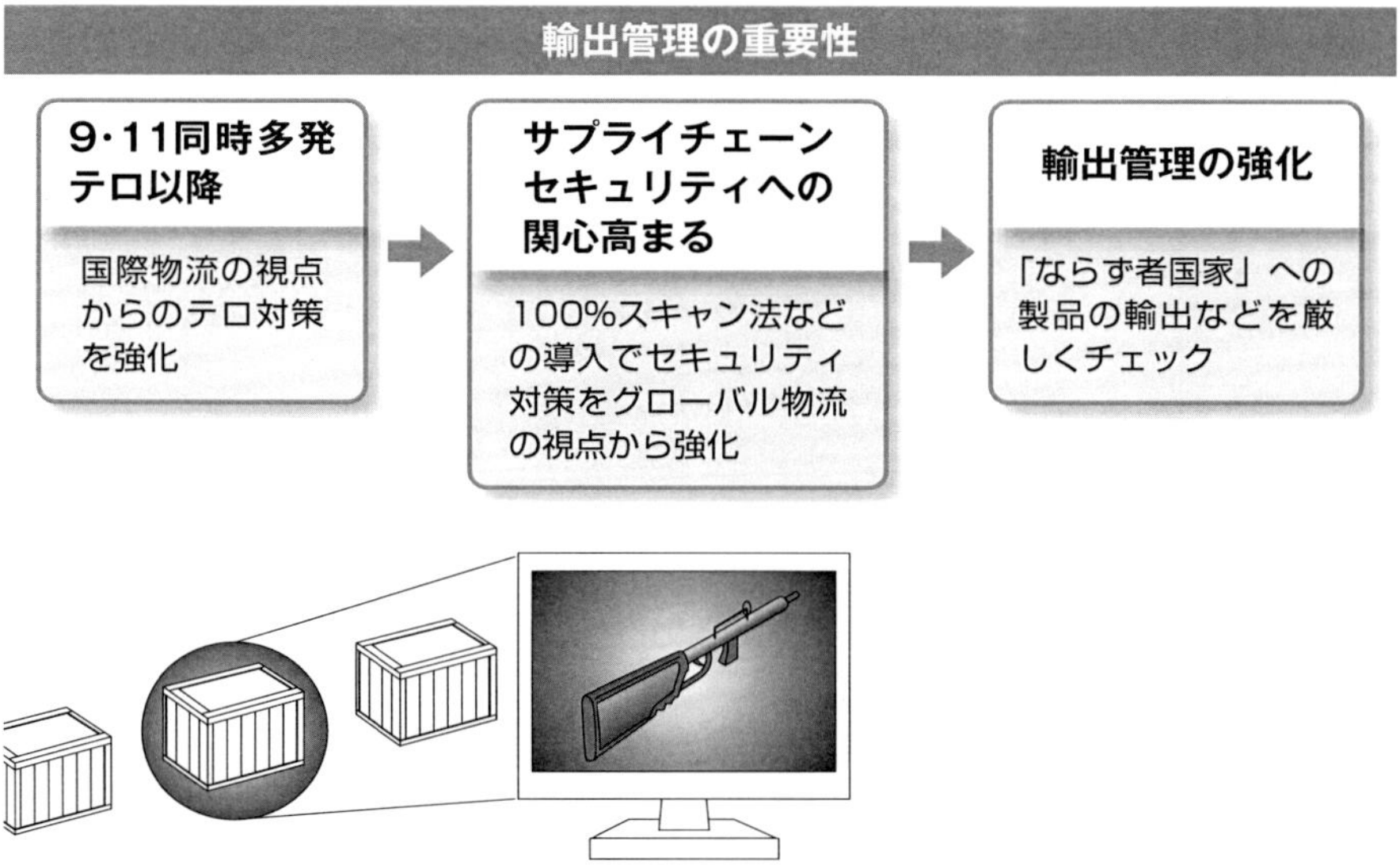
輸出管理の重要性
9･11同時多発テロ以降
国際物流の視点からのテロ対策を強化
サプライチェーンセキュリティへの関心高まる
100%スキャン法などの導入でセキュリティ対策をグローバル物流の視点から強化
輸出管理の強化
「ならず者国家」への製品の輸出などを厳しくチェック

軽視されがちでした。しかし、ここにきて核兵器の不拡散などを懸念する声が米国などでは高まっています。輸出規制品目をリストアップし、「ならず者国家」の核兵器製造や大量破壊兵器の開発を防止しようという動きが強まっているのです。

## 輸出管理の重要性

米国が懸念しているのは、大量破壊兵器などとは無関係に思える工業製品でも「ならず者国家」の手にかかれば、それが大量破壊兵器、核開発のツールなどに悪用されるリスクです。たとえば、我が国で使われる場合には何の問題もない農薬散布用のリモコン型ヘリコプターが輸出国次第では、生物兵器・化学兵器の散布用に転用される危険性が指摘されたこともあります。

そこで米国の製品、あるいは米国由来の技術を用いた製品については、日本企業といえども、社内輸出規程を厳格に実施することが求められ始めています。米国の製品や技術を用いた製品や技術を日本から再輸出する場合にも米国法を適用し、しっかりした輸出管理（エクスポート・コントロール）を行う動きが強まっているのです。

07

# 国際複合一貫輸送の活用

## 海運、空運、陸運をトータルで管理！

**国際物流の全貌を見える化**

複合一貫輸送（モーダルシフト）とは、「複数の輸送機関を利用して行われる貨物輸送体制」のことです。国内物流では、トラックよりも鉄道、船舶などの$CO_2$排出量が少ないことに着目し、トラック輸送の一部を鉄道、船舶などに切り替えるために使われます。国際物流においても国内の複合一貫輸送と同様に$CO_2$排出量を抑えるという狙いがあります。

ただし、そのほかにも国際複合一貫輸送を進めることでコストメリットを享受できます。航空輸送の場合はリードタイムを最短にすることが可能になりますが、その代わり、運賃は高くなります。反対に海上輸送の場合は運賃は割安になりますが、リードタイムは比較的長くなります。

そこで複合一貫輸送を導入することで、海運と空運のそれぞれに存在するトレードオフを中和していくことが可能になるわけです。

こうした海上輸送と航空輸送をミックスさせた方式は、「シー・アンド・エアー」と呼ばれています。たとえば横浜からオランダのアムステルダムまで海上輸送を行い、それから欧州域内は空輸を行うといったかたちになります。

また、国際物流において、複合一貫輸送とは、たんに複数の輸送手段を用いるだけではなく、「単一の契約で複数国間の輸送を行うこと」と国連国際物品複合運送条約で定義されています。

それゆえ、国際複合一貫輸送により、荷主はフォワーダーなどを通して、書類作成、輸送、通関、保険付保などの一連の流れをワンストップで処理することが可能になります。トラブル、事故などが発生した場合の責任の所在もはっきりします。

Point

- シー・アンド・エアー
- モーダルシフト対応の国際コンテナ輸送体制

**国際複合一貫輸送のイメージ**

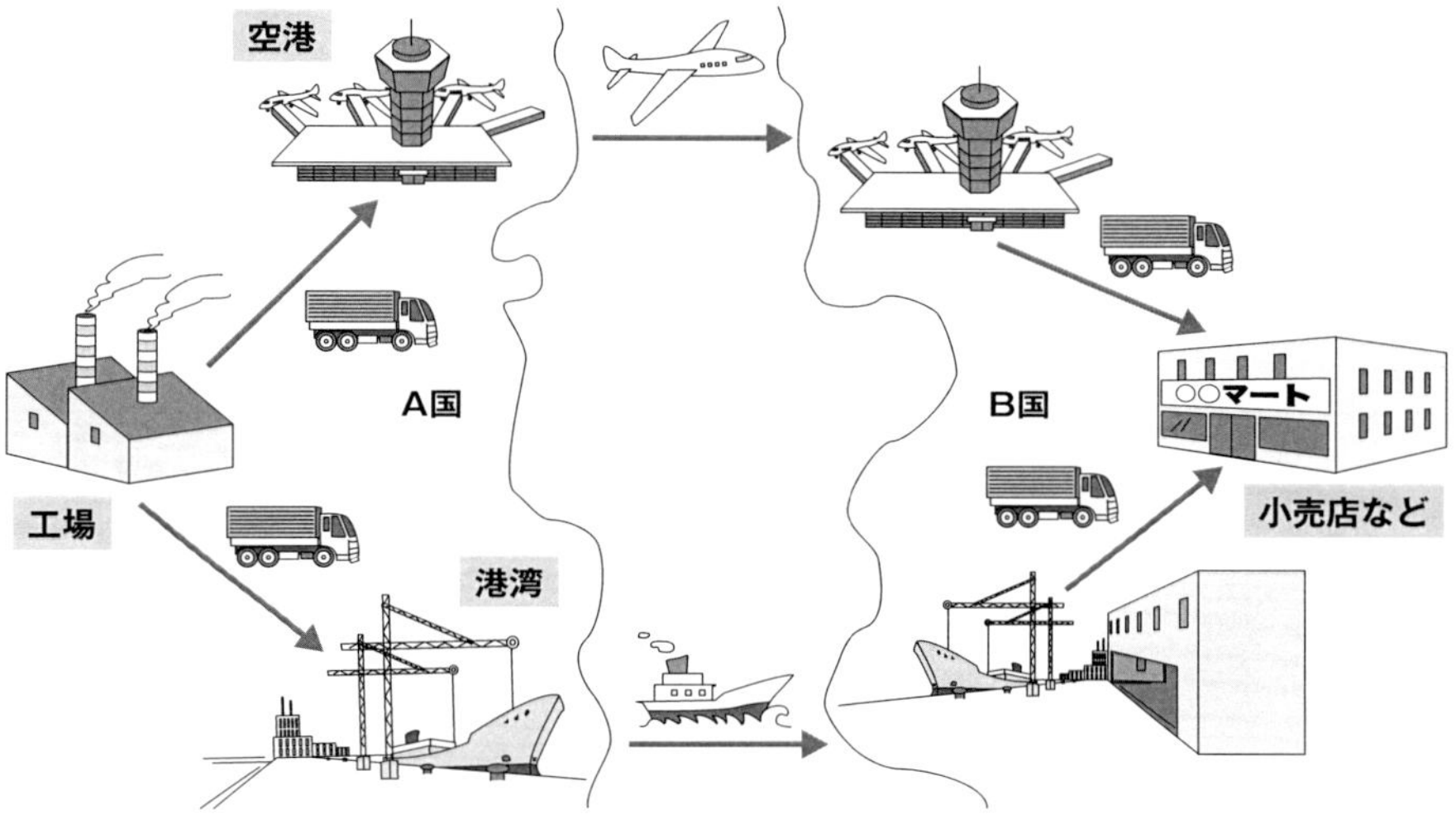


## シベリア鉄道の活用

また船舶による輸送の代わりに鉄道を活用し、アジア・欧州間の陸海融合型国際一貫輸送も新しいトレンドとなりつつあります。

たとえばトヨタ自動車はシベリア鉄道を活用しての自動車部品輸送を開始しています。

ロシアのサンクトペテルブルクの同社組立工場で生産した乗用車をモスクワ、ハバロフスク経由で極東のナホトカ、ウラジオストクまで運び、最終的には海上輸送で日本まで持ち込むのです。日本からモスクワまでは海上輸送ならば35日以上かかります。しかしシベリア鉄道ならば約25日と約5日間短縮できます。

また、中国の雲連港から中央アジアを抜け、カザフスタンに至る鉄道インフラの「チャイナランドブリッジ」にも注目が集まっています。中国もモーダルシフト対応の国際コンテナ輸送体制の整備の促進に目を向け始めているのです。

ちなみに、国際複合一貫輸送をスムーズに行うためには海外の物流事情、輸送ネットワーク事情について精通しておく必要もあるでしょう。

08

# 国際宅配便の活用

## サンプル、契約書、超小型製品の輸送

### 国際宅配便の輸送モード

小口の国際物流業務では国際宅配便を活用することもよくあります。企業にとって国際宅配便を使う最大の目的は、短リードタイムで緊急性の高い小口荷物を海外の取引先などに届けるということになります。日中の取引について考えてみましょう。

たとえば日本の部品メーカーなどのサプライヤーが、中国の工場に部品のサンプルや契約書を送る場合、まずは国際宅配便商品のサンプルや契約書などを迅速に送ることになるでしょう。

そして契約がまとまり、取引が実際に始まり、ある程度、ロットが大きくなれば、現地に在庫を持ち、リードタイムに余裕を持たせ、国内の陸送と海上輸送を組み合わせた通常の輸送モードで国際物流システムを構築することになるわけです。

しかし、繰り返しになりますが、国際宅配便の場合、ロットが小さく緊急性が高いケースが多いため、基本的には航空輸送で運ばれることになります。そのため、国際宅配便大手各社は自社で貨物空港や貨物輸送機を所有していることも珍しくありません。

ちなみに国際大手宅配便企業は、国際宅配便事業に企業物流を加えるかたちでグローバルインテグレーターとなり、ワールドワイドでの配送ネットワークの強化に乗り出しています。

### 国際宅配便の分類

国際宅配便のサービスは、クーリエサービス（CS）とスモールパッケージサービス（SPS）に2分されます。

貿易取引、国際業務などの緊急性のある書類、契約書などの信書以外の書類、あるいは書類に類する

Point

- クーリエサービスとスモールパッケージサービス
- グローバルインテグレーター

**国際宅配便の特性**

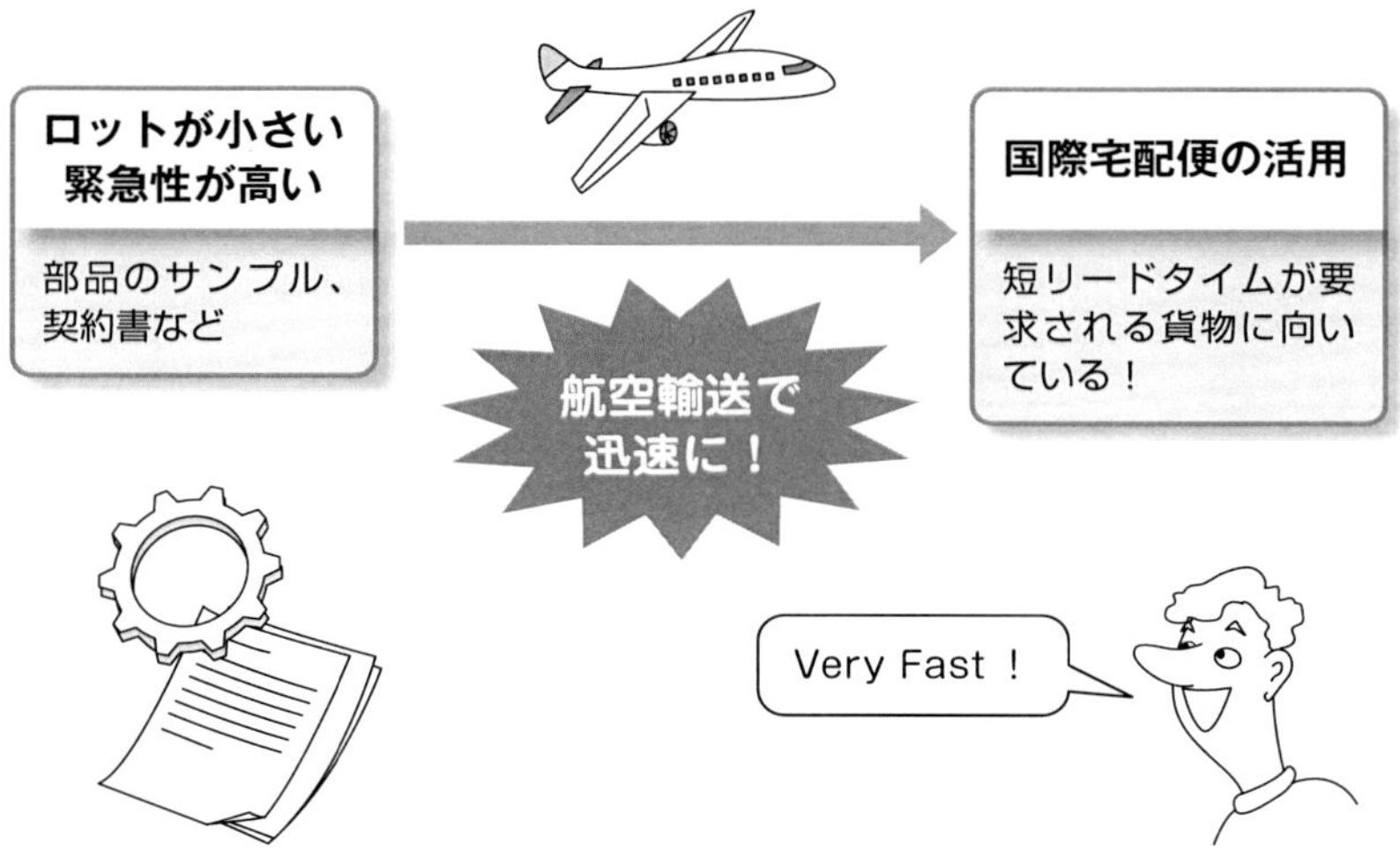
ロットが小さい
緊急性が高い
部品のサンプル、
契約書など
国際宅配便の活用
短リードタイムが要
求される貨物に向い
ている！
航空輸送で
迅速に！
Very Fast ！

小口の荷物についてはクーリエサービスが使われます。クーリエサービスでは、集配、航空輸送、通関、通信などにかかる費用がパッケージになって料金体系が決められている場合が多いようです。書類を運ぶ場合はドキュメントクーリエサービスと呼ばれることもあります。なお、アルコール類、タバコ、医薬品、麻薬、通貨、有価証券、信書などは各国共通受託禁止品目となっています。

スモールパッケージサービスとは、二国間の荷送人（発荷主）から荷受人（着荷主）まで、小口貨物をドアツードアで運ぶサービスです。たとえば製品や部品のサンプルなどを運ぶ際に活用されます。

もっともさまざまなハイテク製品は近年、小型化、あるいは超小型化の傾向を強めています。またそれらの製品のジャストインタイム納品の需要も高まっています。それゆえ、少量で超小型の高額製品の国際輸送を国際宅配便を軸に進めていく動きが、今後これまで以上に大きくなってくる可能性は否定できません。

ただしヤミクモに国際宅配便ばかりを多用すれば、それが国際物流コストを押し上げる要因となる可能性もあることを忘れないようにしましょう。

09

# 米国物流の特徴
## アジア発貨物の増加に対応！

### 米国への物流ルート

日本と米国を結ぶ国際物流を考えると、いくつかの主要ルートが浮かび上がります。日本から米国への輸送手段の多くは船舶による海上輸送です。そしてその場合、米西海岸が米国内のみならず、中南米への物流ルートの中継機能を有することにもなります。

米西海岸までコンテナ船などで海上輸送し、次いで、米大陸内はトラックか鉄道で輸送するという方式が一般的です。また、米西海岸からメキシコ、ブラジルなどの中南米諸国に向けてトラック、鉄道、あるいは航空輸送を行うこともあります。ちなみに、近年は日本を含むアジア発の北米向けコンテナ貨物の増加が続いてきました。

米西海岸のロサンゼルス港、ロングビーチ港などのコンテナターミナルからユニオンパシフィック鉄道やトラック、トレーラーなどで全米に向けての輸送が行われているのです。シアトル港、タコマ港などが活用されることも少なくありません。

ちなみにユニオンパシフィック鉄道は米国最大規模の鉄道会社でそのネットワークは西海岸から米国中部、西部、南部までをカバーしています。

ただし、現在進行中のパナマ運河の拡張工事が完了すればアジア発コンテナが米東海岸にダイレクトで入ることになり、国際物流のリードタイムがより短縮する可能性もあります。

### 中南米物流への接点

また、米国国内を起点とした航空輸送を考えると、近年、その重要性が高まってきているのが、マイアミ国際空港です。マイアミ国際空港は中南米諸国への物流拠点として、ＩＴ革命以降、急速に発展

Point
- 西海岸港湾の整備
- 中南米への中継機能の強化

**日本・米国間物流ルート**

**日本から米国への輸送ルート** → **多くが海上輸送**

- 日本を含むアジア発の北米向けコンテナ貨物の増加傾向
- 米国経由で中南米への輸送も多い
- 米西海岸からメキシコ、ブラジルなどの中南米諸国に向けてトラック、鉄道、あるいは航空輸送を行うこともある

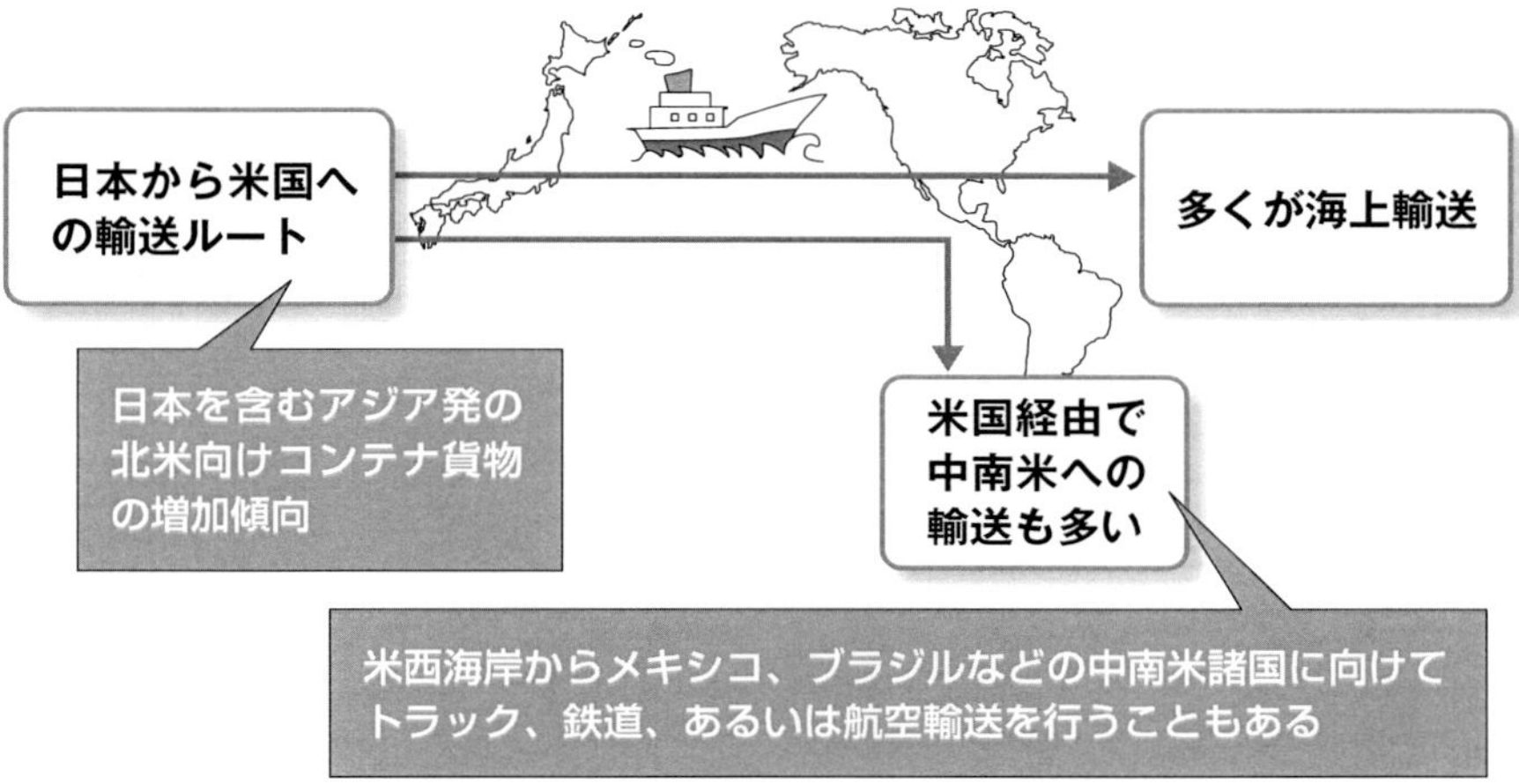


してきました。マイアミ国際空港の発達は、近年の中南米経済の好調によるものでもあります。

同時にマイアミ国際空港はそうした流れを意識しつつ、「中南米の玄関口」を国際的にアピールしてきました。その結果、マイアミ発着の輸出入航空貨物の約90%は中南米諸国との貿易によるものとなっています。取扱貨物の多くが中南米と欧州、アジア間のトランジット貨物で、マイアミ国際空港は「中南米物流の中核としてのハブ空港」となったのです。

日系フォワーダーも企業のロジスティクス業務を中心に中南米物流の拠点としてマイアミを活用しています。中南米の物流ネットワークや物流インフラには未整備な部分が多いので、それを補完する意味からもマイアミを中南米物流の拠点とすることが企業戦略上、きわめて効果的となっているのです。

なお、米西海岸の港湾については施設の拡充・整備、IT化、機械化などの遅れが指摘されてもいます。中国などからの貨物の急激な増加に対応できなくなりつつあるのです。貨物船の入港が順番待ちとなる「滞船」も発生しています。港湾の拡充・整備が今後の大きな課題ともいえましょう。

10

# 欧州物流の特徴

## 東方拡大で広がるネットワーク！

### 日本から欧州への物流ルート

日本から欧州への複合輸送ルートは、シベリア経由、中国経由、東南アジア経由などが考えられます。

シベリア経由の場合、日本の港からコンテナ船などがロシアのボストチヌイ港まで行き、そこからシベリア鉄道かトラックでユーラシア大陸内を輸送することになります。ボストチヌイ港にはコンテナ埠頭にシベリア鉄道の引込線があります。同港はシベリア・ランドブリッジの発着港で、日本の主要港湾からと定期航路で結ばれています。

中国経由の場合は日本から上海、連雲、大連、青島、天津などの中国の代表的な港湾にまずは運ばれ、それから鉄道輸送でカザフスタン、ウズベキスタン、欧州諸国などに貨物輸送するかたちになります。ちなみに上海港のバラ積みを含めた貨物取扱量は世界最大規模となっています。

東南アジア経由の場合は、香港、シンガポールなどを経由しての海上輸送が中心となります。

また日本から米国に海上輸送で入った貨物が、航空輸送に積み替えられ、シー・アンド・エアーのかたちで欧州各国に運ばれることもあります。無論、空輸などで日本から欧州へダイレクトに輸送するという選択肢もあります。

### 欧州横断ネットワーク構想

欧州連合（ＥＵ）は、欧州全域にわたっての「欧州横断ネットワーク」構想を推進しています。同構想ではユーロランド全域に鉄道、高速道路、航空網などの物流インフラを発展させることがメーンテーマとなっています。またＥＵの東方拡大などの流れもふまえ、東欧や北アフリカまでをも守備範囲に含

Point

- シベリア・ランドブリッジ
- 欧州横断ネットワーク

**日本・欧州間の物流ルート**

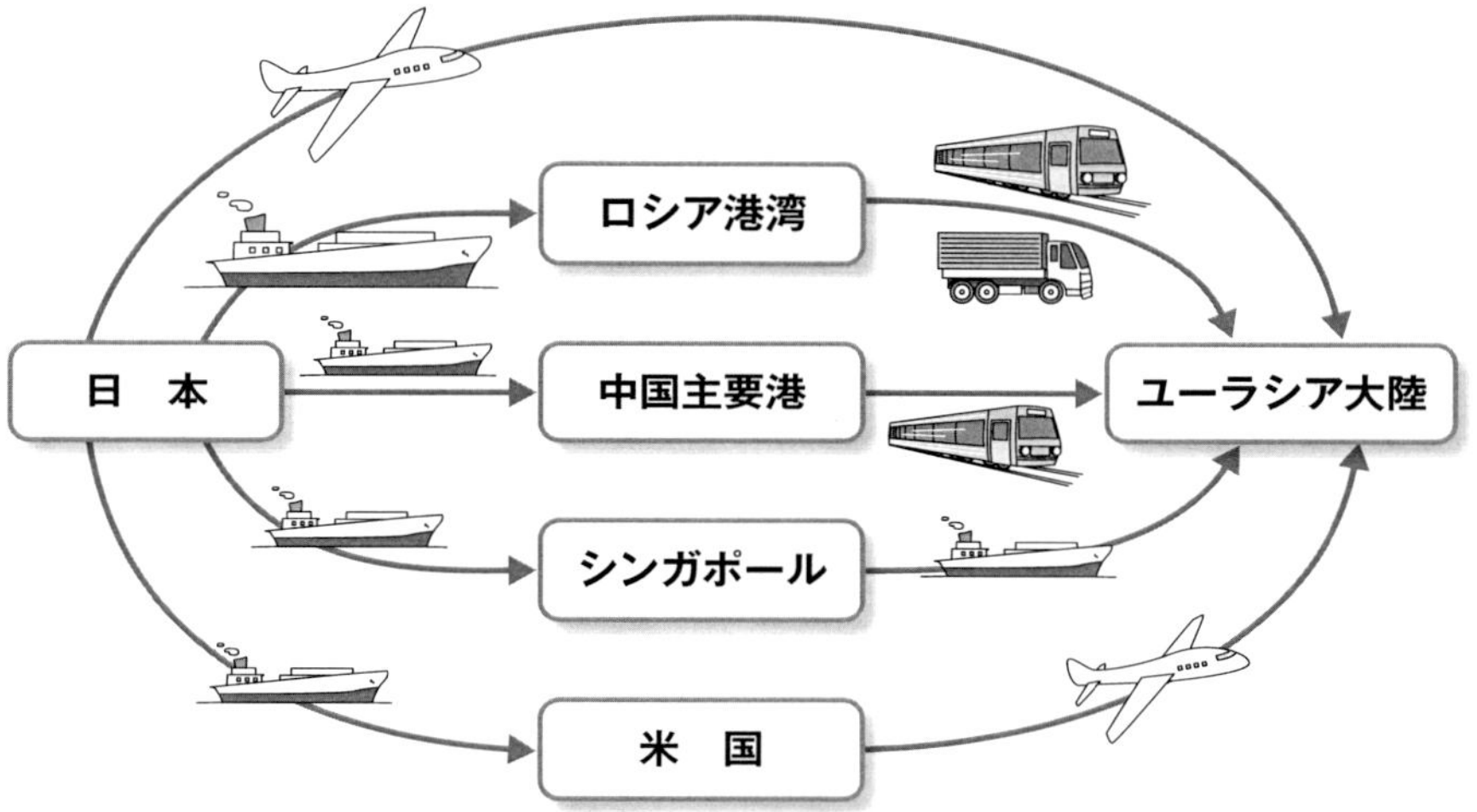


めての巨大な物流ネットワークが視野に入れられています。

日本と同様に欧州は鉄道網が発達していることで知られています。英国のロンドンからルーマニアのブカレストまで、第二次世界大戦以前にすでに鉄道が敷設されていました。同構想ではこうした欧州に伝統的に存在する交通・物流ネットワークの再構築にも力点が置かれています。無論、複合一貫輸送の見地から鉄道網はトラック輸送と密接にリンクしています。さらにいえば、近年のEUの東方への急速な拡大により、米国並みの「空の交通の充実」も急務となっています。

西欧の場合、欧州規模での国際物流のハブとなる空港としては、オランダのスキポール空港があげられます。また「EU中心部へのアクセス性がトップクラスの全欧向けの物流ハブ」として、ベルギーも欧州への玄関口としての位置付けを強めています。けれども東欧には西欧に匹敵するハブ空港もハブ港湾も存在しないという点が東西欧州を連結させた大欧州の物流のさらなる発展の大きなネックともなっています。

# 11 中国物流の特徴

## 拡大する物量

### 中国の物流インフラの整備状況

中国には深圳、上港、広州、青島、天津、寧波（舟山）、アモイ、営口、連雲、大連という通称「中国の十大港湾」と呼ばれる相当な規模の港があります。そして中国国内の工場からこれら大港湾を経由して、日本をはじめ世界各国にさまざまな製品が輸出されます。もちろん、それと反対に日本からの輸出品は十大港湾を経由して中国国内に運ばれることになります。

空港インフラについての整備も進み、日中間の貨物機便数も近年、大幅に増便されています。上海、広州、北京の3空港がハブ的な機能を有しています。ただし、国内航空貨物輸送に関しては、貨物スペース、貨物専用機、空港周辺の先進的な物流施設の十分な確保が進んでいないなど、いまだ課題も少なくありません。

鉄道については、欧州向けのルートとして、チャイナランドブリッジが構築されています。

これは中国の鉄道に旧ソ連の鉄道をリンクさせたネットワークで、連雲港から中国鉄道を経て、シベリア鉄道に接続、ユーラシア大陸を網羅した鉄道貨物輸送を可能にしています。

### 中国物流の構造

日本企業の多くは生産コストの削減を目的に中国に工場などを建設してきました。中国で生産した製品を日本の国内マーケットで販売するというビジネスモデルです。また、日本から調達した部品を使い、中国の工場で製品を完成させ、日本に輸出するというケースも少なくありません。

当初はその場合、中国の工場で生産された製品は、そのほとんどすべては日本に輸出され、そこで

Point

- チャイナランドブリッジ
- 保税開発区

**日本・中国間の物流ルート**

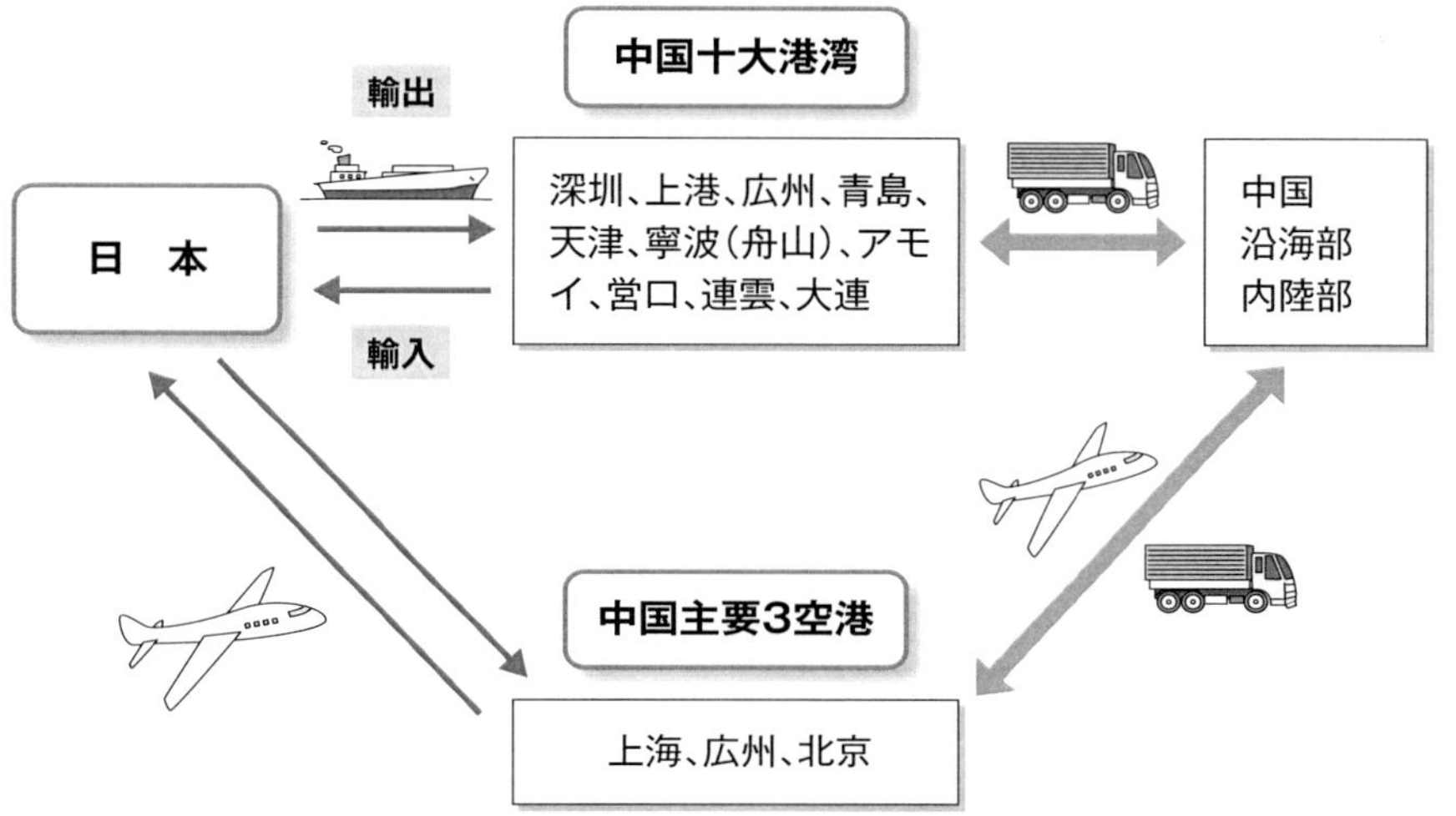


品質検査、検品作業などが行われ、在庫として顧客の発注を待つというプロセスがとられることになりました。しかし、中国での生産量が増えてくると、「品質検査や検品作業なども中国内で済ませてしまうほうが通関業務や返品などの手間を考えると都合が良い」という考え方が主流となってきました。

その結果、中国の保税開発区、あるいは保税倉庫、保税中心に多くの物流倉庫、検品センターなどが建設されるようになりました。ただし、中国の保税開発区にはさまざまな種類があります。保税区、輸出加工区、物流園区などの特徴は微妙に異なり、注意が必要です。

中国で保税区としてもっとも早く認可されたのは上海の外高橋保税区です。貿易・通関企業が多くなっています。輸出加工区は２０００年以降に認可され、輸出加工業に関連する物流企業のみが設立可能となっています。また、物流園区は保税区に隣接する形で設置された物流拠点として２００３年より認可されています。

「世界の工場」から「世界の市場」へと進化した中国ですが、あわせて「世界の物流ハブ拠点」となる可能性も出てきているわけです。

**用語解説**

**保税開発区**：関税の徴収を一時留保される保税と呼ばれる措置の提供を特徴とした中国の開発区。

COLUMN

# 国際物流とグローバル在庫管理の関係

世界規模の企業の場合、地域単位で在庫管理を行うのではなく、ワールドワイドで在庫戦略を構築する傾向が強まっています。

たとえば、中国に在庫拠点となる大型物流センターを構えれば、日本や東南アジア諸国には、そこからダイレクトに製品を送れるので、あらためて国ごとに物流センターを設ける必要はないということになります。

中国の物流センターから日本国内の物流センターを経由しないで、直接、工場倉庫や店舗に納品すればいいからです。

こうした考え方の根底には、「エシェロン在庫」という概念があります。エシェロン在庫とは、「ある特定の物流センターや店頭などの在庫ではなく、サプライチェーン全体での在庫」のことです。川上から川下までの総在庫量を意識しながら、販売物流の戦略を構築していくわけです。エシェロンとは「階層」という意味です。

各国、各地域の物流センターや小売店舗などのそれぞれの拠点の在庫総数に加えて海上輸送、航空輸送などの輸送途中にある在庫の状況、動向にも配慮します。

国際物流のさまざまなプロセスにおいて、どこでどれくらいの在庫を保有しているかをしっかり把握していこうというわけです。サプライチェーン全体で在庫状況を観察、分析し、下流へのモノの流れの行方を読みながらグローバルな視点から在庫戦略を構築していくのです。

さらにいえば、発注を行う在庫拠点となる仕向地から最終需要地点となる陸揚地までのトータルリードタイムにも配慮する必要もあります。

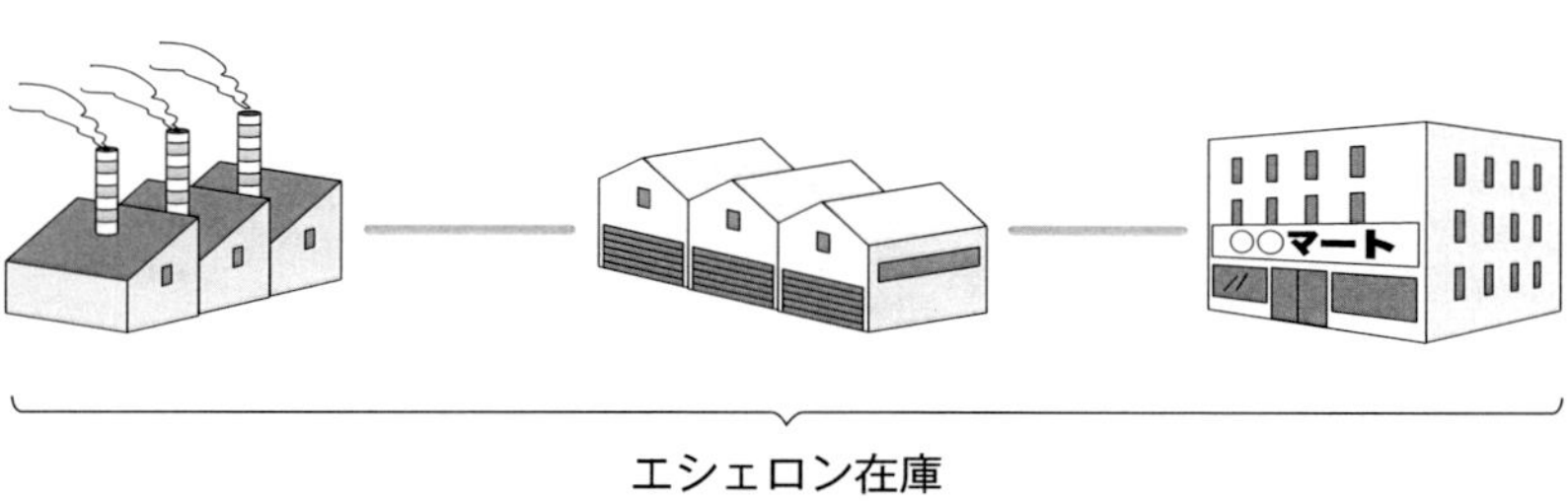


エシェロン在庫

# 第 2 章

# 国際輸送のポイント

12

# 国際輸送の種類と特徴

## コンテナ船の動きを考える

国際輸送の基本は船舶による海上輸送ということになります。国際物流を理解するためには、コンテナ船などがどのように動いていくかを把握するとよいでしょう。海上輸送を補完する輸送手段が、航空機による輸送と考えるとわかりやすいでしょう。

そして各港湾や空港から工場、物流センター、店舗などへの面的な輸送はトラック、あるいは鉄道をトラックと併用していきます。トラックは軌道を必要としないので、ドアツードアの輸送の最善の手段となります。面的な輸送サービスを柔軟に供給することができるわけです。これに$CO_2$削減などの環境面への対応を考慮し、鉄道を組み合わせていくわけです。

国際輸送を船舶で行うメリットは大量な輸送が可能という点にあります。ただし、台風などの悪天候の影響を受けることもあります。また、日本から欧米諸国への海上輸送は1カ月程度かかることになりますので、その長くなるリードタイムを見込んで輸送計画を立てる必要があります。生産計画、需給予測などを前もって綿密に行うことが要求されるケースがあるのです。それゆえ、たとえば急な受注、あるいは緊急出荷の必要に迫られた場合などは、たとえコスト面で割高となっても航空輸送を余議なくされるということもあります。

また、大ロットの貨物が船舶の内部に大量に保有される状態が相当期間続くため、航空輸送に比べて、流通在庫量が多くなります。物流センターや工場倉庫などでは確認できない「出荷済み」の在庫が、輸送過程のコンテナ船のなかなどには存在するわけです。したがってそうした流通在庫を的確に把握していないと、予期せぬ過剰在庫の発生に悩まされます。

Point

- 海上輸送
- 航空輸送

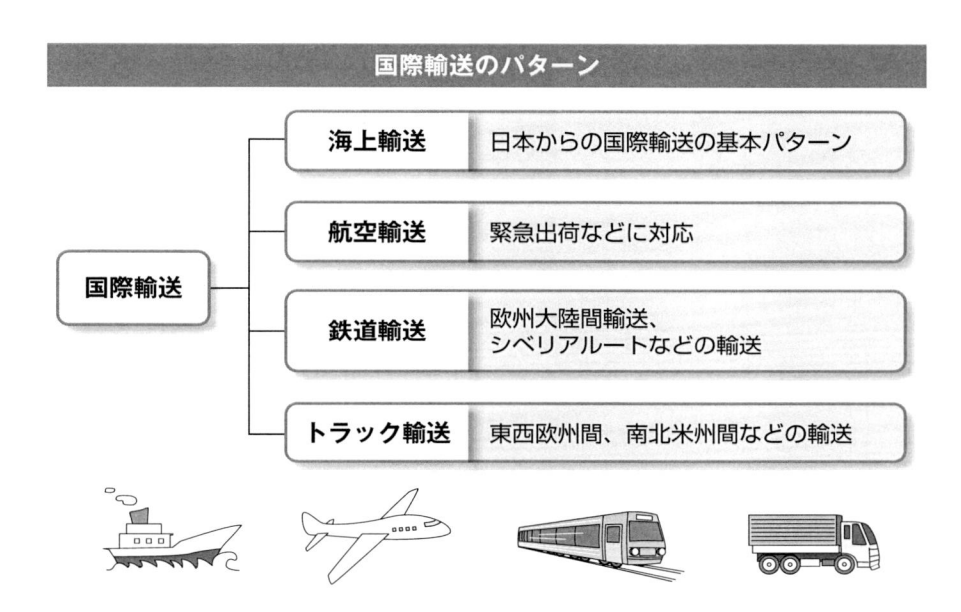

## 国際輸送のパターン

| 国際輸送 | | |
| --- | --- | --- |
| | 海上輸送 | 日本からの国際輸送の基本パターン |
| | 航空輸送 | 緊急出荷などに対応 |
| | 鉄道輸送 | 欧州大陸間輸送、<br>シベリアルートなどの輸送 |
| | トラック輸送 | 東西欧州間、南北米州間などの輸送 |

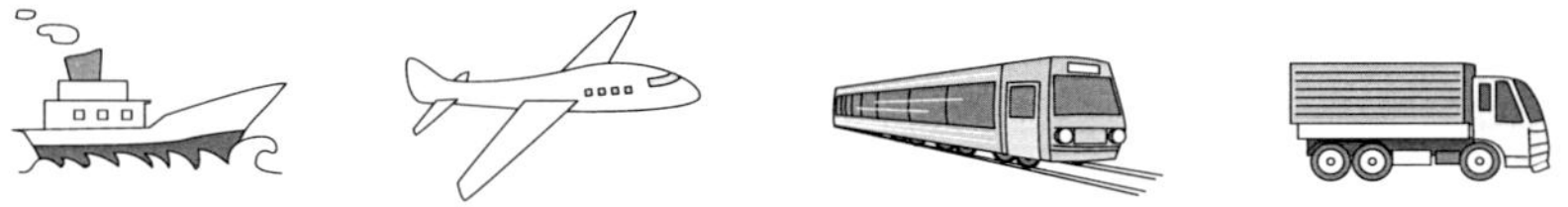

反対に航空輸送では比較的、小ロットのジャストインタイム輸送が多くなるので、そうした予期せぬ過剰在庫の発生は起こりにくいといえましょう。

当然ながら航空機には、長距離輸送を迅速に行うことができるというメリットがあるのです。その反面、航空輸送は短距離輸送には不向きです。また船舶とは異なり、大量に重量のあるものを輸送するということにも向いていません。

国際輸送におけるコンテナを運ぶ船舶の種類としては、コンテナ船のほかにフェリー船やRORO船《ろーろーせん》もあります。コンテナ船はコンテナのみを積み込む専用船とコンテナ以外の貨物も運ぶセミコンテナ船があります。また、フェリー船を使って、車両ごと貨物を運んでしまうという方法もあります。

RORO船というのはコンテナを牽引するトラクターが自走して船腹に貨物を積み込んだり、降ろしたりする貨物専用船のことです。

なお、鉄道については島国であるわが国を起点とする国際輸送では使われることはありませんが、ユーラシア大陸、南北米州大陸のなどでは環境問題とのからみもあり今後の取扱量の増加も見込まれます。

# 13

# 港湾荷役のプロセス

## 海上輸送への手順

### コンテナヤードのしくみ

　海上輸送のプロセスをコンテナの流れをふまえながら整理してみましょう。

　トラックなどで陸上輸送されたコンテナはコンテナターミナルに運び込まれ、船積みの作業を待つことになります。コンテナの受け渡しはコンテナヤードのゲートで行われます。ゲートではコンテナの外観、封印シールなどの確認や重量の測定、必要書類の受け渡しなどが行われます。コンテナ船などへのコンテナの揚げ積みまでの保管などのスペースも確保されています。

　修理、清掃、補修、点検、検査などが必要なコンテナはメンテナンスエリアに置かれます。そして隣接するメンテナンスショップで作業が行われます。またガントリークレーンなどの港湾荷役機器の保守・修理もメンテナンスショップで行われます。

　コンテナ船に揚げ積みするコンテナはコンテナターミナル内のマーシャリングヤードに整列されます。マーシャリングヤードはコンテナの大きさに合わせてスロットで区切られ、所定の場所に蔵置されます。揚げ積みされるコンテナ船の積み付け図に沿って並べられることになります。

　なお、生鮮食品、一部の化学製品など、温度管理を必要とする貨物については冷凍コンテナが使われていますが、ターミナル内に電源が設置された特別な専用区域が設けられ、管理されています。

　ちなみに、コンテナはトレーラーに載せたままで置く、オンシャーシー方式やそのままコンテナを積み重ねる多段積み方式が採用されたりします。

### 港湾荷役作業の概要

　コンテナターミナルからコンテナ船への積み付け

Point

- コンテナヤード
- 船内荷役

**コンテナヤードでの作業の流れ**

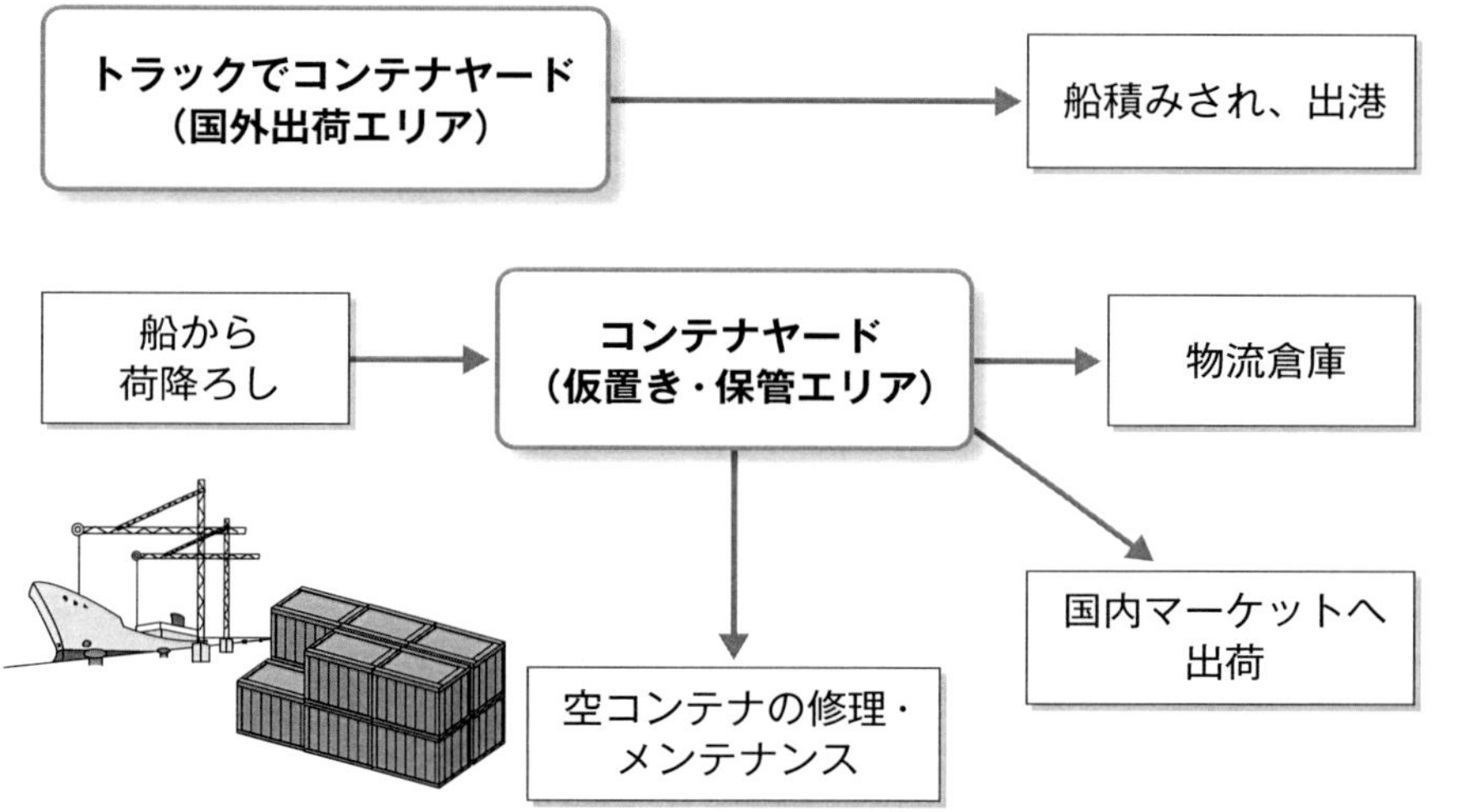


や積み降ろし作業のことを本船荷役といいます。

コンテナヤードでの諸作業はヤードプラン、マーシャリングプランと呼ばれる積み付け計画に沿ってガントリークレーンを活用して行われます。積み付け計画はコンテナの本数、重量、寄港地などを十分に考慮に入れて作成します。

なお、貨物を船に積み込んだり、積み降したりする作業は「船内荷役」と呼ばれています。船内荷役の作業者は「ギャング」という作業グループで組織されています。コンテナ船の荷役では10人程度です。ガントリークレーン1台、クレーンオペレーター2人、荷役の推進や安全管理などを担当するデッキマン1人、ラッシャー（固縛作業者）数人といった構成になります。

その場合、ほとんどが機械荷役なのですが、コンテナのラッシング（固縛）、アンラッシング（解縛）については機械化がなかなか難しく、現状では手作業で行われることになります。

同時に港湾荷役のさらなるIT化、機械化のより一層の推進、効率化も求められています。いかに港湾荷役を近代化させていくかということがこれからの大きな課題でもあるわけです。

14

# 海上コンテナの種類と役割

## 海運の高度化に貢献！

### コンテナの歴史

　コンテナとは積載した貨物を積み直すことなしに複合輸送、積替え荷役に適したかたちで行うための貨物輸送用容器のことです。内容積は１㎥以上で、貨物の積み込み、取り出しを行いやすい構造で複数使用に耐える強度を備えているものです。海運で使われるものを海上コンテナと呼んでいます。

　なおコンテナには国際規格（ＩＳＯ）と国内規格（ＪＩＳ）が存在します。

　コンテナの登場で海上輸送は飛躍的に効率化、高度化が進むことになりました。

　本格的な海上貨物コンテナは１９４９年にオーシャン・バン・ライン社がアラスカ・シアトル間を使用したのが最初とされています。ただしこのコンテナは２段積みが限度の強度で現在のコンテナとはいささか異なりました。陸送用に使われていたセミトレーラーをヒントに開発されたものでした。

　現在の海上貨物コンテナの生みの親といわれるのは、マルコム・マクリーンという人です。マクリーンがコンテナを複合一貫輸送にリンクさせる発想を業界に持ち込んだのですが、面白いことに彼は海運業界の出身者ではなくてトラック運送業界の出身者でした。トラック運送業界の視点から陸と海の物流を結びつけることを考えたのです。

　彼が工夫したのは、コンテナの上下各隅の「隅金具」を設けて陸送用の車両に固着しやすくした点とコンテナ底面にトンネルレセスを設置し積み付け作業をやりやすくした点です。この考え方は現在にも引き継がれています。

### コンテナの大きさ

　１９６１年にコンテナ寸法の国際規格化について

**Point**

- 海上コンテナ
- ドライコンテナ

## コンテナの種類

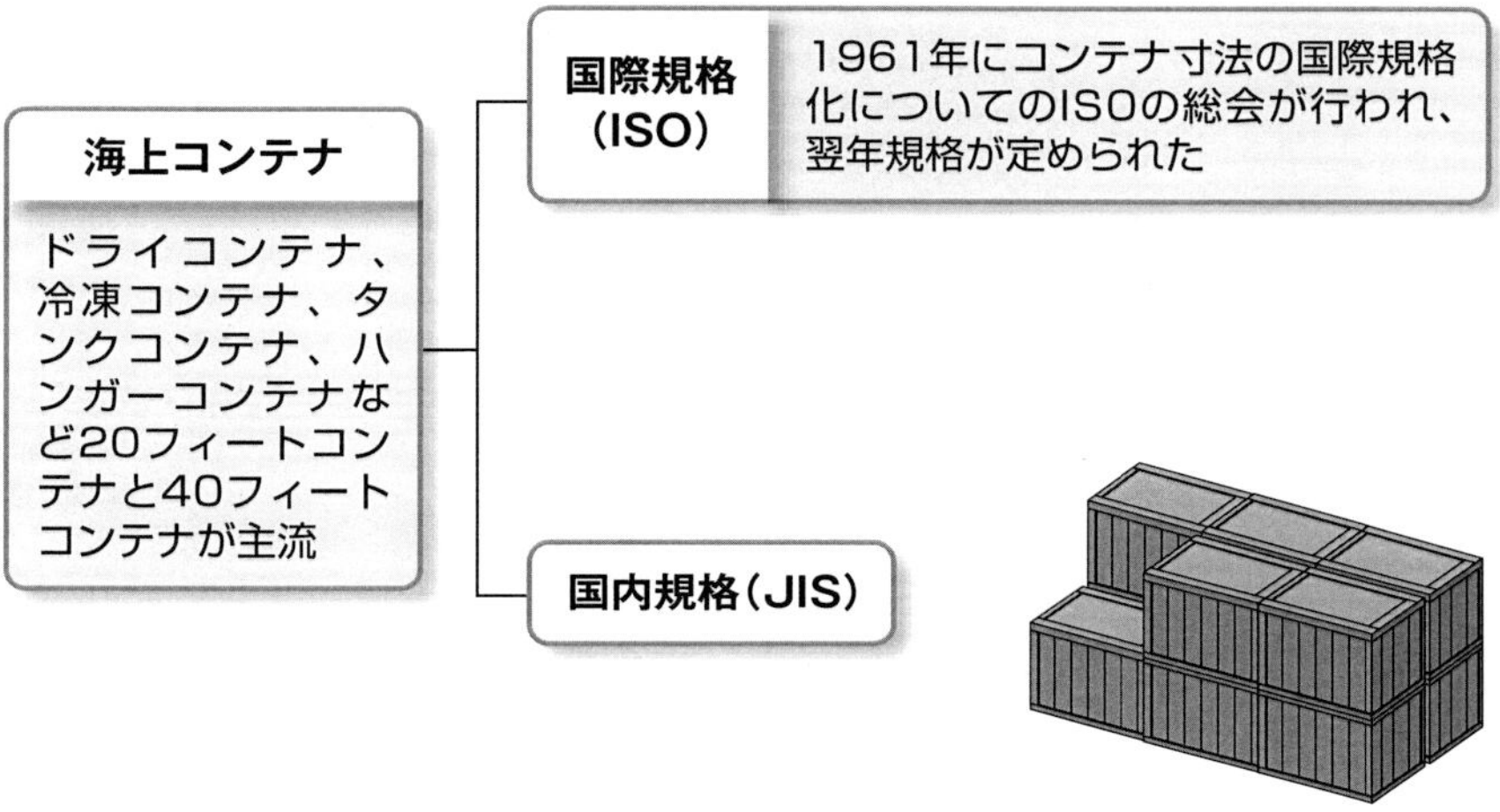


のＩＳＯの総会が行われ、翌年規格が定められ、以後も適時、寸法規格の追加などが行われています。

国際海上輸送で使われるコンテナには、通常貨物を対象にしたドライコンテナ、冷凍装置が内蔵されている冷凍コンテナ、液体貨物を輸送するためのタンクコンテナ、アパレル用のハンガーコンテナなど、さまざまな種類があります。

また、コンテナの大きさについては、20フィートコンテナと40フィートコンテナが主流になっています。２００５年には新たに45フィートコンテナがＩＳＯ規格となり、その使用も増えてきています。45フィートコンテナは40フィートコンテナに比べ、純積載容積が約13％増えることから比較的軽量な貨物を大量に運ぶことに適しているといわれています。ただし日本では道路運送車両法などの保安基準を満たせず、港頭止まりで一般公道での走行は認められていません。

ちなみにコンテナのメンテナンス・修理などにも十分、気を配る必要があります。コンテナの一部が壊れていたり、コンテナの内部が汚れていたりすれば、物品の破損、汚損を引き起こす要因にもなりかねないからです。

15

# 定期船と不定期船

## 海運の運賃のしくみ

### 定期船とその運賃

海運では、当然ながら貨物の輸送手段は船舶ということになりますが、定期船と不定期船に分けて考えます。それぞれで運賃体系が異なるということを念頭に置いておきましょう。

定期船とは船会社が運航スケジュールを立て、寄港地とその寄港日が決められ、それに従い運航される船舶のことをいいます。この場合、たとえ積荷が少なくても定期船は計画通り航行されることになります。定期船の多くはコンテナ船となっています。

定期船には多くの荷主から集荷された貨物（個品貨物）が混載され、積み込まれます。そして個品運送契約による運賃設定になります。定期船の運賃は海運同盟により、品目別の基本運賃が定められています。

また、基本運賃に割増運賃が加算されることがあります。これはたとえば、燃料価格の変動・高騰や繁忙期の荷役待機などに対応するためです。

運賃は重量建て（1トンを基準）か、容積建て（1㎥を基準）のどちらかが適用されます。貴金属などの高価な貨物については従価建てと呼ばれる「貨物の価格に一定の運賃率をかけて計算した運賃」が使用されることもあります。

コンテナ単位で運賃を計算する場合は、「ボックスレート」と呼ばれる「コンテナ1本当たり」で運賃が計算されます。また、バースタームと呼ばれる船内荷役の経費を船会社が負担する取引条件が運賃に関わってくることも少なくありません。ちなみに運賃表のことを「タリフ」といいます。

### 不定期船とその運賃

不定期船は用（傭）船運送契約による海上運送を

Point
- 個品貨物
- 用船

**定期船と不定期船の運賃設定**

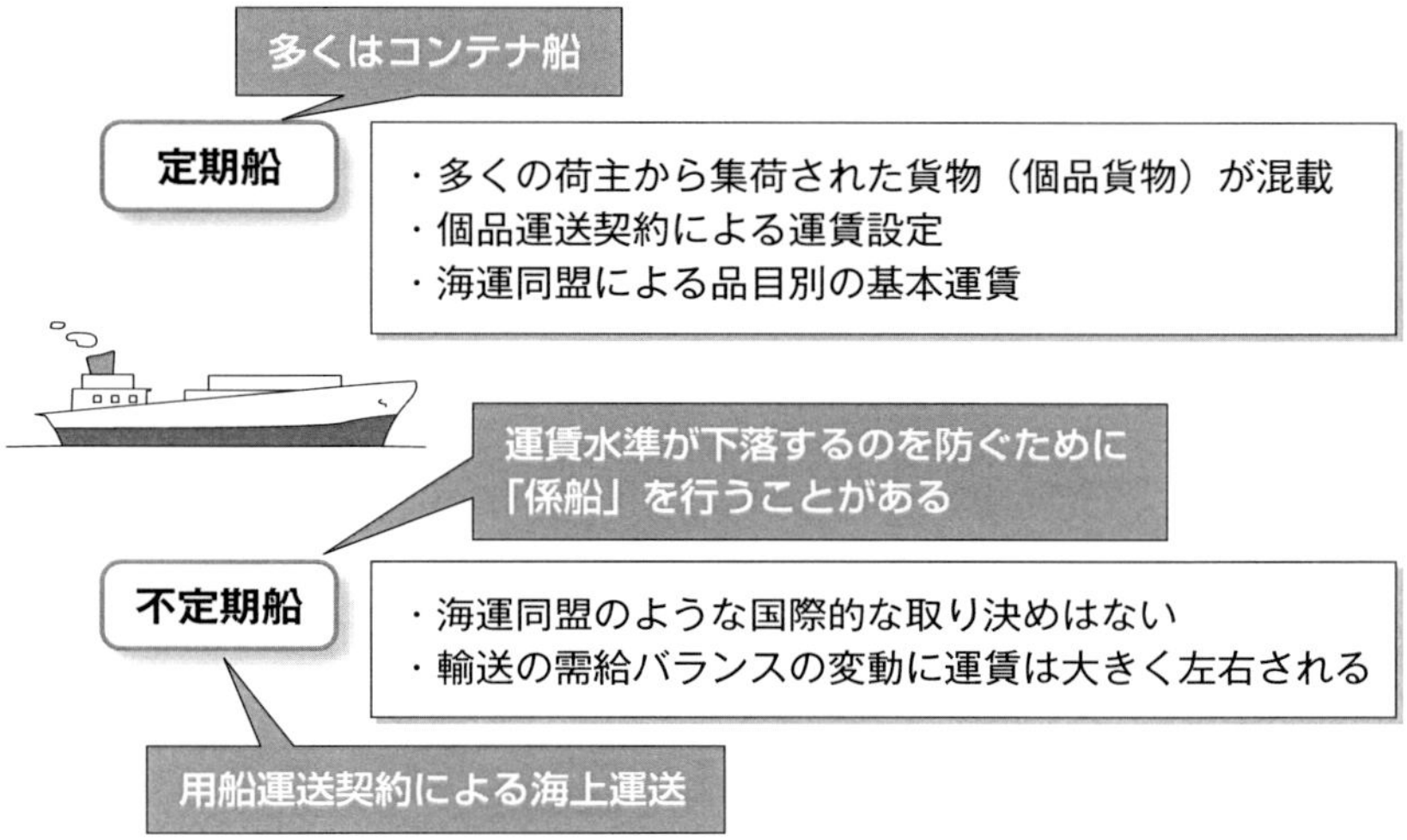
多くはコンテナ船
定期船
・多くの荷主から集荷された貨物（個品貨物）が混載
・個品運送契約による運賃設定
・海運同盟による品目別の基本運賃
運賃水準が下落するのを防ぐために
「係船」を行うことがある
不定期船
・海運同盟のような国際的な取り決めはない
・輸送の需給バランスの変動に運賃は大きく左右される
用船運送契約による海上運送

行います。用船契約には、航海用船契約、定期（期間）用船契約、裸用船契約（船舶賃貸借契約）があります。

航海用船契約とは、特定の貨物を輸送するためにその「1航海単位」について契約を結ぶやり方です。こうした用船を荷主用船と呼んでいます。荷主が大量の特定貨物を運送するのに船腹を借りきって行うことになります。

定期用船とは船会社が別の船会社から船舶を借りて自社の不足船を補うというやり方で、運送人用船と呼ばれています。裸用船とは船舶自体を借り受ける賃貸借契約による用船です。

不定期船の多くはドライバルク貨物（鉄鉱石、石炭、穀物など：乾貨物でばら積み貨物）を輸送します。ただし、液体貨物を運ぶタンカーなどの不定期船もあります。

不定期船の運賃には定期船の海運同盟のような国際的な取り決めはありません。そのため輸送の需給バランスの変動に運賃は大きく左右されます。なお、船会社が運賃水準が下落するのを防ぐために、「係船」と呼ばれる船舶の一時的な運航停止を行うことがあります。

16

# 海上運賃のしくみ

## コンテナ船の活用と在来船のメリット

### タリフの構成

海運同盟が消滅したため海上運賃は、基本的には荷主との間に設定されます。

定期船の運賃は以前は、同盟運賃と同盟外船運賃に分けられていました。海運同盟に加盟している船会社のタリフ（運賃表）は航路別、貨物別に定められていました。

タリフは基本運賃、割増運賃に加え、さまざまな付帯料金が加味されることも少なくありません。また、割増運賃とは逆に運賃が割り引かれることもあります。

一般に基本運賃は［運賃率／トン］×［当該貨物トン数］で算出されます。割増運賃にはドル建てによるドル下落などに対応した「キャランシー・サーチャージ」、燃料油割増に対応した「バンカー・サーチャージ」、船混みによる長期の滞船に対応した「コンジェスチョン・サーチャージ」などがあります。また、へき地港湾割増、長尺物割増、重量物割増などもあります。付帯料金にはコンテナヤード料金、港湾料金、フィーダー料金などがあります。

割増とは反対に、運賃が割引かれることもあります。割引運賃には、荷主がコンテナごと船会社に引き渡すことで手間を省くＦＣＬ貨物割引や荷役効率の向上につながるために割引の対象となるパレット貨物割引などがあります。

### 在来船の利用と運賃

在来船とは同一規格ではない、不特定多数の貨物を輸送する船舶のことです。コンテナターミナルがない港湾では在来船を利用することになります。コンテナ船に比べると便数は少なくなりますが、海運においては、いまだに重要な選択肢の一つといえる

Point
- タリフ
- 在来船

## 定期船の海上運賃

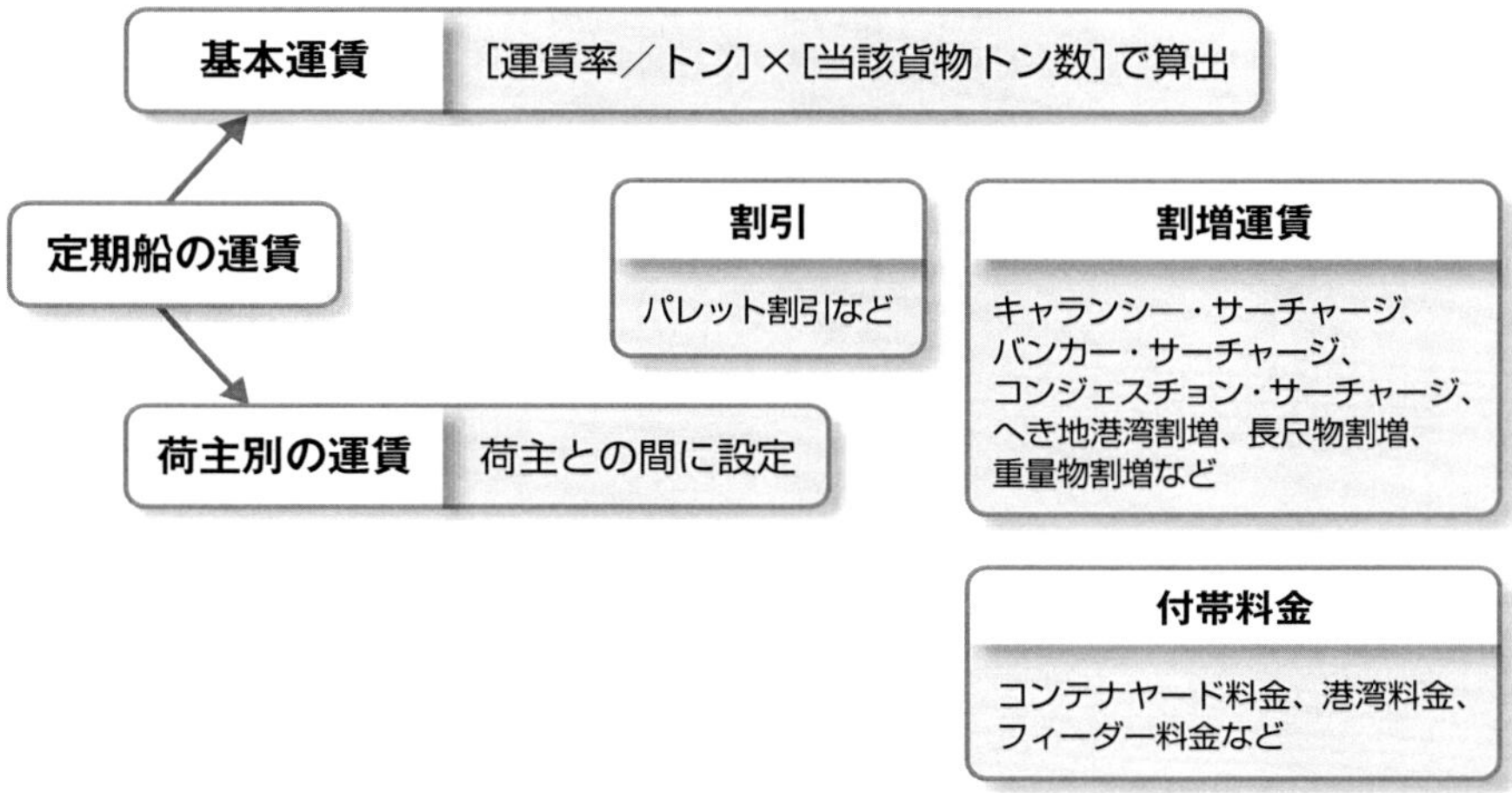


でしょう。

　なお、在来船にもコンテナ船と同様に定期船と不定期船があります。在来船はその内部にクレーン設備を有しています。また「はしけ」と呼ばれる係留中の本船から港湾倉庫へと貨物を運ぶ港運船を使って船積みを行うこともあります。在来船の貨物は船《せん》倉《そう》という保管スペースに積み込まれます。

　在来船を使用するメリットとしては、コンテナでは運びにくい重量物や長尺物、あるいはスクラップなど、特殊な荷姿のものにも柔軟に対応できるということです。飼料、肥料、あるいは自動車などのばら積み貨物を在来船で運ぶことができます。

　在来船の定期船運賃には貨物の積地と揚地の荷役コストとなるバースタームが加えられることが多くなります。積み港の岸壁から揚げ港の岸壁までが在来船の運賃の範囲となるわけです。

　ただし、世界的にコンテナ化による国際物流、港湾物流の効率化が進んでいます。在来船には、「荷役効率が低い」、「雨、雪などの荒天時に思うような荷役ができない」といったデメリットがあります。したがって、可能な限りコンテナを活用していくのが大きな流れといえます。

17

# 海運同盟とは？

## 国際的なカルテルで運賃、配船形態を決定！

### 海運同盟のしくみと消滅

２００８年に消滅してしまいましたが、海運同盟とは定期船会社の国際的なカルテルでした。運賃、配船形態などについて船会社が競争の激化を避けるために同盟を結んだのです。閉鎖型（英国型）と開放型（米国型）とに大別できました。

閉鎖型は加入、脱退などが厳しく制限されているタイプのものです。英国の長い海運の歴史を引き継ぎ、定期船運航について、規制緩和などの国家の介入を回避するしくみ作りが成されてきたのでした。開放型は自由に加入、脱退などが行われるタイプのものです。どちらの型の場合も、運賃率を公表し、それに従い定期船運航サービスを提供するようにしました。

海運同盟は各国の独占禁止法の適用外として、海運各国の産業保護政策に組み込まれてきました。ただし、近年、その役割を終え、消滅しました。これはアジアにコンテナ設備が充実したハブ港湾が相次いで建設され、定期船ビジネスへの参入が容易になったことなどが大きく影響していました。アジア各国の船会社などが同盟に加わらず、低運賃で新規参入し、競争を激化させてきたのです。

また米国では１９９８年に海運法が改正され、北米航路では各社が独自の運賃を設定できるようになるなど、大幅な規制緩和が行われました。その結果、米国型の海運同盟の多くは弱体化して、消滅することになったのでした。

米国型のみならず英国型についても規制緩和の流れのなかで存在意義を失い、結局は消滅することになってしまったわけです。

Point

- 二重運賃
- 運賃割戻制度と運賃延戻制度

## 海運同盟のしくみ

**海運同盟**
定期船会社の国際的なカルテル（2008年に消滅）。運賃率を公表し、定期船運航サービスを提供

- **閉鎖型（英国型）**：加入、脱退などが厳しく制限、定期船運航について、規制緩和などの国家の介入を回避
- **開放型（米国型）**：自由に加入、脱退などが可能

**目的**
運賃、配船形態などについて船会社が競争の激化を避けるため

## 海運同盟による運賃設定

競争激化により、運賃が大幅に下落する、ダンピングが行われることなどを回避するために、運賃協定が結ばれました。また、海運サービスが過剰供給されないように輸送量、配船隻数などの総量規制なども行われました。

同盟外の船会社に対抗するために、二重運賃制度、運賃割戻制度、運賃延戻《のべもどし》制度などが行われることもありました。

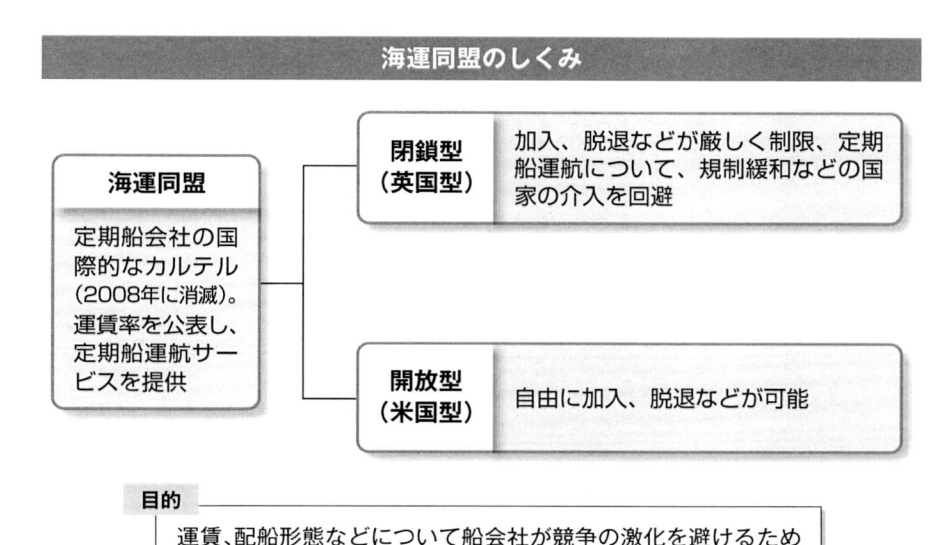

二重運賃制度とは当該同盟のみと契約した荷主に割引運賃を適用する制度でした。一般運賃のほかに割引運賃が発生してしまうために、二重運賃制度ともいわれてました。荷主が契約に反して当該同盟外の船会社の定期船を使用した場合には違約金など、罰則が適用されることになりました。

運賃割戻制度とは、事前に定めた期間に盟外船を利用しなかった荷主に運賃の一部を払い戻す制度のことでした。その期間がさらに延長される場合、より多くの運賃が払い戻されましたが、これを運賃延戻制度と呼んでいました。

**用語解説**

**配船形態**：定期船の運航サービスにおける寄港地、寄港日時、就航頻度、積荷量などの形態のこと。

18

# 海上運送のブッキング

## コンテナ貨物の港湾における流れと手続き

### 船腹依頼書の作成

　輸出貨物の出荷にあたって、船腹のスペースブッキングを行います。スペースブッキングとは貨物の積み付け場所を予約することです。通常、荷主が行うことになります。船積地、陸揚地、運航予定、運賃などを確認し、船会社を選定し、船腹に余裕があるかどうかをチェックします。

　貨物の輸出入の複雑な手続きについては、それらの専門業者である「海運貨物取扱業者」（海貨業者）に依頼するのが一般的です。海運貨物取扱業は港湾運送事業法により、荷主の委託を受けて船舶により運送された貨物の受け取り、荷主への引渡しなどを行う行為として規定されています。

　積み込む貨物、輸送内容などの詳細を書き込む船腹依頼書（S／I）を海貨業者に渡します。船腹依頼書には船荷証券を作成するための諸情報が書き込まれることになります。諸情報とは、荷受人名、船会社、積載船名、船積港、経由地、荷揚港、着荷の通知先、船腹番号などに加えて、荷印、貨物の個数、商品名、容積、重量、コンテナへの貨物の詰め込み場所（バンニングスペース）などのことを指します。

### 船積みの手続き

　船積みされる貨物には大口貨物（FCL貨物）と小口貨物（LCL貨物）があります。

　FCL貨物は検量され、バンニングされ、コンテナヤードに搬送されます。コンテナ内に詰め込まれている貨物は「コンテナ内積付表」（コンテナロードプラン）に記載されます。これは荷主が作成します。代行業者などが作成することもあります。なお、コンテナヤードに貨物が搬送されると、ドック

**Point**

- スペースブッキング
- 大口貨物と小口貨物

## FCL貨物とLCL貨物

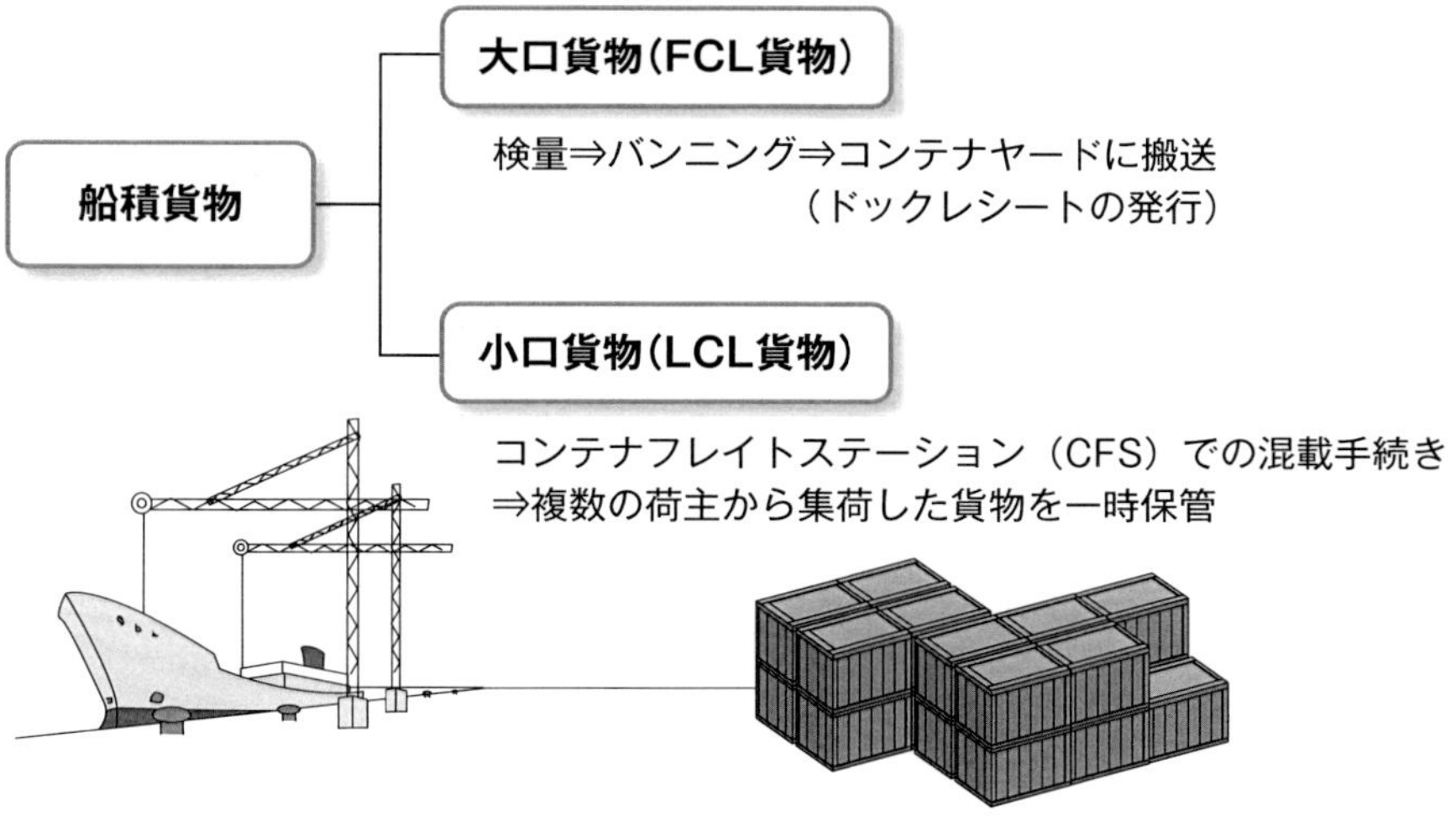
船積貨物
大口貨物（FCL貨物）
検量⇒バンニング⇒コンテナヤードに搬送
（ドックレシートの発行）
小口貨物（LCL貨物）
コンテナフレイトステーション（CFS）での混載手続き
⇒複数の荷主から集荷した貨物を一時保管

レシート（貨物受取書）が発行されます。

LCL貨物（混載貨物）の場合は、コンテナフレイトステーション（CFS）での混載手続きが必要になります。複数の荷主から集荷した貨物が一時保管されます。そして輸出申告、輸出許可の手続きが行われます。

陸揚港（仕向先）ごとにコンテナ単位にまとめられます。それから混載コンテナとして、コンテナヤードにあらためて搬送されます。混載コンテナではコンテナ内積み付け表はCFSオペレータが発行します。

船積みが終われば、船会社より船積予約書が発行されます。またCYオペレータがドックレシートと輸出許可書を税関に提出します。

なお、船の場合、個別配送ごとに船腹予約が行われます。船積みが終った時点で、輸出を行う荷主などはファックスやメールなどで貨物を受け取る輸入者に船積通知を行います。

船腹のスペースブッキング、船積み、さらには輸入者への船積通知といった一連の手続きの流れをしっかりと把握することで、国際物流への理解も増すことになります。

**用語解説**

CFSオペレータ：コンテナフレイトターミナルで貨物の引渡しなどを行う。
CYオペレータ：コンテナヤードのコンテナ、トレーラーなどの保管・管理を行う。

# 19 貨物の梱包について

## 国際輸送と長期保管に対応！

### 海上輸出貨物での注意点

海運での輸出用貨物の梱包は国内用貨物の梱包とは区別して行われることがあります。

とくに輸出用の梱包については、輸送時間・期間が長くなったり、通関に時間がかかり、保管期間が延びたりする可能性も小さくありません。また、日本に比べて雑な荷扱いが行われたり、荷役業務が想定以上に激しくなったりして、国内輸送では考えられないほど、輸出製品がダメージを受けるリスクもあります。

その点もふまえ、金属製品、機械類などについては、結露、雨ぬれなどが原因で製品に錆が発生しないように防錆対策にも配慮しておかなければなりません。バリヤ材で包み、乾燥剤を入れ、熱封緘《ねつふうかん》したバリヤ梱包などが行われます。

また輸出国によっては、木箱、木製パレットなどもきちんとくん蒸処理、あるいは熱処理を行わなければなりません。

梱包材に問題が生じていると輸入国側で判断された場合、再梱包料金や積み戻し料金が発生することもあります。そして、輸出国にはそれぞれ梱包規制があります。

北米では非加工木材による梱包材について動植物検疫の立場から国際基準に沿った内容で、消毒とその承認のマークが義務付けられています。欧州連合（EU）でも針葉樹の木製梱包材について所定の熱処理、くん蒸処理が義務付けられています。

中国でも日本、韓国、北米、EUからの船積み貨物の梱包材、緩衝材、木製パレットなどの熱処理が義務付けられています。

ちなみに、木材梱包などから虫などが発見された場合は梱包材などを焼却処分とするか、貨物をくん

Point

- 梱包材の熱処理
- 梱包条件の決定

**輸出用梱包の注意**

① 輸送時間・期間が長くなったり、通関に時間がかかり、保管期間が延びたりする可能性を配慮
② 国内に比べて雑な荷扱いなどのリスク
③ 輸送品が大きな損傷を受けるリスク

**輸出用梱包** →

① 過剰包装を避けつつも入念な梱包
② 防錆対策などの充実
③ 木材梱包材などについては熱処理、くん蒸処理などが必要なケースがある

梱包材に問題が生じていると輸入国側で判断された場合、再梱包料金や積み戻し料金が発生することもある

蒸するか、あるいは 貨物を返送するかのいずれかで対応することになります。

## 梱包条件と荷印

梱包条件は商品売買などの契約の際に決められます。梱包重量、サイズなどについて注意する必要があります。梱包重量、貨物自体の重量、容積のみならず、梱包材込みの重量、容積も重要になります。運賃などには梱包分の重量、容積なども反映されることになるからです。

また貨物には荷印（シッピングマーク）がつけられます。インボイス、船荷証券などにも荷印は使われます。荷印とは、貨物につけられる荷札のことで購入者名、製品名、原産地、陸揚地、梱包番号、契約番号が記され、貨物がどのようなものなのかがわかるようになっています。とくにLCL貨物の場合、混載の仕分けで誤配送などの混乱を起こさないように荷印には気を遣いたいところです。

なお、梱包の種類としては、木箱（ケース梱包）、枠組み箱（クレート梱包）、腰下盤（スキッド梱包）、パレタイズ（パレット梱包）などがあります。

# 20 船荷証券のしくみと種類

## 貨物の受取・引換証

### 船荷証券の機能

船会社は船荷証券（ビル・オブ・ランディング：B／L）を輸出者（シッパー）、すなわち荷送人に発行します。船荷証券は外国向けのみでなく、国内向けにも発行されます。国内向けのものを「国内船荷証券」、外国向けのものを「海洋船荷証券」といいます。

在来船の場合は船積船荷証券、コンテナ船の場合は受取船荷証券が発行されます。船積船荷証券の場合は貨物の積み込みが確認されたうえで発行されます。それに対して、受取船荷証券の場合は貨物を受け取ったことを記載して発行され、船積完了は追記するかたちをとることができます。

船荷証券には、輸出者（荷送人）、輸入者（荷受人）、着荷通知先、荷受地、船積港、荷揚港、荷渡地、荷印、総重量、総容積、貨物の品名、個数などと、運賃と諸費用、ならびに船荷証券の発行の日付け、発行地が記載されます。

船荷証券は船会社から輸出者に発行される受取証で、同時に貨物の出荷を証明する書類となります。また運送契約の成立とその内容を示しています。そして輸入者が荷受けをする際には船荷証券と貨物を引き換えることになります。なお、船荷証券は貨物の引渡し請求権を示す有価証券となります。さらにいえば、船荷証券に裏書きすることでその所有権を譲渡することが可能な流通証券としての機能も有しています。

### 注意すべき特徴

船荷証券には記名式と指図式があります。記名式とは荷受人が指定されているもので、指図式とは、荷受人を特定しないタイプのものです。

**Point**

- 海洋船荷証券
- 記名式と指図式

## 船荷証券の役割

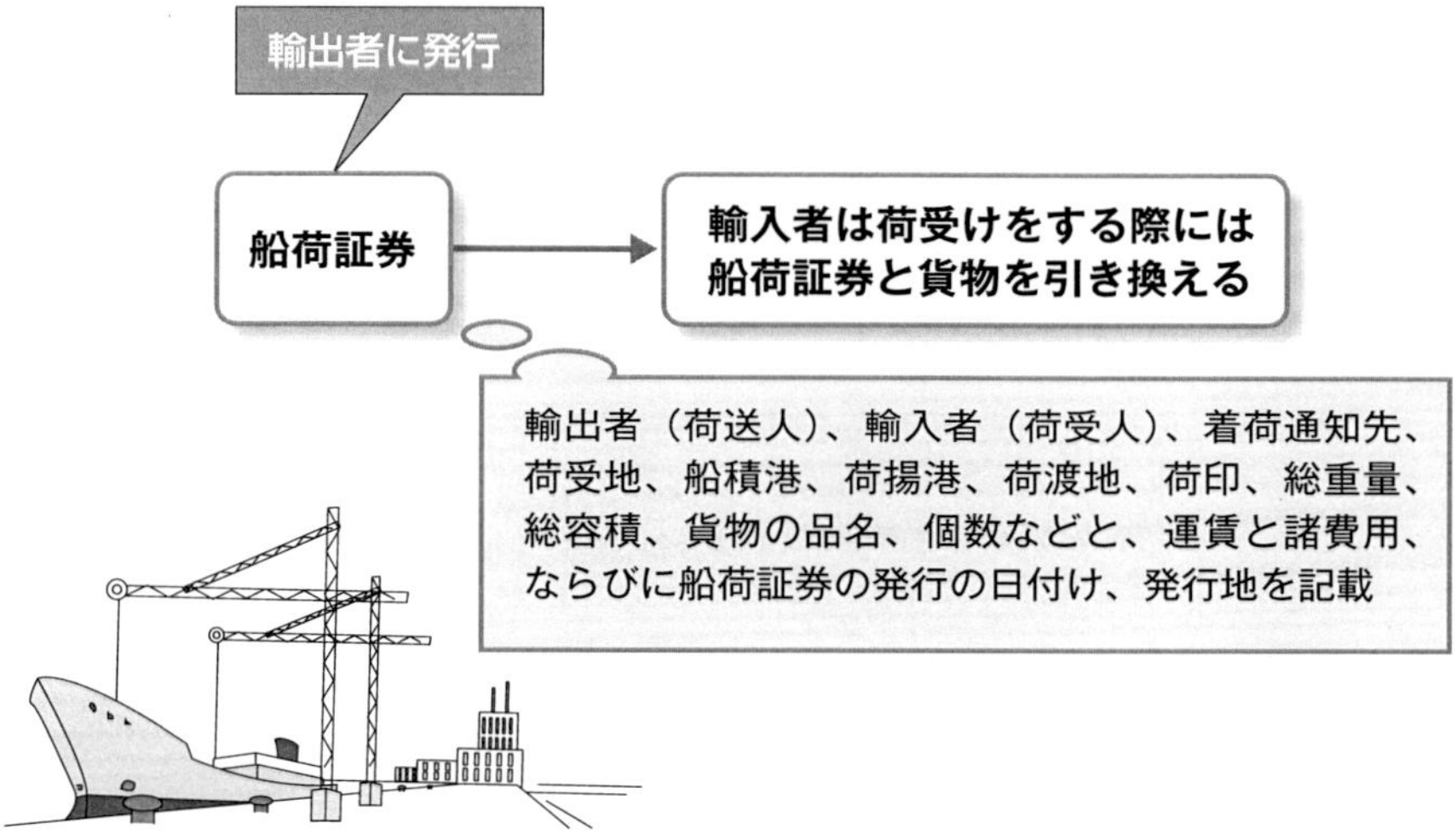
輸出者に発行
船荷証券
輸入者は荷受けをする際には船荷証券と貨物を引き換える
輸出者（荷送人）、輸入者（荷受人）、着荷通知先、荷受地、船積港、荷揚港、荷渡地、荷印、総重量、総容積、貨物の品名、個数などと、運賃と諸費用、ならびに船荷証券の発行の日付け、発行地を記載

指図式の場合の荷受人欄（英文ではConsignee）には、「指図の通り」（英文ではto order）、あるいは「荷送人の指図通り」（英文ではto order of shipper）と記載されています。その場合、次の貨物の権利者名を記さないことで船荷証券の所有権を移転、流通できるように、白地裏書きすることが多くなります。

なお、船会社が受け取った貨物の外観が歪んでいる、凹凸があるなどの異常がある場合、その旨を記載した「故障付き船荷証券」が発行されます。異常がない場合は、「無故障船荷証券」が発行されます。

輸出担当者の心構えとしては、船会社が発行した船荷証券の記載内容に誤りや不十分な記載などがないか、入念にチェックすることが望まれます。万が一、船荷証券の記載にミス、不備などがあった場合には、船会社に迅速に連絡し、訂正の依頼をするようにしましょう。

船荷証券は国際物流、貿易を円滑に行ううえで最も重要な書類の一つです。そのしくみ、機能、役割などをしっかり理解していなければ業務に支障をきたすことも少なくありません。したがって不明点があれば、すぐに確認しておくようにしましょう。

# 21 船荷証券に関する注意事項

## 有価証券としての機能を認識！

### 船荷証券の譲渡

前項でも述べましたが、船荷証券は裏書きすることで荷主の所有権を譲渡することが可能です。船荷証券の譲渡は、証券の裏側に署名する裏書きによって行えます。裏書きの方法には記名式裏書きと白地裏書きがあります。

記名式裏書きとは、所有権の譲渡を受ける者の氏名を明記したうえで裏書き、署名する方式です。この場合、船荷証券を保持していても、それが必ずしも所有権を保持しているということを意味しません。

それに対して白地裏書きとは、譲渡する者については一切、記載がなく、署名のみを行う方式です。この場合、船荷証券を保持している者が権利を譲渡されていると考えられます。

### 船荷証券を紛失したら……

船荷証券を紛失するリスクがまったくないとは言い切れません。ただし、再発行の手続きは少々、面倒です。船荷証券は紛失したからといって、すぐさまその発行元の船会社が再発行の手続きをしてくれるというものではありません。船荷証券は有価証券としても機能するので、再発行にはしかるべき複雑な法的手続きが必要になってくるというわけです。

具体的にいうと、紛失した場合には簡易裁判所に公示催告を申し立て、その船荷証券を無効にする措置をとらなければなりません。

しかし、無効にする決定（除権決定）にはおよそ2カ月もかかります。除権決定後に初めて、再発行の請求ができるようになります。

もっとも船荷証券は通常一度に3通、発行されます。そしてそれら同一の内容の3通のうちのいずれ

Point

- 記名式裏書きと白地裏書き
- 徐権決定後の再発行

**船荷証券の裏書きの方式**

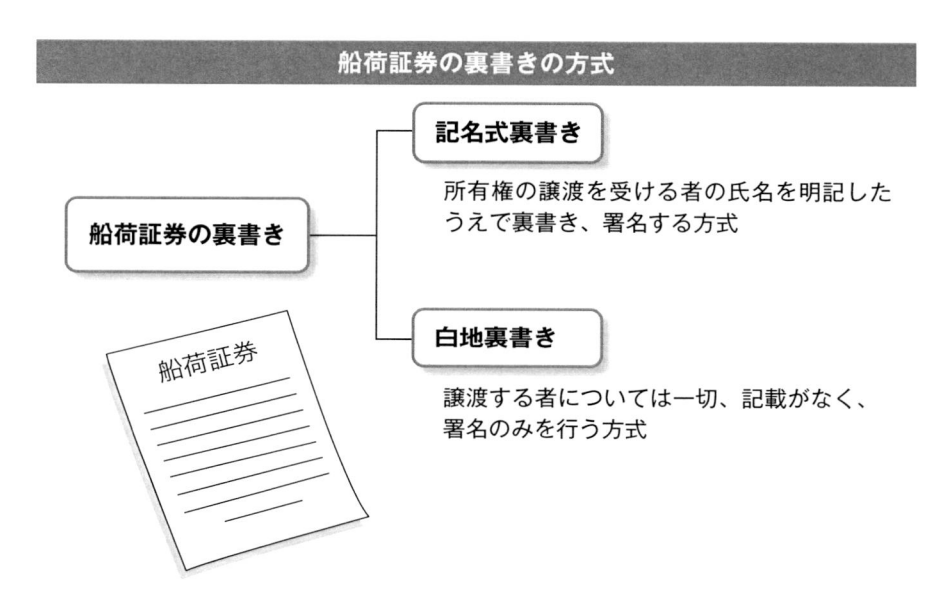

- **船荷証券の裏書き**
  - **記名式裏書き**
    所有権の譲渡を受ける者の氏名を明記したうえで裏書き、署名する方式
  - **白地裏書き**
    譲渡する者については一切、記載がなく、署名のみを行う方式

か1通で、貨物を引き取ることができます。貨物の受け取りが行われると、残り2通は自動的に無効になります。したがって、1通を紛失しても、残り2通のいずれかを保持していれば、それで貨物を引き取ることが可能になるわけです。

　また、輸出者、あるいは輸入者のいずれかがメインバンクなど、取引銀行の連帯保証を得て、保証状を作成、発行してもらい、それを船会社に提出すれば、しかるべき額の保証金を積むことを条件に再発行されることが可能になります。

### 船荷証券と貨物の内容

　コンテナ貨物の場合、船会社は貨物の内容物について実際には確認できません。

　そのため、船荷証券に記載されている貨物の物品名や数量などについて「Shipper's Load and Count」（荷送人が積み込み、数えたものとして）といった文言が入っています。これは船会社が貨物の中身に対して責任を負わないことを明示するためです。したがって、輸入者は貨物を引き取ったら、できるだけ早く、船荷証券の記載と実際の貨物の中身が合致しているかを確認する必要があるのです。

22

# 通関業者とは？

## 輸出入の円滑化に貢献！

### 通関業務について

　通関業者とは通関業を営む者を指します。通関業務については通関業法に定められています。通関業務は通関業の許可を受けた者のみが行うことができる業務です。具体的にいうと、輸出や積戻し、輸入の申告、特例輸入者承認申請、貨物指定申請、あるいは関税の減免の申請手続き、輸入許可後に行う関税の修正申告、更正の請求などが通関業者の業務に該当します。

　ただし、一見すると通関手続きに該当するように思えても、実際は異なる手続きもあります。関税の払い戻し、または還付の申請手続き、保税運送手続き、外国貨物の見本の一時持ち出しの許可申請手続きなどは通関業務に該当しません。しかし、通関業者が通関業務以外の関連業務を行うことは何ら問題ありません。たとえば保税運送などを通関業者が行うことは可能ですし、実際に行っている通関業者も少なくありません。

　荷主企業の立場からいえば、通関業者に関連業務も含めて依頼してもかまわないということになります。ただし、港湾運送事業法、倉庫業法などとの関係で規制されている関連業務もあります。

　なお、通関業者が通関業務および関連業務で受けることができる料金の最高額は決まっています。

### 通関業者の選び方

　荷主企業の輸出担当者にとって、どのようにして通関業者を選定するかということは簡単なことではないケースも少なくないでしょう。「これまでいつもその会社にお願いしていたから」といった理由で長い付き合いを行うケースもあるでしょう。もちろん通関業者と強い信頼関係を築くことは、たいへん

Point

- 通関業務と関連業務
- 保税運送

**通関業務の内容**

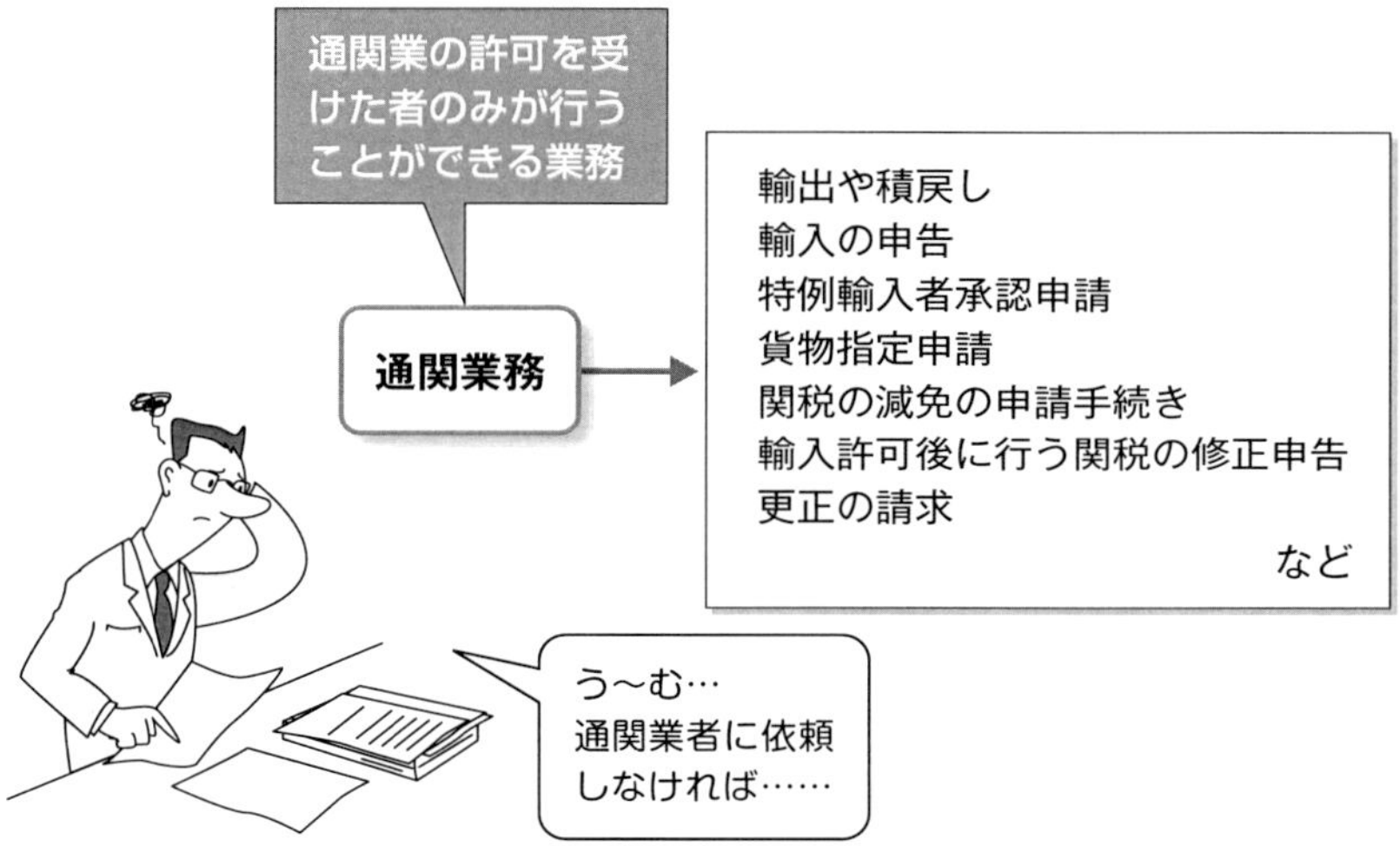
通関業の許可を受けた者のみが行うことができる業務
通関業務
輸出や積戻し
輸入の申告
特例輸入者承認申請
貨物指定申請
関税の減免の申請手続き
輸入許可後に行う関税の修正申告
更正の請求
など
う～む…
通関業者に依頼しなければ……

重要です。ただしそれだけではなくどのような業者が自社にとってプラスになるかをときどき見直して考えてみる必要もあります。

通関業者を選ぶ際に注意しておきたいことは「料金の高低にこだわりすぎない」ということです。どうしても少しでも料金の安いところに目が行きがちですが、必ずしも料金が安いことが良い通関業者の条件というわけではありません。

通関業務のスピードや「手続きにあたって親身になっての配慮をしてくれるかどうか」ということも重要なポイントになります。緊急に輸出しなければならない貨物なのに、なかなか通関業務が始まらなかったり、なかなか連絡をくれなかったりすれば、いくら料金面で他社よりも割安感があっても結局、依頼するメリットが小さくなるわけです。

できれば当初の段階で1社のみの話を聞かずに複数社の話を聞いて、それぞれの見積りを出してもらい、十分な説明を受けたうえで、業者を決定したいところです。また、貨物の規模や特性を考えた場合、大手の通関業者が必ずしもベストの選択とはいえないケースもあるでしょう。可能な限り、多くの選択肢から選べるようにしたいところです。

# 23 フォワーダー業務とは
## NVOCCの役割を認識！

### フォワーダーとは

　国際物流の現場に携わると、「フォワーダー」という言葉を頻繁に耳にすることになります。貨物を送る荷送人（荷主）と実際に運送業務を担う者（実運送人）との中間に立った運送の取扱人のことをフォワーダーといいます。国際物流においては、フォワーダーはとても重要な役割を担います。

　フォワーダーは船舶、航空機などの輸送手段を実際に保有していませんが、輸送手段やルートを選択し、効率の良い物流システムを構築するサポートをすることができます。

　自社で輸送手段を有していなくても、実運送人を使って、運送を行うのです。こうした業態を利用運送業といいます。なお、利用運送業には第1種利用運送業と第2種利用運送業があり、トラック、船舶、航空機などのうちの1種類だけを利用運送する場合は第1種、複数の輸送手段を組み合わせる場合は第2種ということになります。

　ドアツードアによるグローバルな複合一貫輸送を請け負うような、国際フォワーダーの場合、第2種ということになります。たとえば幹線輸送を船舶、航空機などを活用して行い、前後の集配サービスなどをトラックなどを使いつつ行うことが考えられます。

　一般に国際物流におけるフォワーダーとは第2種利用運送業者を指します。我が国のフォワーダーには港湾運送事業者、倉庫業者、陸運業者などの物流関連企業に加え、商社やメーカー系のフォワーダーもあります。

### フォワーダーの主要業務の流れ

　フォワーダーの主要業務の流れは次のようになり

**Point**

- 利用運送業
- NVOCC

### フォワーダーの役割

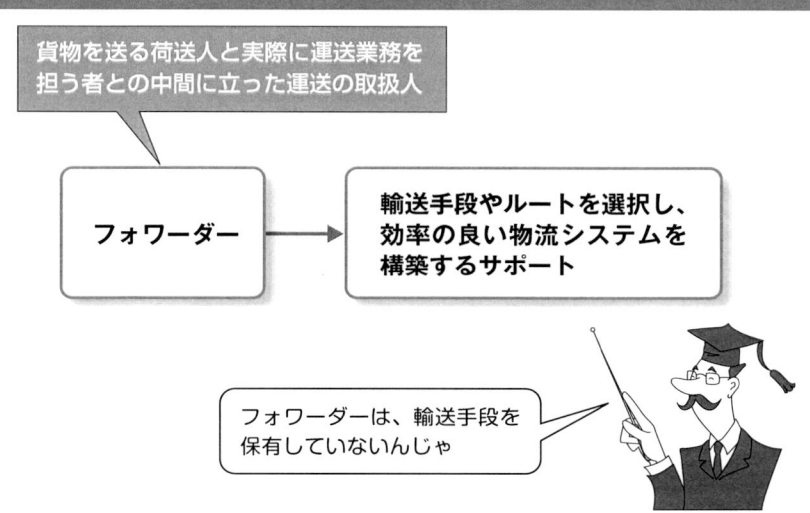

貨物を送る荷送人と実際に運送業務を担う者との中間に立った運送の取扱人

**フォワーダー** → **輸送手段やルートを選択し、効率の良い物流システムを構築するサポート**

フォワーダーは、輸送手段を保有していないんじゃ

ます。

　まず、フォワーダーはメーカーなどの荷送人（発荷主）から貨物を引き取ります。必要ならば梱包作業などを手配して請け負うこともあります。梱包などが終わった貨物はトラックなどで港湾、空港などに運ばれますが、フォワーダーはその作業を先に述べた「利用運送業」の立場から手配して行うことになります。

　ちなみにフォワーダーなどが他社の実運送者を下請けとして使い、運送させることを傭車といいます。もちろん、傭車される実運送企業は運送業の免許を持っていなければなりません。

　海上輸送の場合、輸出貨物の船積書類の作成や、輸出業務、さらには実際の船積みの手配や関連書類の作成なども行います。また付帯サービスとして通関業務も行います。そして船舶を手配する用船を行い、利用運送事業者として海上輸送サービスを提供します。

　なお、海上輸送においてはフォワーダーといわず、ＮＶＯＣＣ（ノン・ヴェッセル・オペレーション・コモン・キャリアの略：ＮＶとも略される）と呼ばれることもあります。

24

# 航空輸送の概要

## 小ロットを迅速に運ぶ！

### 航空輸送の活用

航空輸送は海上輸送に比べて、コストは高くなりますが、短時間で長距離を輸送できるという大きなメリットがあります。

たとえば生鮮食料品やジャストインタイムで迅速に必要な部品、部材、あるいは修理部品などは航空輸送で運ばれることになります。

自動車、家電などは北米大陸、あるいは中国などの新興国での現地生産がメインとなっていますので、日本からの部品輸出は小ロットになります。したがって、我が国から海外工場への精密機器の部品などの輸出は航空輸送の比率が大きくなります。

また、品切れの回避や迅速な顧客サービスの実施のために短期間のリードタイムが必要になり、その結果、航空輸送に頼るというケースも相当な割合に上ります。また取扱いのデリケートな貴金属、医薬品などが航空輸送されるケースも少なくありません。

ただし、航空輸送の場合、そのコストが海上輸送に比べ相当に割高になります。ロットもあくまで小ロットに限られてしまいます。航空輸送の場合も海上輸送と同様に、定期航空運送と不定期航空運送の2通りのパターンが考えられます。

定期航空運送ではある特定の区間を路線に定めて、決められたタイムスケジュールのもとに航空運送が行われます。これに対して、不定期航空運送とは、チャーター便など、スケジュールをフィックスしないで行う輸送を指します。

### 混載業者の役割

航空運送はキャリアと呼ばれる航空貨物の輸送会社が直接、行うほかに、利用運送業の免許を持つ

**Point**

- 定期航空運送と不定期航空運送
- 直送貨物と混載貨物

## 航空輸送の種類

**航空輸送**
短時間で長距離を輸送できるという大きなメリット

- **定期航空運送**：特定の区間を路線に定めて、決められたタイムスケジュールのもとに行われる
- **不定期航空運送**：チャーター便など、スケジュールをフィックスしないで行われる

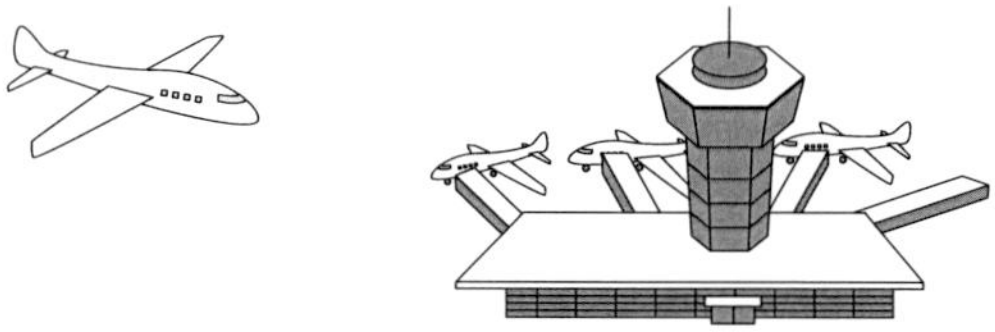

フォワーダーが間に入ることもあります。その場合、大口貨物よりも小口貨物の混載輸送が行われることが多くなります。

ちなみに航空運送の運賃は基本的には「重量逓減制」で、1個当たりの貨物重量が大きければ、それだけ運賃が割安になるように設定されています。それゆえ、フォワーダー、あるいは混載業者は、多くの小口貨物をまとめて大口貨物にすることによって比較的、割安な運賃を引き出すことができるようになります。

また、荷送人が航空会社にダイレクトに運送を依頼する貨物のことを直送貨物といいます。荷主と航空会社が直接、運送契約を結ぶということを意味します。もっとも、航空会社が運送の責任を持つのは空輸区間内のみで、区間外については航空会社は責任を負いません。ただし、その場合もフォワーダーなどが貨物を受け取り、航空貨物運送状（受取書）を発行することになります。

なお、航空輸送業界には自社の貨物飛行機を保持し、同時に貨物の集荷から配送までのフォワーディング業務などもこなすインテグレーターという業態も注目を集めています。

25

# 航空輸送の注意点

## タイトなリードタイムに対応！

### 荷遅れなどの発生に注意

航空輸送を行うにあたっての注意点を整理しておきましょう。

航空輸送は海上輸送以上にタイトなリードタイムを条件として活用されることになります。したがって貨物がきちんとスケジュール通りに荷受人に到着しているかをしっかりと確認する必要があります。

航空貨物の輸送状況追跡システムなどを活用し、「現時点ではどの貨物がどこにあり、またいつになれば目的地に到着するか」ということを適時、把握しておく必要があるわけです。

同時に、航空輸送を行うにあたって、荷遅れの原因となるような諸要素を排除しておかなければなりません。迅速な輸送、ジャストインタイムのオペレーションが要求される航空輸送では荷遅れは可能な限り避けたいリスクといえるわけです。

具体的にいうと、輸出関連ならば該当輸出品の証明書類などに不備があれば、輸送スケジュールに間に合わないというケースが出てくるリスクが高まるわけです。輸出品の梱包に不備があったり、梱包が脆弱、あるいは破損や汚損があったりすれば、それが原因で遅配を招くことも十分考えられます。仕向地ラベルなどの貼り違いや誤記などが原因が誤配送につながる危険性もあります。工場からの出荷の際に積み残してしまったり、当該貨物の保管場所などがわからなくなってしまったりするという基本的なミスも犯さないように注意しましょう。

もちろん、通関申告書類などに不備があれば、輸出品は立ち往生してしまうことにもなります。

### 手続き書類の不備などに注意

輸入する側からすれば、小口貨物が頻繁に送られ

**Point**

- 荷遅れと誤配送
- インボイス、パッキングリストなどの正確な作成

### 航空輸送の出荷手続き

**航空輸送の出荷手続きの主なチェックポイント** →

① 貨物がきちんとスケジュール通りに荷受人に到着しているか
② 輸出品の梱包に不備があったり、梱包が脆弱、あるいは破損や汚損がないか
③ 仕向地ラベルなどの貼り違いや誤記などがないか
④ 工場からの出荷の際に積み残しがないか、あるいは当該貨物の工場内などの保管場所などを把握しているか
⑤ 通関申告書類などに不備がないか
⑥ インボイス、パッキングリストなどの不備がないか
⑦ 検疫証明書などの関連書類に不備がないか

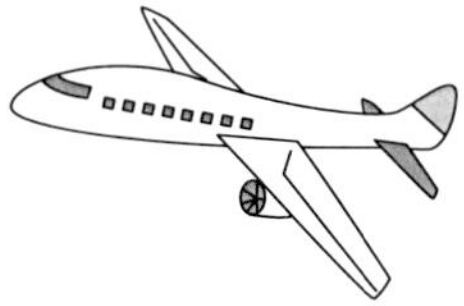

てくるよりも、まとめられる貨物はまとめるようにします。

大口貨物として送られてくるほうが、諸手続きなどについて、時間が節約できます。

さまざまな書類に不備があれば、せっかく貨物が空輸で空港まで速く届くしくみができあがっていても、結局、大きなタイムロスにつながるリスクが出てくるわけです。航空輸送が高頻度で行われるということは、「時間との戦い」を強いられているともいえるわけですが、たんに速度だけを追求するのではなく、物流品質を高く維持する必要もあるのです。

たとえば、インボイス、パッキングリストなどの不備などです。インボイスにきちんと価額が記入されていなかったり、実際に送られる物品の数量が異なっていたりすれば書類を訂正する必要が出てくるわけです。

あるいは検疫証明書などが届いていなければ、輸入の諸手続きが進まなくなるわけです。

たんに貨物を輸送するだけではなく、それに付随、関係する一連の書類をきちんと管理、手配、送付することも重要になってくるわけです。

# 26 航空貨物の運賃

## 実重量と容積の関係に注目！

**航空運賃体系の概要**

航空輸送の世界的な組織の国際航空運送協会（ＩＡＴＡ）が運賃調整会議を開催して航空貨物の運賃を決定するのが大枠になります。同協会が決定した共通運賃がそれぞれの加盟国の属する国の政府に認可されるというわけです。

なお、混載業者は混載貨物の運賃などを搭載日の30日後以内に国土交通大臣に届け出ることになっています。

ＩＡＴＡでは、運賃体系を大きく、エリア１（南北米大陸など）、エリア２（欧州とその周辺、アフリカ大陸、中近東など）、エリア３（アジア、オセアニアなど）の３地域に分けています。しかし、実際には同協会に加盟している企業（定期航空運送事業者）の実勢運賃はＩＡＴＡの共通運賃とは異なってしまいます。

一般に航空貨物運賃には最低運賃（ミニマムチャージ）が設定されていて、一定の重量、あるいは容積に満たない場合に適用されます。貴重品、動物、遺体などの特殊な貨物については割増運賃が、印刷物などには割引運賃が適用されます。これを品目分類運賃と呼んでいます。高価な貨物を運ぶ場合には従価制がとられることになります。

特定の品目が特定の空港間で輸送される場合、貨物が一定量を超えると、割引運賃が適用されることもあります。これを特定品目運賃と呼んでいます。

またバラ積みの貨物には重量逓減制と呼ばれる運賃体系が採用され、「１貨物当たりの重量が重くなると、それだけ割安になると」という考え方が導入されています。

ＩＡＴＡが危険物規則で定めている危険物を運送する場合には、危険物取扱手数料がかかります。さ

**Point**

- 品目分類運賃
- 従価制と重量逓減制

## 航空運賃の体系

**国際航空運送協会（IATA）が運賃調整会議を開催して航空貨物の運賃を決定**

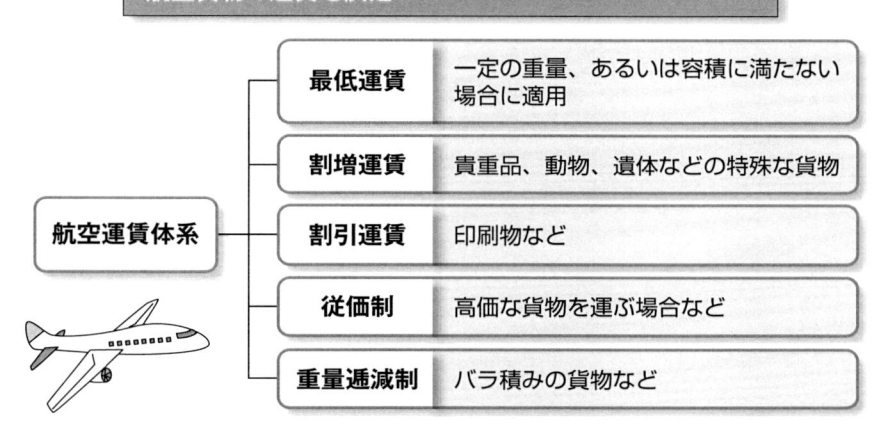

**航空運賃体系**

| | |
|---|---|
| **最低運賃** | 一定の重量、あるいは容積に満たない場合に適用 |
| **割増運賃** | 貴重品、動物、遺体などの特殊な貨物 |
| **割引運賃** | 印刷物など |
| **従価制** | 高価な貨物を運ぶ場合など |
| **重量逓減制** | バラ積みの貨物など |

らにいうと、危険物の航空輸送については、ＩＡＴＡがＩＣＡＯ（国際民間航空機構）が協力して作成したＩＣＡＯ規則に定められています。

ちなみに危険物は、その危険度に応じて、航空輸送を行うことが禁じられている品目、貨物専用機でのみ輸送できる品目、貨物専用機と旅客機の両方で輸送できる品目の３種類に分類することができます。

### 運賃計算の考え方

運賃計算では、実重量の関係と容積重量の関係を考慮して、１kgと６０００㎤を同等とみなします。そして、実重量が容積を上回れば実重量を、容積が実重量を上回れば、容積をもとに運賃計算が行われることになります。

航空会社とフォワーダーの間で行われる運賃の清算にはＣＡＳＳ（貨物運賃共同清算システム）などが使われます。

ほかにもフォワーダーが航空会社向けにセールスレポートを作成、報告し、そのうえで航空会社の指定口座に送金する方式や、航空会社のほうから請求書をフォワーダーに送付する方式もあります。

27

# 航空貨物運送状の役割と構成

## 運送契約締結の証拠書類などとして機能

### 航空運送状の特徴と機能

航空貨物を運送するうえでは航空（貨物）運送状（ＡＷＢ：エアウエイビル）が必要になります。航空運送状の役割は、通関手続きをスムーズに行うために、税関に貨物の詳細を知らせ、目的地までの輸送をスピーディかつ円滑に行うことにあります。

運送契約締結の証拠書類、貨物の受領証、運賃の請求書、荷送人に対する指図書としての機能があります。３通の原本とその他の副本で構成されています。

航空運送状は海上輸送の船荷証券に相当しますが、船荷証券とは大きく異なる点があります。船荷証券が有価証券としての役割も担うのに対して、航空運送状の場合はそうではないということです。

航空貨物運送状は荷送人（発荷主）から荷受人（着荷主）への記名式による通知がその主たる機能となります。したがって、無記名のまま、第三者に渡り、裏書きにより、譲渡されるということはありません。

ただし、それゆえ航空運送状には担保の機能はありません。さらにいえば、有価証券として扱われるわけではないので、船荷証券の場合のように、荷受人などが紛失した場合、複雑な手続きを要するということはありません。これは航空貨物輸送のスピードが海上輸送よりも速いということを考慮してのことです。

また、たとえ荷受人が運送状を持ち合わせていなくても、荷受人であることが他の方法で証明できれば、貨物を引き取ることもできます。この点も船荷証券とは異なります。

なお、航空会社が混載業者に発行する航空貨物運送状のことをマスターエアウエイビル（ＭＡＷ

Point

- 航空運送状
- 裏面約款

## 航空運送状の目的と機能

**3通の原本とその他の副本で構成**
**航空運送状は海上輸送の船荷証券に相当するが有価証券ではない**

**航空運送状**

**目的**

通関手続きをスムーズに行うために、税関に貨物の詳細を知らせ、目的地までの輸送をスピーディかつ円滑に行うこと

**機能**

航空貨物運送状は荷送人（発荷主）から荷受人（着荷主）への記名式による通知がその主たる機能
運送契約締結の証拠書類、貨物の受領証、運賃の請求書、荷送人に対する指図書

Ｂ）、混載業者が依頼者の発荷主に発行するものはハウスエアウエイビル（ＨＡＷＢ）といいます。

### 航空運送状の書き方

　混載業者のハウスエアウエイビルの書き方を紹介しておきましょう。

　混載業者が荷主に提供する航空運送状のフォームの多くは複写式になっています。運送料金については、荷送人払い用（元払い）と第三者払い用（着払い）が存在します。希望すれば保険がかけられるサービスなども設けられています。

　記入欄に荷送人、荷受人の詳しい情報、貨物の重量、寸法、個数を記入します。

　梱包外形寸法については最大長、最大幅、最大高が必要になります。貨物明細としては、貨物の各品目の内容と数量を詳しく書き込みます。

　航空運送状の裏面には国際航空貨物運送の基盤となる契約条項（裏面約款）が記載されています。その内容は、運送人の定義、運送人の優玄責任、貨物の損傷・滅失・円着に対する過失責任、運賃と諸費用の支払いと通関、荷主保険、約款修正の禁止などについてです。

COLUMN

# 海貨業者とは

輸出者は、関税や船積みの諸手続きを海運貨物取扱業者（海貨業者）に委託することで輸出の諸プロセスをスムーズに進めていくことが可能です。

海貨業者は港湾運送事業法に基づいて、輸出者に代わり港湾地区で貨物の受け渡しを行う業者です。港湾地区における幅広い業務を行います。船積み書類の作成、輸出入貨物の搬入、保管、運送などの取扱い、船荷証券の受け取り、荷渡し指図書の入手などの一連のプロセスに海貨業者が関わることになるのです。

必要に応じて輸出者の工場や倉庫からのトラック輸送や輸入貨物の国内店舗などへの配送を行ったり、輸出品の梱包業務を請け負ったりすることもあります。

なお、港湾運送事業法では、一般港湾事業、港湾荷役事業、はしけ運送事業、いかだ運送事業、検数事業、鑑定事業、検量事業の７種を規定していますが、これらが海貨業者の事業といえます。

また、通関業との関連性も高いので、通関業の免許も持っている海貨業者も少なくないようです。ちなみに、海貨業者のことを慣例的に乙仲《おつなか》と呼ぶこともありますが、本来、乙仲とは旧海運組合法に規定された「乙種海運仲立業」の略称です。

あ、それは
あっちに
運んどいて
乙仲
そちらの
コンテナは
こちらで
計りますよ～

# 第3章

# 輸出取引・管理の実務

# 28 貿易実務とは

## 国際商流の一連の流れを理解！

### 貿易の視点からの輸出入プロセス

国際物流が国際間のモノの流れの視点から考えられるのに対して、貿易では国際間の取引のプロセス（国際商流）をフォローしていくことになります。

貿易実務とは、輸出入に関する手続きとそれに伴う貨物の流れをフォローしながらの書類作成、業務遂行や業務依頼を指すことになります。

貿易実務をスムーズにこなすには、さまざまな貿易関連書類のそれぞれの役割や機能をしっかり理解しておくことが大切です。業務の流れに沿って、わかりやすく整理しておくようにしましょう。

輸出についての貿易実務としては、まず輸出品目と輸出先を選定し、価格、品質、納期、決済条件などについて交渉し、取り決め、契約書を作成します。ついで船積みや通関などの出荷に関する一連の手続きを行います。そして必要に応じて書類を作成して代金の決済を行います。

輸入については、どのような品目を輸入するべきか、部材、部品、製品などの価格、品質、リードタイム、輸送方法などを十分に検討したうえで決定します。国内への輸入規制、環境規制などについても事前に調べるようにしておきます。また、必要に応じて、見本や仕様書なども取り寄せます。貨物が港湾、空港などに到着するのにあわせて、輸入通関手続きを行います。関税、消費税などがかかる場合が少なくないので、そのための手続きをスムーズに行えるようにする準備や下調べも必要になります。

### 貿易書類作成の流れ

輸出に際しては、契約書、輸出申告書、ドックレシート、コンテナ明細書、送り状、包装明細書、為替手形、買取依頼書などの書類を作成する必要があ

Point
- 契約書と信用状
- 輸出申告書

## 貿易実務の内容

**輸出入に関する手続きとそれに伴う貨物の流れをフォローしながらの書類作成、業務遂行や業務依頼など**

| | | |
|---|---|---|
| **貿易実務** | **輸出** | ・輸出品目と輸出先を選定し、価格、品質、納期、決済条件などについて交渉し、取り決め、契約書を作成<br>・船積みや通関などの出荷に関する一連の手続き<br>・そのほか、必要に応じて書類を作成して代金の決済を行う |
| | **輸入** | ・どのような品目を輸入するべきか、部材、部品、製品などの価格、品質、リードタイム輸送方法などを十分に検討したうえで決定<br>・国内への輸入規制、環境規制などについて事前に調査<br>・そのほか、必要に応じて、見本や仕様書などを取り寄せる |

ります。

取引条件を明示した契約書を作成し、お互いが署名したものを１部ずつ保管するようにします。輸出申告書は輸出通関に必要です。輸出者は必要な書類を通関業者に渡し、輸出申告書の作成を依頼することになります。税関で申告書類の内容を審査し、問題がなければ輸出の許可が下ります。

船積みの諸手続きは海貨業者が行うことになります。海貨業者はドックレシート、コンテナ明細書を作成します。

輸出した代金の回収に際しては、信用状取引で行われることが少なくありません。信用状に要求されている書類を用意し、為替手形と買取依頼書を作成し、銀行に買い取りを依頼します。送り状、包装明細書、船荷証券、保険証券、原産地証明書などが必要になります。

輸入に際しては見積り依頼書、契約書、信用状発行依頼書、銀行取引約定書、信用状などを作成する必要があります。なお、輸出入の通関手続きについてはＮＡＣＣＳ（輸出入・港湾関連情報処理システム）が導入され、業務の迅速化が促進されています。

29

# 輸出・輸入取引先との取引交渉

## 勧誘、引き合い、申し込み、承諾という流れ

### 取引交渉の流れ

輸出を行うに際しては、まず取引相手を見つける必要があります。商品の売買について話をまとめてから、輸出入の具体的業務が始まることになるわけです。

輸出を希望する者は、輸出したい商品の特徴、魅力などを買い手となる可能性のある者にさまざまな機会を利用して説明し、商品の購入を勧誘します。他方、輸入を希望する者からは商品の見積りなどを依頼する引き合いなどが出てくることになります。

そうした流れのなかで輸出を行おうとする者は輸入を希望する者を探し出し、売り込みのオファー（申し込み）を行います。オファーの文書を作成するにあたっては、商品の購入にあたっての希望条件などを明記するようにします。具体的には、商品の機能、品質、数量、価格、納期などをはっきりさせるようにします。

売り手（輸出者）のオファーに対して、買い手（輸入者）は、そのまま、そのオファーを受け入れることもありますが、なんらかの修正条件、希望条件などを明記した対案を提案することも少なくありません。これをカウンターオファーと呼んでいます。なお、オファーには、ファームオファー（確定申し込み）、先売りご免オファー、サブコンオファー、価格不確定オファーといったさまざまな形態があります。

ファームオファーとは、貿易相手に対して申し込みの回答期限を限定した申し込みをいいます。価格や通貨レートの変動リスクを考慮したものです。先売りご免オファーとは、輸入者が承諾する前に商品が売り切れてしまった場合には、そのオファー自体が消滅するというタイプのものです。サブコンオ

Point

- オファーとカウンターオファー
- 契約書の作成

**輸出入取引の流れ**

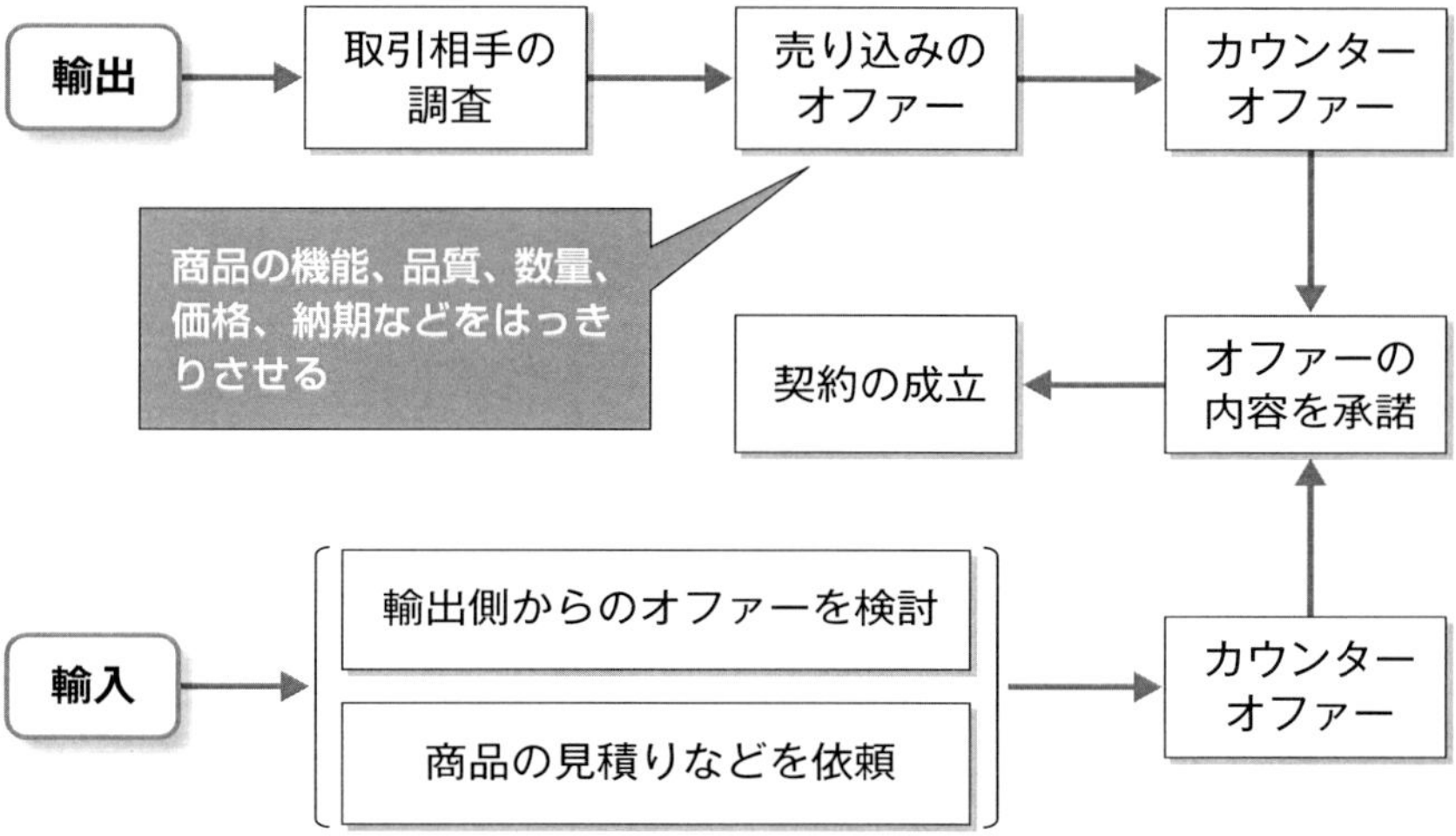


ファーとは売主が最終的に確認したうえで契約を成立させるオファーのことです。また、価格不確定オファーとはマーケットの変動を考慮して価格などの条件を適時変更することを可能とした条件付きオファーのことです。

## 契約の成立

オファーの内容に承諾すれば、売買契約が成立することになります。オファーはその有効期限が定められている場合はその期間内に承諾することになりますが、承諾の通知は可能な限り早いほうがよいでしょう。

契約が成立したことを受け、それを確実に実行できるように契約書、あるいは確認書を作成します。通常、契約書は2部作成され、売り手、買い手のそれぞれが署名したうえで、1部ずつを保管することになります。

契約書は後になって、双方の意見などが異なる事態が生じることがないように、契約の内容を証明する証拠書類となります。なお、裏面には約款が印刷されており、取引に共通な一般取引条件などが記載されていることが多いようです。

# 30 貿易に関する法律と税関

## 輸出入取引を管理

### 輸出入の申告

貿易取引で輸入される商品には我が国の、輸出される国には相手国の関税制度が適用されることになります。関税とは産業の保護などを目的に課される税金で「輸入税」の一種です。

我が国の関税法では原則として輸出入されるすべての貨物は税関長に申告されなければなりません。さらにいえば必要な検査を受け、許可を得なければならないとされています。

関税法には「輸入してはならない貨物」、「輸出してはならない貨物」も定められています。関税法のみならず、輸出入の許可に関しては他の法令についても注意する必要があります。さまざまな法律が貿易実務に関係してきます。たとえば、輸入に関していえば、薬事法、火薬取締法、食品衛生法、なども関わってきます。

輸出に関しては、文化財保護法や道路運送車両法などに注意する必要もあります。外国為替および外国貿易法、覚せい剤取締法、植物防疫法などは輸出入のいずれにも関わってきます。

なお、関税率については、関税定率法で定められています。

また、輸出入取引法では「不公正な輸出取引を防止し、並びに輸出取引及び輸入取引の秩序を確立し、もって外国貿易の健全な発展を図ることを目的とする」（同法第1条）とされています。

### 税関とは

我が国の税関の歴史は１８５９年に箱館（函館）、神奈川、長崎が開港した際に税関の前身の運上所が（１８７２年に税関という呼称に統一）、設置されたことにまでさかのぼれます。

Point
- 関税法
- 税関

**貿易に関係する主な法律**

- 薬事法
- 家畜伝染病予防法
- 食品衛生法
- 外国為替及び外国貿易法
- 火薬取締法
- 輸出入取引法
- 関税
- 関税定率法
- 関税暫定措置法
- 植物防疫法
- 覚せい剤取締法
- 文化財保護法
- 道路運送車両法

関税の徴収は財務省の地方支分部局の一つである税関で行われます。税関では関税の徴収のほかに、輸出入貨物の通関、密輸などの取り締まり、あるいは保税地域の管理が行われます。税関には函館税関、東京税関、横浜税関、名古屋税関、大阪税関、神戸税関、門司税関、長崎税関、沖縄地区税関があります。税関の大きな役割は。次の３つがあると考えられます。

**①適正かつ公平な関税などの徴収**

税関で徴収する関税、消費税などは、日本の国税収入の約１割（約５兆円）に当たります。その点をふまえて、適正かつ公平な徴収を行うべく、納税環境が整えられています。

**②安全・安心な社会の実現**

薬物、銃器、テロ関連物品、知的財産侵害物品など、社会の安全と安心を脅かす密輸出入などを水際で取り締まる役割を担います。

**③貿易の円滑化**

貿易の秩序維持と健全な発展を目指すに当たっての適正な通関体制を確保します。あわせて簡便な手続きとスムーズな処理を実現すべく、システム運用をはじめ、さまざまな改善にも取り組んでいます。

31

# 貿易の代金の決済方法

## 信用状をつけて決済

### 国際間のカネの流れを管理

輸出入を行うにあたって、モノの流れにあわせて国際間のカネの流れも管理しなければなりません。それが貿易の決済となります。

貿易の決済方法としては前払いと後払いが考えられます。銀行間の送金、あるいは送金小切手により決済するか、荷為替手形で決済するかのどれかが選択されます。

荷為替手形とは、輸出者の振り出した為替手形に船積み書類が添付されたものです。船積み書類としては船荷証券、保険証券、貨物の明細書、インボイスなどを指します。

代金の支払いをすることになる輸入者は、荷為替手形の支払いを終えなければ、船積み書類を入手して輸入貨物を受け取ることができないしくみになっています。ただし、荷為替手形には信用状（レター・オブ・クレジット：L／C）付きのものと、信用状なしのものとがあり、両者の信用度はかなり異なります。

### 信用状付きか信用状なしか

信用状付きの荷為替手形による貿易取引の決済（L／C決済）は、もっとも一般的な方法といえましょう。信用状は取引銀行が輸入代金の支払いを保証するために発行されます。したがって、信用状があれば、代金が踏み倒されるなどのリスクはなくなるわけです。

信用状の条件と合う船積み書類などに荷為替手形を添えて銀行に提示して、買い取りを依頼するというかたちをとるのです。なお、事前に荷為替手形の買い取りについては、取引銀行と十分に話し合っておくほうがスムーズに進みます。

Point
- 荷為替手形
- D/P決済とD/A決済

## 信用状付きと信用状なし

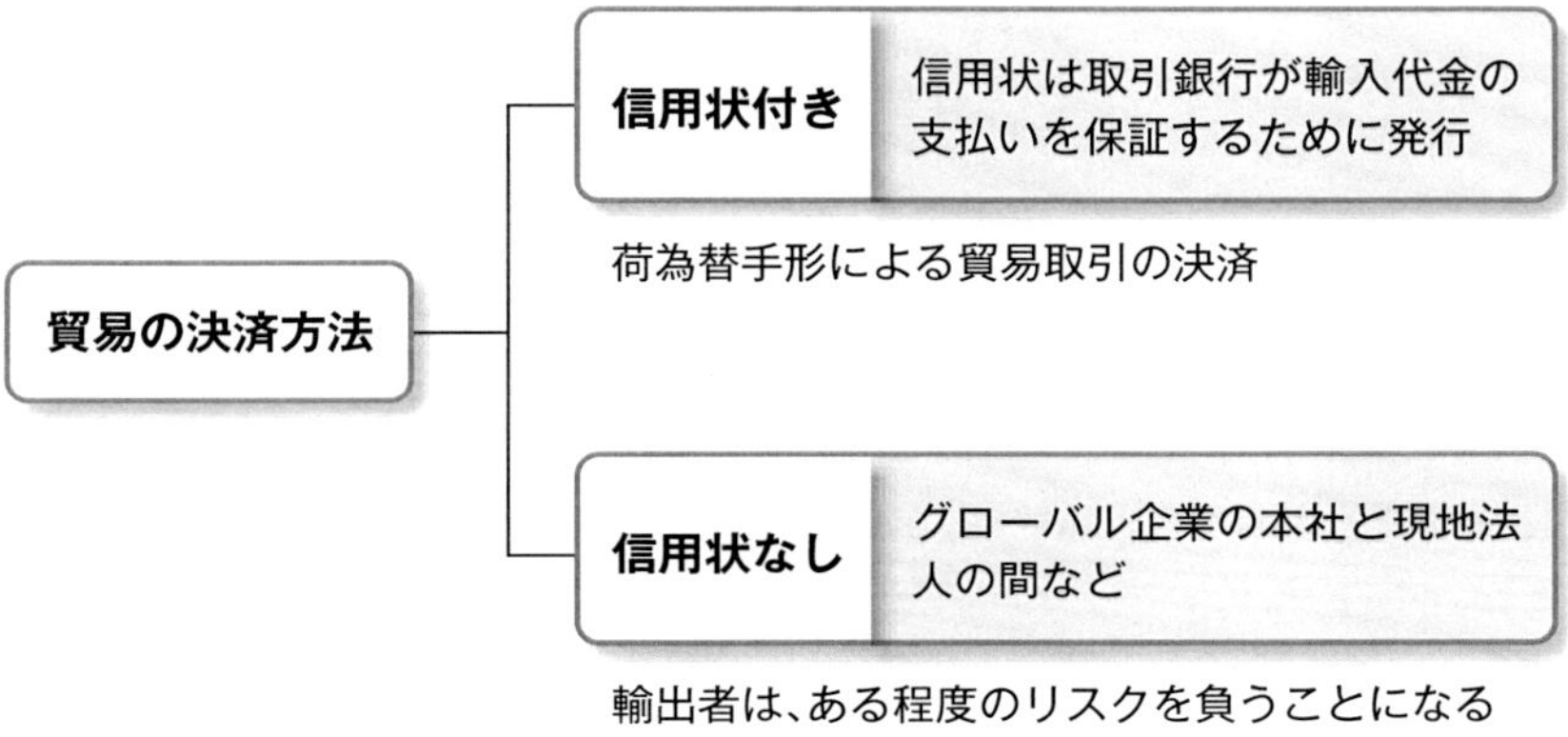
貿易の決済方法
信用状付き
信用状は取引銀行が輸入代金の支払いを保証するために発行
荷為替手形による貿易取引の決済
信用状なし
グローバル企業の本社と現地法人の間など
輸出者は、ある程度のリスクを負うことになる

これに対して信用状がない場合には輸出者は、ある程度のリスクを負うことになります。ただし、たとえば輸出者が輸入者について、それまでの長い取引経験などから十分な信用を寄せていて、たとえ信用状がなくても、問題がないと判断した場合などには信用状なしでも貿易取引が行われることが少なくありません。

グローバル企業の本社と現地法人の間などでも行われることがあります。その場合、輸入者が銀行に代金を支払い、それと引き換えのかたちで船積み書類などが渡されるD／P（ドキュメント・アゲインスト・ペイメント）決済という方法か、あるいは輸入者が手形を引き受ける際に船積み書類などが渡されるD／A（ドキュメント・アゲインスト・アクセプタンス）決済のどちらかで行われることになります。

もっとも、D／A決済の場合には、手形を引き受けたあとで、不渡りが発生するリスクもあります。

なお、信用状取引のプロセスでは信用状と船積み書類の内容が完全に一致していなければなりません。書類にタイプミスなどのディスクレ（不一致）がないかもチェックするようにしましょう。

32

# 信用状の種類と発行の手続き

## 代金の支払いを保証

### さまざまな信用状

貿易取引に用いられる信用状（商業信用状）にはいくつかの種類があり、それぞれの種類の性質は異なります。さまざまな信用状の特徴をよく理解しておきましょう。

信用状は基本的には輸入された商品の代金が確実に支払われるということを取引銀行が保証するもので、そのような機能を持つ信用状を「取消不能信用状」（Irrevocable Letter of Credit）と呼んでいます。

ところが信用状のなかには、いったんは取消不能ということで信用状が発行されたにもかかわらず、諸事情により、銀行が支払いを保証しかねなくなるものが出てくることがあります。そうしたケースに対応して、取消しや修正を行うことを可能にした信用状を「取消可能信用状」といいます。ただし、近年になって、取消不能信用状に一本化されています。

支払いの保証は、信用状を発行した銀行だけではなく、それ以外の銀行でも行うこと（コンファメーション：確認）ができる場合、その信用状を確認信用状、そうでない信用状を無確認信用状と呼んでいます。

さらにいえば、信用状には買取銀行指定信用状と買取銀行無指定信用状とがあります。銀行は輸出者が作成した荷為替手形を買い取りますが、買取銀行指定信用状では、その買い取る銀行が指定されます。それに対して、買い取る銀行を指定しないタイプの信用状を買取銀行無指定信用状といいます。

信用状に「transferable」と記載されている場合、その信用状の使用権を第三者に譲渡できることを意味します。そうしたタイプの信用状を譲渡可能

**Point**

- 取消不能信用状
- 信用状発行依頼書

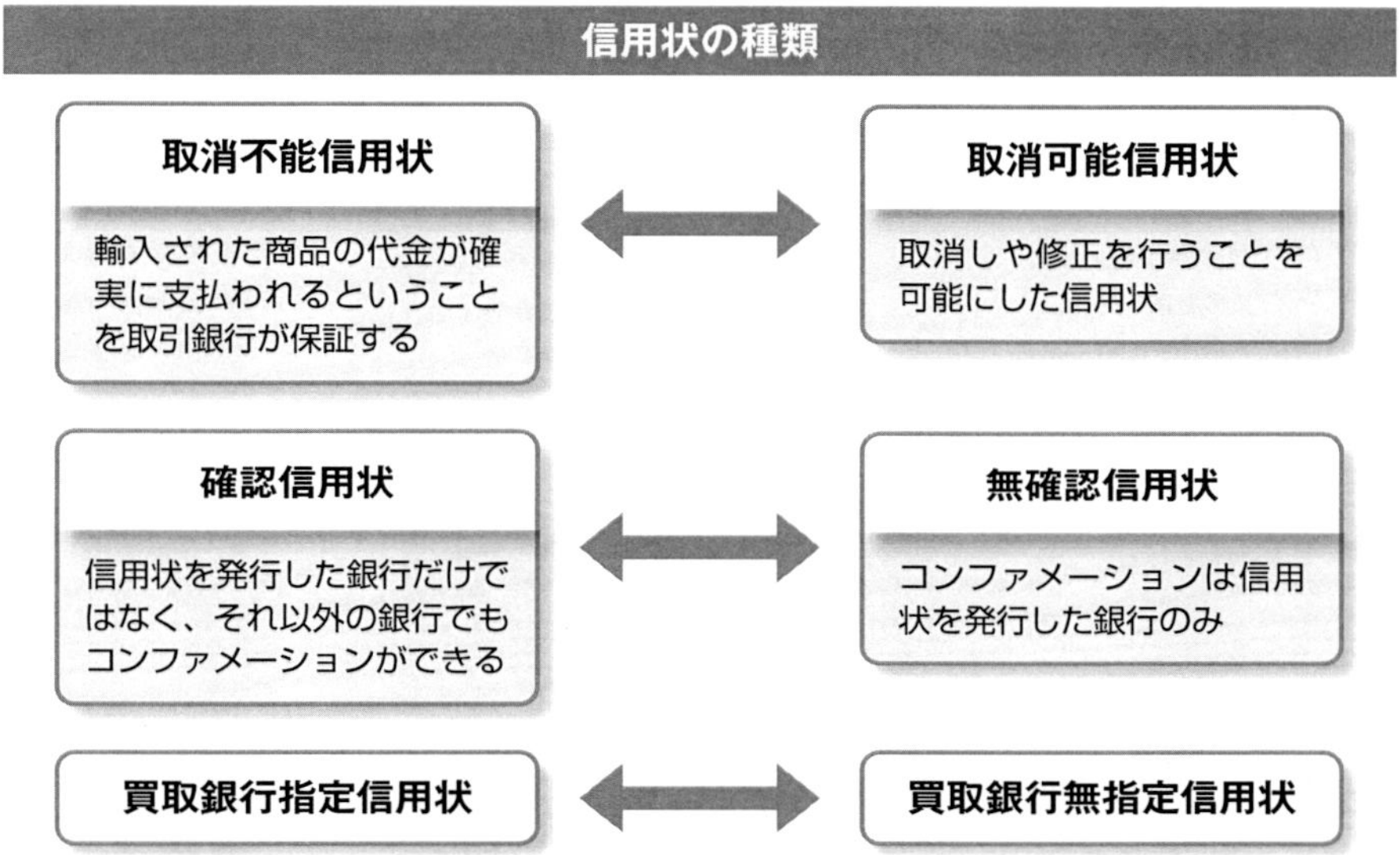
信用状の種類
取消不能信用状
輸入された商品の代金が確実に支払われるということを取引銀行が保証する
取消可能信用状
取消しや修正を行うことを可能にした信用状
確認信用状
信用状を発行した銀行だけではなく、それ以外の銀行でもコンファメーションができる
無確認信用状
コンファメーションは信用状を発行した銀行のみ
買取銀行指定信用状
買取銀行無指定信用状

信用状といいます。また、同一の取引先と継続的に取引が行われる場合、取引ごとに信用状を発行する手間とコストを省くために回転信用状（循環信用状）を発行することもあります。

## 信用状の発行の手続き

信用状を取引銀行に発行してもらうにあたっては、輸入者が信用状発行依頼書を作成、提出します。輸入者にとっては、銀行の信用を利用する与信行為となるため、信用状発行依頼書に加え、さまざまな提出書類、担保などが必要になります。

銀行取引全般についての約定書に加え、外国為替取引約定書、商業信用約定書などが必要になるのです。それぞれの約定書は輸入者と銀行との契約書に相当します。

信用状発行依頼書には申請者名（Applicant）、輸出者名（Beneficiary）、契約総額（Amount）、輸出商品、船積み書類、信用状の期限などを発行依頼書のフォームに基づいて記載します。なお、信用状の銀行間の扱いについては国際商業会議所（ＩＣＣ）が定めた「荷為替信用状に関する統一規則及び慣例」（ＵＣＰ）に準拠することになります。

33

# 輸出通関手続きとNACCS

## 税関長の承認が必要

**輸出許可の申請**

国内の貨物を海外に輸出するためには税関長の輸出許可を取得しなければなりません。そのためには、通関業者に、船積依頼書、インボイス、包装明細書、その他必要な許可証などを渡して輸出通関手続きをするのが一般的です。これは輸出許可申請の手続きが複雑なためです。

輸出通関手続きと前後するかたちで、輸出貨物は保税地域に搬入されます。そして搬入後に輸出申告が行われ、税関長の検査を受けて問題がなければ輸出許可が下りることになるのです。ただし、緊急に通関を行う必要がある貨物などについてはあらかじめ税関長の承認を得て、搬入前申告扱いという制度を活用することも可能です。

本船扱い、ふ中扱いという制度もあります。本船扱いとは、船内に直接積み込んでから輸出通関の手続きを行うという制度です。ちなみに本船とは外国貿易船のことを指します。ふ中制度とは、本船ではなく、「はしけ（艀）」に積載をしたままで通関手続きをする制度で、輸出許可を得てから本船に積み込むことになります。ちなみに、はしけとは港湾などで大型船舶に海上貨物を運ぶために使われる平底の小船のことです。

コンテナ船の場合は、コンテナ扱い申し出書を税関に提出し、コンテナに積み込んだかたちで手続きができる制度が設けられています。その際には内陸の保税地域外の工場、倉庫などで公認の検数検定機関の立会いのもとにコンテナへの積み込みと封印が行われることになります。コンテナ番号、施封、封印番号の確認などを行い、証明書が発行されます。

また、輸出の許可を得たのちに申告の内容記載を変更したり、申告自体を取りやめたりする場合、そ

Point

- 船積依頼書
- Sea-NACCSとAir-NACCS

**輸出申告・許可への流れ**

通関業者に、船積依頼書、インボイス、包装明細書、そのほか必要な許可証などを渡して輸出通関手続きをすることになる

輸出許可の申請準備 → 輸出貨物は保税地域に搬入 → 輸出申告 → 税関長の検査を受けて問題がなければ輸出許可

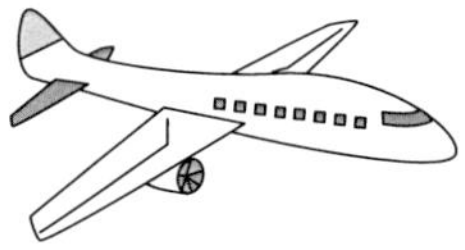

の旨の手続きをしなければなりません。輸出許可後の許可内容変更の申請については、税関に船名・数量等変更申請書を提出し、船名、積込み港、輸出貨物の数量変更などを行います。

## NACCSの活用

貨物の輸出入に関する税関の手続きはＮＡＣＣＳ（ナックス：輸出入・港湾関連情報処理システム）によって行うことが可能です。税関、船会社、航空会社、通関業者、混積業者、銀行などが参加業種で、設置された端末を使うほかにもインターネットを利用したＮＥＴ－ＮＡＣＣＳを利用することもできます。ＮＡＣＣＳには、海運貨物を扱うＳｅａ－ＮＡＣＣＳと航空貨物を扱うＡｉｒ－ＮＡＣＣＳがあります。

ＮＡＣＣＳで、海上貨物や航空貨物の入出港、積荷関連の諸手続き、輸出入貨物の諸情報の登録・管理、輸出入の申告、関税の納付手続きなどを行うことが可能です。なお、２０１０年より新しいシステムに刷新され、Ｓｅａ－ＮＡＣＣＳとＡｉｒ－ＮＡＣＣＳのハードウエアなどが統合され、これまで以上に有機的、効率的な運用が実現されました。

34

# 貿易条件の決定

## 国際的な統一定義を適用！

### インコタームズの活用

国際物流を考えるうえで、貿易取引の知識があるほうがさまざまな状況でイメージが掴みやすくなります。たとえば「売主が買主にどこで商品を手渡し、どこまでのコストを負担するのか、またリスク分担はどのように行うのか」といった貿易条件をしっかり把握することで、国際的なモノの流れもより良く見えてくることになります。

輸出入における運賃、保険料、あるいはさまざまな負担やリスクの負い方について売主（発荷主）と買主（着荷主）の考え方や解釈が異なれば、貿易を円滑に進めることはできません。そこで国際的な統一定義を貿易取引の契約書の約款に入れます。それがインコタームズです。国際商業会議所が策定した貿易条件の定義です。強制力はありません。契約で定めた場合のみ適用されます。

### インコタームズの種類と分類

インコタームズの代表的なものには、ＣＦＲ（運賃込み条件）、ＣＩＦ（運賃・保険料込み条件）、ＦＯＢ（本船甲板渡し条件）などがあります。

ＣＦＲでは売主は、海上運賃と商品を輸出港で船に積み込むまでの費用を負担します。買主は船に積み込まれてからのリスクを負い、貨物保険料を負担することになります。

ＣＩＦとは売主が積み込むまでの費用と仕向港までの海上運賃に加えて、貨物保険料も負担するというものです。貨物の損失、破損などのリスクや引取り後に発生する費用は買主が負います。

ＦＯＢとは売主は輸出港で貨物を引き渡すまでの費用のみを負担します。その場合、積み込んでからのコスト、リスクなどは買主が負うことになります。

Point

- CIF
- FOB

## インコタームズとは

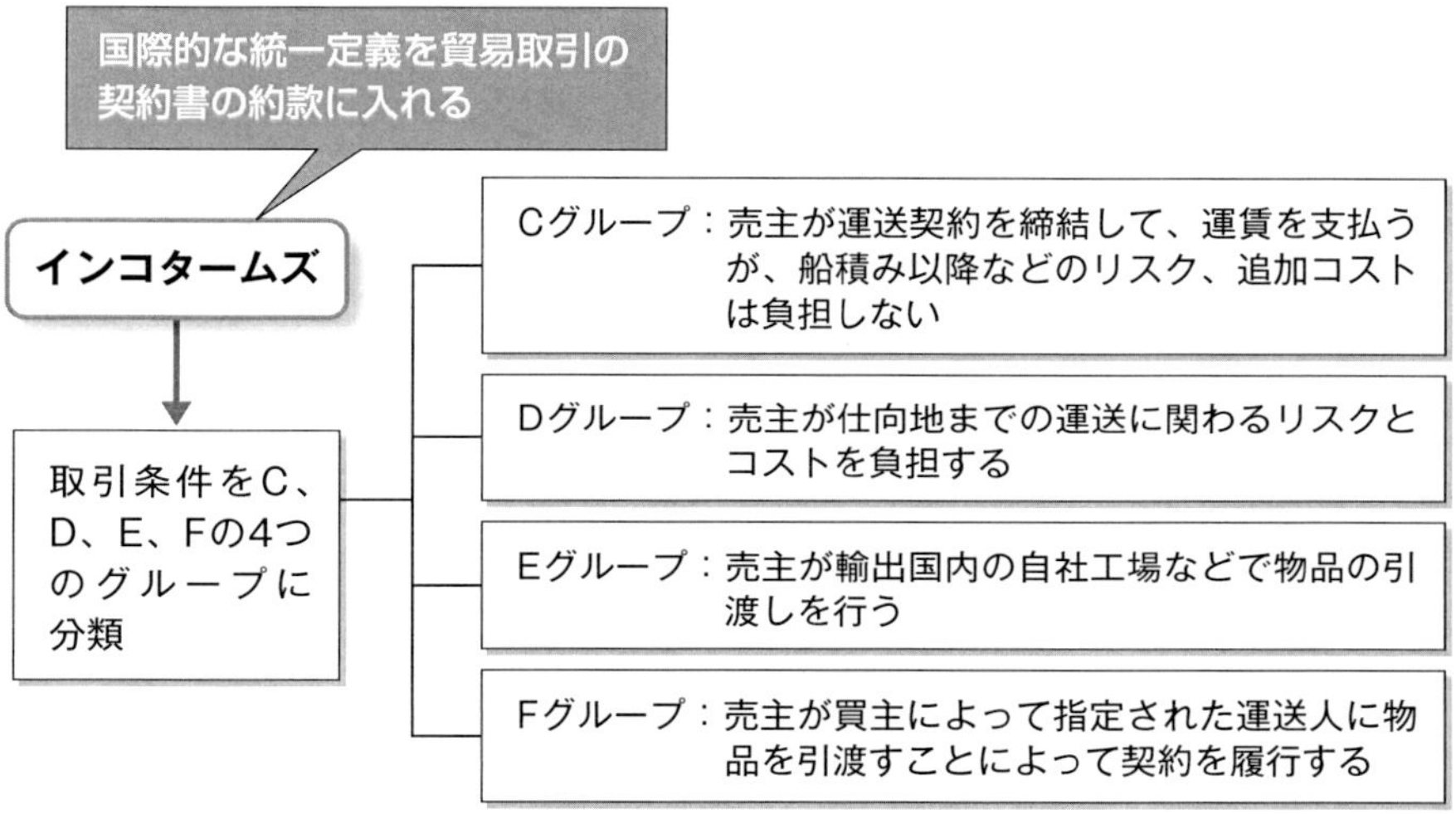


なお、コンテナ貨物の取引に対応した貿易条件としては、ＣＩＰ（輸送費込み条件）、ＣＰＴ（輸送費・保険料込み条件）、ＦＣＡ（運送人渡し条件）があります。また、その他の貿易条件としてはＤＡＦ（国境持ち込み渡し条件）、ＤＤＰ（関税込み・仕向地持ち込み渡し条件）、ＤＤＵ（関税抜き・仕向地持ち込み渡し条件）ＤＥＳ（本船持込み渡し条件）、ＤＥＱ（埠頭渡し条件）ＥＸＷ（工場渡し条件）ＦＡＳ（船側渡し条件）があります。

ちなみにインコタームズでは、取引条件をＥ、Ｆ、ＣおよびＤの４つのグループに分類しています。

Ｃグループは、売主が運送契約を締結して、運賃を支払いますが、船積み以降などのリスク、追加コストは負担しないという性質のものです。Ｄグループは、売主が仕向地までの運送に関わるリスクとコストを負担するタイプのものです。Ｅグループは売主が輸出国内の自社工場などで物品の引渡しを行うタイプのものです。Ｆグループは、売主が買主によって指定された運送人に物品を引渡すことによって契約を履行するというタイプのものです。

# 35 インボイスとは
## 輸出貨物の明細書

### インボイスの機能

輸出手続きを行うにはさまざまな書類が必要になります。ここではそれらの書類がどのようなものなのか、整理しておきましょう。

輸出申告書にはインボイスを添付する必要があります。なお、インボイス（送り状）は関税法では仕入書と呼ばれています。インボイスの主な機能としては、①輸出貨物の明細書、②輸出品の代金の請求書、③輸出者の義務の確認書類、④輸出品の納品書・請求書といったことがあげられます。

輸出者名、輸入者名、輸出貨物の品名とその価格（単価、総額）、数量、梱包方法、荷印、受け渡し条件、本船名あるいは航空便名、輸出地（船積港など）、輸入地（陸揚港など）、納期、決済方法、保険条件などが、主として英語などで記載されます。

つまり、輸出者、輸入者の双方はインボイスの記載を見ることにより、どのような貨物が、いくらで、いつ、どのような条件、方法で、売り手から買い手に渡るかということを確認することができるというわけです。インボイスを見ることで契約のアウトラインがわかるようになっているのです。

また、インボイスが信用状の内容と異なっていると、信用状取引の際に不都合が生じることになるので注意が必要です。その場合、信用状を発行した銀行が代金支払い保証を行えないということになります。

### インボイスの種類

インボイスには、代金決済用インボイス、通関提出用インボイスなど、いくつかの種類があります。

コマーシャルインボイス（商業送り状）は、輸出者が作成し、輸入者に送られます。契約通りに輸出

**Point**

- コマーシャルインボイス
- 通関提出用インボイス

## インボイスの機能

| インボイスの機能 | |
|---|---|
| | ① 輸出貨物の明細書 |
| | ② 輸出品の代金の請求書 |
| | ③ 輸出者の義務の確認書類 |
| | ④ 輸出品の納品書・請求書 |

輸出者名、輸入者名、輸出貨物の品名とその価格（単価、総額）、数量、梱包方法、荷印、受け渡し条件、本船名あるいは航空便名、輸出地（船積港など）、輸入地（陸揚港など）、納期、決済方法、保険条件などが、主として英語などで記載

品の出荷が行われたことを示す通知状で、同時に記載総額が輸入者に請求される荷為替手形の金額にもなります。

通関提出用インボイス（カスタムズインボイス）は税関に輸出申告を行う際に添えられるインボイスのことです。輸出通関、輸入通関の双方でインボイスが必要になります。通関提出用インボイスに記載されている価格をもとに、輸入に際しては関税や消費税などの課税価格が計算されます。また、原産地の記載があれば、原産地証明書の代わりとして機能することもあります。なお、通関用提出用インボイスにはＦＯＢ（本船甲板渡し条件）をベースに貨物の輸出品総額が記載されることになっています。

通関用インボイスは２００８年10月以降、オンライン化され、ＮＡＣＣＳを使っての作成、情報登録が可能になっています。

プロフォーマインボイスは見積書と同じ役割を果たすインボイスで、輸入国で事前の輸入許可が義務付けられている場合などに必要になります。

船積みインボイス（シッピングインボイス）は貨物の船積み後に輸出者が輸入者に出す送り状で、積み荷の請求書、出荷案内としての機能もあります。

36

# 梱包明細書とコンテナ明細書

## 輸出貨物の内容を明示

### 梱包明細書とは

梱包明細書（パッキングリスト、包装明細書ともいう）は輸出貨物の梱包明細を記載した書類です。梱包ごとに内容明細を作成します、税関への輸出申告のときなどにインボイスと同様に必要です。梱包明細書に記載される内容の多くはインボイスとも共通します。インボイスに梱包明細書の機能が付加され、「インボイス兼梱包明細書」というかたちになることもあります。ただし、インボイス番号、荷印、梱包番号、輸出品の個々の寸法、重量、外装の寸法、荷姿などを記載する必要があります。

梱包の内容が細かくなる場合などは梱包明細書が複数枚で構成されることもあります。なお、輸出品の価格などの表示は必要ありません。

梱包明細書には、通関用、船積み用、荷為替手形買取用があります。このうち、通関用、船積み用の梱包明細書のフォームについては、２００８年10月からのＮＡＣＣＳオンライン化以降、通関提出用インボイスとセットになった統一書式フォームとなっています。

荷為替手形買取用のフォームも基本的に通関用などと同一の内容となっています。荷為替手形買取用の場合は荷為替手形に添付して銀行経由で輸入者の手に渡ります。輸入者は貨物を引き取る際、梱包明細書の内容と照らし合わせ、間違いのないことを確認します。

### コンテナ明細書とは

輸出貨物はコンテナに積み込まれることが多いのですが、その場合、コンテナ明細書（ＣＬＰ：コンテナロードプラン、コンテナ内積付表ともいう）を作成し、コンテナ内部の貨物の明細を明示する必要

**Point**

- 通関用、船積み用、荷為替買取用の各梱包明細書
- 大口貨物用と混載貨物用のコンテナ明細書

## 梱包明細書の概要

**梱包明細書**

輸出貨物の梱包明細を記載した書類

- 梱包明細書に記載される内容の多くはインボイスとも共通
- 「インボイス兼梱包明細書」というかたちになることもある
- インボイス番号、荷印、梱包番号、輸出品の個々の寸法、重量、外装の寸法、荷姿などを記載する必要がある
- 輸出品の価格などの表示は必要ない
- 通関用、船積み用、荷為替手形買取用がある

があります。コンテナ明細書の書式は船会社などが用意したものを使うことが一般的です。輸出品目の概要、荷印、梱包ごとの重量、容積などが記載されています。

コンテナ明細書にはコンテナ1本ごとに作成され、貨物の合計重量（Net Weight）、コンテナ自体の重量（Tare Weight）、その双方の総重量（Gross Weight）が記載されます。大口貨物（FCL貨物）の場合、コンテナ明細書は輸出者の代理となる海貨業者が作成することになります。この場合、コンテナ明細書の署名は輸出者のものとなります。その場合、作成されたコンテナ明細書はコンテナヤードオペレーターに渡されます。

混載貨物（LCL貨物）の場合、コンテナフレイトオペレーターにより作成され、コンテナヤードオペレーターに渡されます。この場合、コンテナ明細書の署名は運送人が行います。

なお、危険物については「コンテナ危険物明細書」に危険物の荷送人、荷受人の名前、住所、危険物の名称、分類、個数、重量などを記載して船会社に提出します。所定の書式が日本貿易関係手続簡易化協会で販売されています。

# 37 保税地域の役割

## 輸出申告へ向けての搬入

### 保税地域の種類

輸出者が提出する船積み書類が信用状の文言に一致していることを確認し、出荷準備を終えたら、船積依頼書を作成し、海貨業者に実際の船積みを依頼します。船積依頼書には、輸出者（荷送人）、輸入者（荷受人）、着荷の通知先、貨物の明細、信用状番号などを記載します。船積依頼書を受け取った海貨業者などは貨物を保税地域に搬入します。

そこで必要になってくるのが、保税地域についての知識です。我が国の保税地域には、指定保税地域、保税蔵置場、保税工場、保税展示場、総合保税地域の5種類があります。

なお、保税蔵置場での蔵置期間は原則的には3カ月となっていますが、承認を受けることで2年まで蔵置することが可能です。あらかじめ税関長に届けることで貨物の点検、仕分け、加工などの作業を行うことも可能になります。

保税工場とは、保税地域内で輸入原材料を生産加工する工場のことで主として委託加工貿易に使われます。蔵置期間は原則2年ですが、必要に応じて延長も認められます。

保税展示場とは見本市などのために、外国貨物の展示などができる場所です。総合保税地域は外国貨物の棚卸し、運搬、蔵置、加工・製造、展示などの機能を総合的に有した地域です。

### 保税地域の利点

保税地域に蔵置する場は、蔵置期間中は、輸入貨物に関税や消費税が課されません。したがって、経済環境などを見極めつつ、蔵置期間をうまく活用して、輸出入を行うことでメリットを享受することができるようになるというわけです。もちろん、保税

Point

- 保税蔵置場
- 保税運送制度

## 保税地域の種類と利点

**保税地域**
- 指定保税地域
- 保税蔵置場
- 保税工場
- 保税展示場
- 総合保税地域

**主なメリット**

- 蔵置期間中は、輸入貨物に関税や消費税が課されない
- 検品などで外国貨物に破損・汚損などが見つかった場合など、関税や消費税を支払わずに送り返すことができる
- 保税運送制度により、保税蔵置場から港湾地域までの運送料金に消費税がかからない

地域内で貨物の検品、仕分け、加工などの作業を行うこともできます。

　さらにいえば、保税地域内で検品などを行う場合には、外国貨物に破損・汚損などが見つかった際など、関税や消費税を支払わずに送り返すことができます。

　また、保税運送制度により、保税蔵置場から港湾地域までの運送料金にも消費税はかかりません。たとえば、内陸の通常の倉庫と港湾地域の倉庫の2施設を併用する体制の場合、在庫や作業プロセスが重複する可能性があります。しかし保税蔵置場に在庫を集約し、物流加工、通関手続きを行うことで、国際物流のコストダウンを実現することが可能になります。

　通常、貨物は保税地域に搬入してから輸出申告することになりますが、本船扱い、ふ中扱い、搬入前申告扱いの場合は保税地域に搬入しなくても輸出申告することが可能です。ただし、それぞれについて認められる輸出貨物について制限や条件があります。いずれの場合も税関長の許可が必要になります。保税地域を活用する利点をしっかり理解しておきましょう。

**用語解説**

**外国貨物**：関税法上の用語で、輸出の許可を受けた貨物や外国から日本に到着した、輸入が許可される以前の貨物のことを指す。

# 38 加工・組立輸出貨物確認申告書の作成

## 原材料を輸出して完成品を輸入！

### 加工・再輸入減税制度の適用

日本からいったん輸出された原材料などが海外の工場などで加工されたり、組み立てられたりして、再度、国内に輸入されることがあります。

たとえば、アパレル製品の生地や糸やボタンなどをまず日本から中国などの工場に向けて輸出し、それから中国でできあがった衣服を日本国内に輸入するといったケースが該当します。この場合、加工・再輸入減税制度（関税暫定措置法第8条、通称「暫8」）を活用し、書類を作成してあらかじめ申告することで、完成製品を輸入する際に減税・免税の対象となります。ただし、日本で原材料の輸出許可を得てから1年以内に完成製品を輸入することが条件となります。

同制度の対象となるのは、輸出原材料として縫糸、織物、不織布・フェルト、たて編ニット生地、布帛《ふはく》製衣類半製品、ボタン・ファスナーなどの衣類付属品、輸入製品としては、布帛製衣類、じゅうたん、靴下類、インテリア類になります。繊維関連の輸入にかかる税金は高いので、この場合、メリットが大きくなります。

この制度の適用を受けるには原材料の輸出申告を行う際に当該輸出原材料について「加工・組立輸出貨物確認申告書」を提出します。輸出申告書に添付して税関長に関税について軽減を受けたい旨を伝えるのです。なお、確認申告書は輸出申告のたびに作成する必要があります。またあわせて該当するすべての輸出原材料の概要などを記した附属書を添えることとなっています。

もっとも同一契約にかかわる原材料の輸出ならば最初の輸出の際にのみ提出すればよいことになっています。以後については当初のものを提示すればそ

**Point**

- 暫定８条
- 海外ストック取引

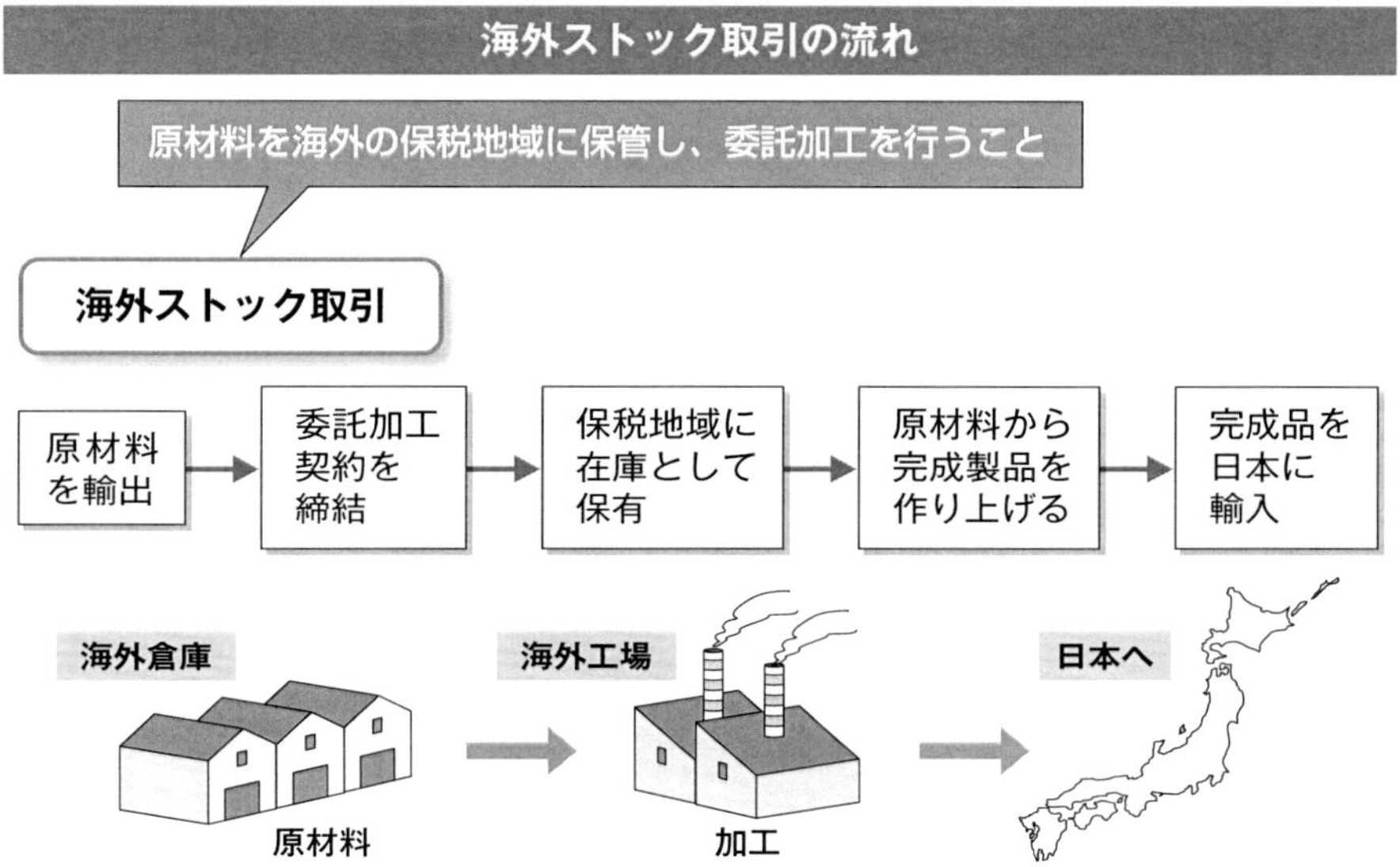
海外ストック取引の流れ
原材料を海外の保税地域に保管し、委託加工を行うこと
海外ストック取引
原材料を輸出
委託加工契約を締結
保税地域に在庫として保有
原材料から完成製品を作り上げる
完成品を日本に輸入
海外倉庫
海外工場
日本へ
原材料
加工

れでよいことになっています。

## 保税地域内での加工

原材料を海外の保税地域に保管し、委託加工を行うことがあります。こうした形態を海外ストック取引といいます。委託加工契約が締結される前に原材料を輸出し、保税地域に在庫として保有し、契約締結後に在庫となっている原材料から完成製品を作り上げ、日本に輸入するというやり方です。この場合も、暫8の適用が可能になっています。生産拠点の海外シフトなどにあたって、海外ストック取引を戦略的に活用することで生産コスト、物流コストなどをより効率的に抑えることができるのです。

ちなみに、我が国の保税工場で外国貨物の加工などを行う場合には保税作業開始届、作業が終了した場合には保税作業終了届を税関に提出する必要があります。開始届けについては、所定の届け出用紙に保税作業の概要、期間、移入した貨物の明細、内国貨物との区分け、移入承認番号などを記入します。終了届けの場合はさらに、上記項目に加えて、作業に使用した貨物、作業によってできた貨物の明細などを記載します。

# 39 原産地証明書の作成

## 再輸出、積戻しにも必要に！

### 指定の用紙に肉筆署名

商品が生産されたおおもとの国や地域を原産国、あるいは原産地といいます。貿易取引を行うにあたって、その商品がどこで生産された商品なのかを証明しなければならなくなることがあります。そしてその際には原産地証明書が必要になります。

輸出に際して原産地証明書が必要になった場合は、日本商工会議所の証明センターで申請することができます。指定の証明依頼書に証明書類、コマーシャルインボイスを添えて申し込みます。欧州諸国向けの繊維製品を含む商品などの場合は別途、典拠資料も必要になります。

コマーシャルインボイスについては、船積み事項の詳細や商品総量などの記載が必要で、あらかじめ登録されている肉筆の署名がされていて、正確な内容で定められた適切な方法で作成されていなければなりません。内容ごとにインボイス番号は分けなければなりません。

内容の異なるコマーシャルインボイスに同じ番号をつけて、証明書を申請することは不可能です。インボイスに記載されていないことには原産地証明書に記載することはできません。

日本産商品の原産地証明書の記載については、所定の用紙を必ず使い、荷印を除き、原則とし英語で記載します。署名を除き、パソコンなどによる印字となります。

### 英語で記載が原則

記載内容と記載項目が異なっていたり、記載事項が枠外にはみ出していたりしている場合には受付けられません。また、企業名なども誤りのないように正確に記述するようにします。証明書の信ぴょう性

**Point**

- コマーシャルインボイス
- 特定原産地証明

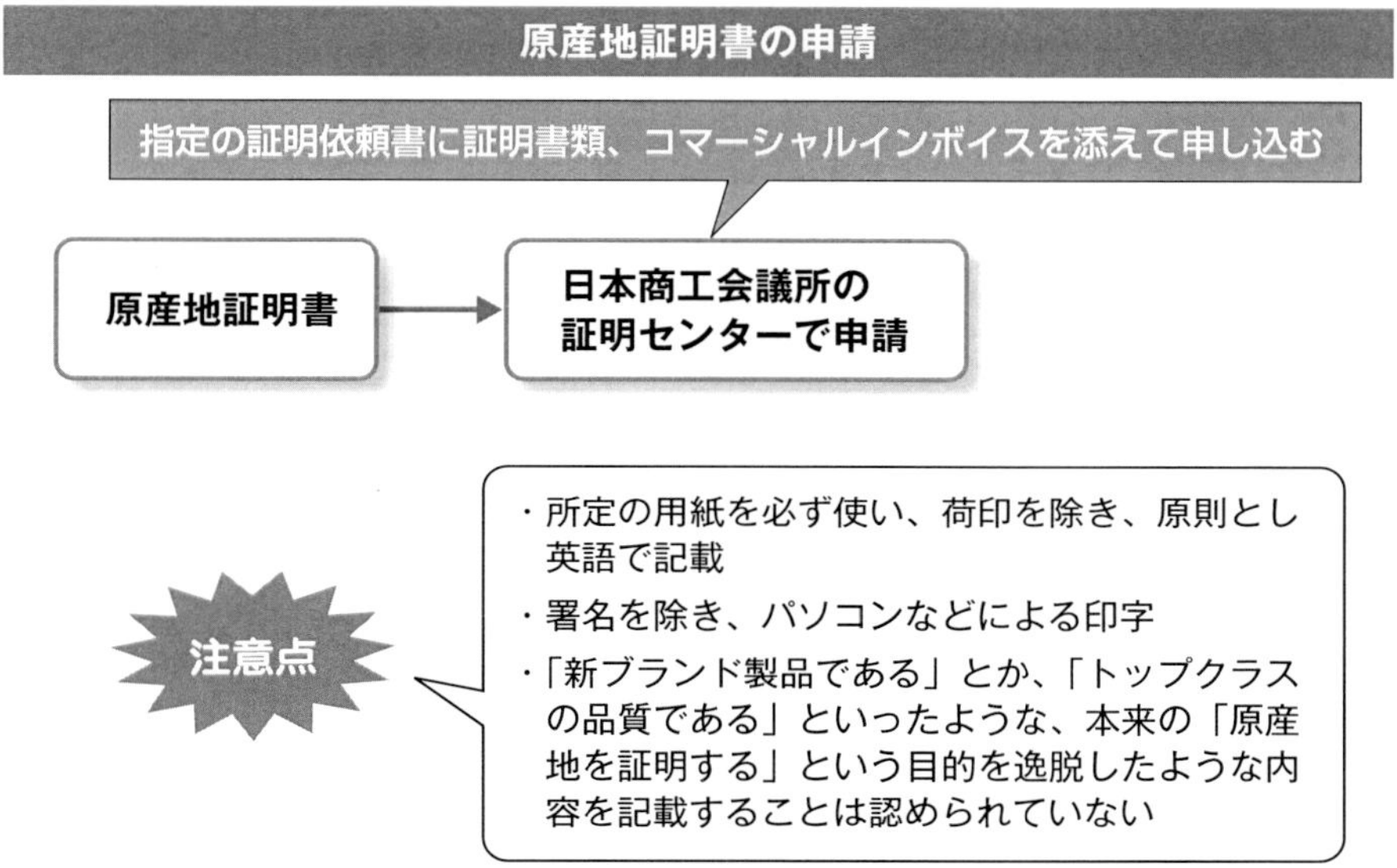
原産地証明書の申請
指定の証明依頼書に証明書類、コマーシャルインボイスを添えて申し込む
原産地証明書
日本商工会議所の
証明センターで申請
注意点
・所定の用紙を必ず使い、荷印を除き、原則とし英語で記載
・署名を除き、パソコンなどによる印字
・「新ブランド製品である」とか、「トップクラスの品質である」といったような、本来の「原産地を証明する」という目的を逸脱したような内容を記載することは認められていない

を疑わせるようなあいまいな表現は認められません。

たとえば「新ブランド製品である」とか、「トップクラスの品質である」といったような、本来の「原産地を証明する」という目的を逸脱したような内容を記載することも認められません。

ちなみに荷為替信用状などの商品の指示で「契約通りの商品である」といった意味で、This is an integral part of contractといった記載があることがありますが、原産地証明書とは認められません。輸入者が原産地証明書を必要とするのは、輸入した貨物が確かに輸入を禁じられている国の商品でないことを確認するためです。なお、英語で記載されることが原則となることにも留意しておきましょう。

また、再輸出や積戻し、仲介貿易などに際しても必要になります。

特定原産地証明書は、我が国が複数の国と締結している経済連携協定（ＥＰＡ）における貿易において、通常の関税よりも低い関税率の適用を受けるために必要になります。ＥＰＡの定める原産資格を満たすことを証明する書類となるのです。

# 40 これからの輸出管理

## 環境、安全保障面の重視

### 規制強化の方向

これまで輸出は輸入に比べて、「しっかりと管理する」という概念がどちらかというと強くはありませんでした。

輸入に関しては検疫、関税障壁、非関税障壁などさまざまなハードルが設けられていました。簡単には輸入できない品目が多々ありました。

しかしそれらの品目については、むしろ経済のグローバル化の流れのなかで、規制緩和されていくという方向性が打ち出されてきました。けれどもそれに対して、逆に輸出についてはしっかりした管理が求められる傾向が強まっています。

とくに環境や安全保障の分野から輸出管理の強化を求める動きが強まっています。経済のグローバル化の流れのなかで、ワールドワイドでのグリーン化、テロ防止をモノの流れのチェックから進めていこうというわけです。

たとえば、ＥＵなどの欧州諸国を中心に強化が進む環境関連の規制は、「エコデザインの推進、有害物質の排除、廃棄物処理プロセスの明確化、体系化などを証明しなければ、工業製品などの輸出が不可能となる」という流れを加速させてきています。環境規制の視点から輸出管理について、これまでとは異なるノウハウが必要になりつつあるわけです。

また、「ならず者国家」による大量破壊兵器の開発、あるいは汎用品の軍事転用などを回避する動きも強まっています。サプライチェーンセキュリティを充実させる流れが、米国での同時多発テロの発生以降、急速に強まっているのです。その結果、従来は「問題がない」と考えられていた輸出品目についても、トレーサビリティ（追跡可能性）などを充実させて、相手先の使用用途を十分に確認したうえ

Point
- 関税障壁と非関税障壁
- 経済のグローバル化

**輸出管理の強化の背景**

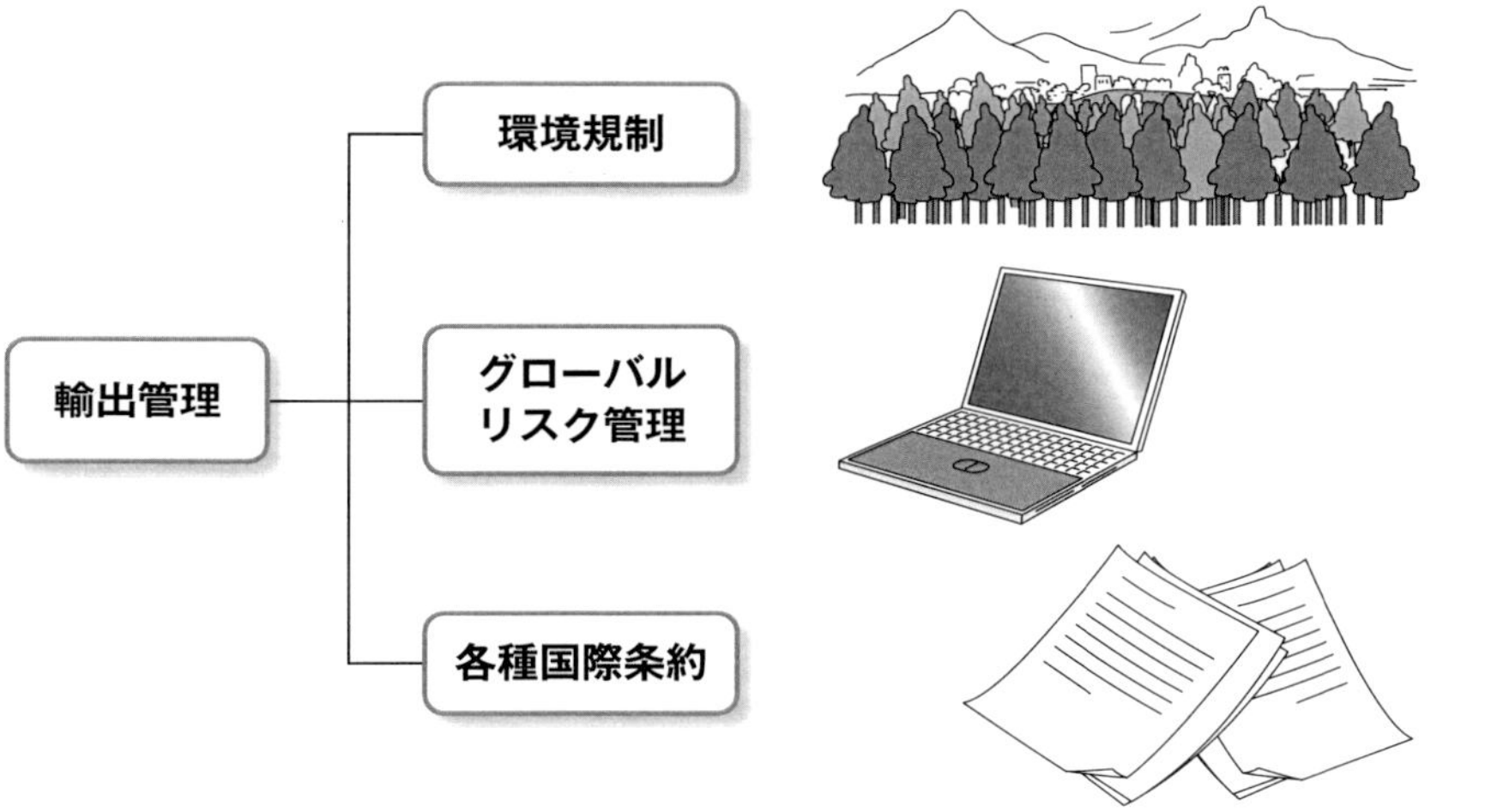


で、必要ならば許可を取り輸出しなければならなくなりました。

より具体的にいうと、国際規制についてのきちんとした知識がなければ、米国などへの輸出が滞るという事態が増えてきたわけです。

## 国際条約への対応

絶滅種の国際取引を規制するワシントン条約に関する知識も輸出業務を行う場合、不可欠となります。実際にまだ生きている動植物のみならず、はく製、加工品などのなかに絶滅危惧種が含まれている場合も商業目的の場合、輸出許可書、輸入承認証などが必要になります。加工品ということは機材の一部に絶滅種の木材などが使われている場合にも該当するということです。

したがって、どのような動植物が機材に使われているのか、もしワシントン条約に抵触する場合、どうすればよいのかをしっかり把握しておく必要があります。

有害廃棄物の処理の問題からヤミクモにごみ輸出などを行えば、有害廃棄物の輸出を規制するバーゼル条約に抵触することにもなります。

41

# 高まる輸出管理の重要性

## 「ならず者国家」への規制を強化！

### コンテナの全量検査

前述しましたが、米国では9・11以降、テロ対策強化の視点からサプライチェーンセキュリティの管理体制の強化を進めています。またサプライチェーン全体のリスク管理を徹底させるサプライチェーンリスクマネジメントという考え方も広まっています。２００７年に成立した「１００％貨物スキャン法」による全米向け貨物のコンテナ全量検査を義務化もこの流れからです。

実際、近年、米国は国際物流、貿易に関するさまざまなリスクをいかに回避し、サプライチェーンセキュリティを向上させていくかということにたいへん気を使っています。通関検査の簡素化、迅速化はグローバル化の進展を加速させるために必要なのですが、そのためにグローバルサプライチェーン全体のリスクが高まることは避けなければならないというわけです。

米国のグローバルサプライチェーンのセキュリティ戦略は米国への輸入、米国からの輸出の両方にわたって行われています。輸入についていえば、米国は、「たんに国際輸送プロセスにおけるセキュリティだけではなく、貿易業務の一連の手続きや従業員についても厳重に管理する必要がある」と考えています。つまり、実際に貨物が米国に運ばれてくるのとは別に、不適切な輸入申告がないか、不審な人物が国際物流プロセスに関わっていないかといったことを入念にチェックするというわけです。

### 輸出管理の強化

輸出に関しては、たんに米国だけでなく、米国の特許や使われた製品などが「ならず者国家」の手に入ることが警戒されています。

Point
- サプライチェーンリスクマネジメント
- 100%貨物スキャン法

**サプライチェーンセキュリティの強化**

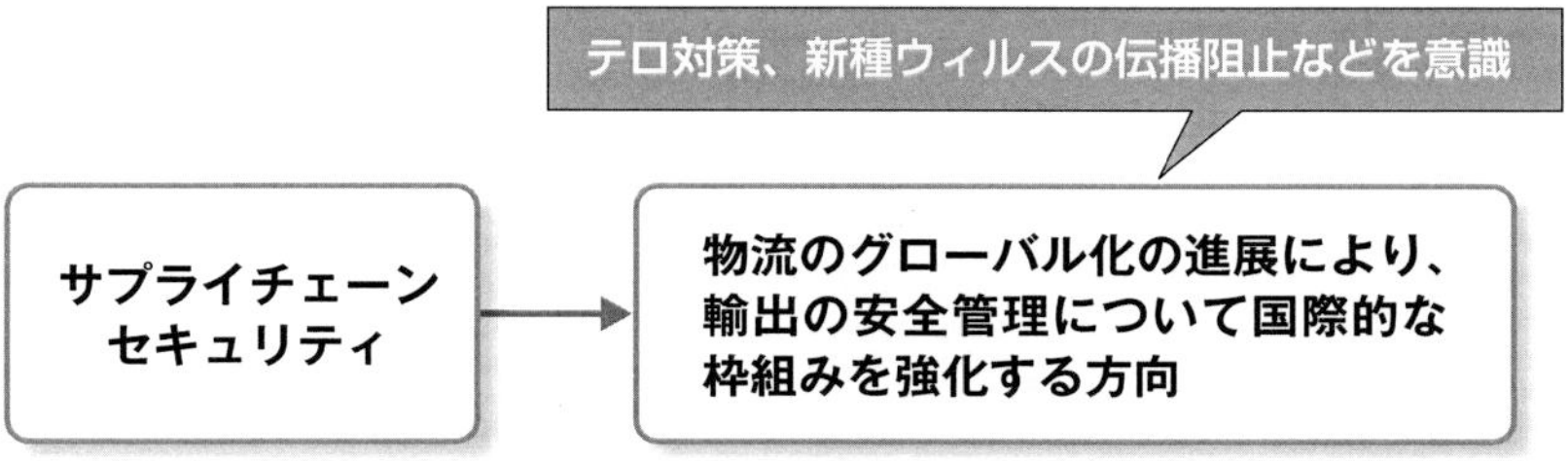
テロ対策、新種ウィルスの伝播阻止などを意識
サプライチェーンセキュリティ
物流のグローバル化の進展により、輸出の安全管理について国際的な枠組みを強化する方向

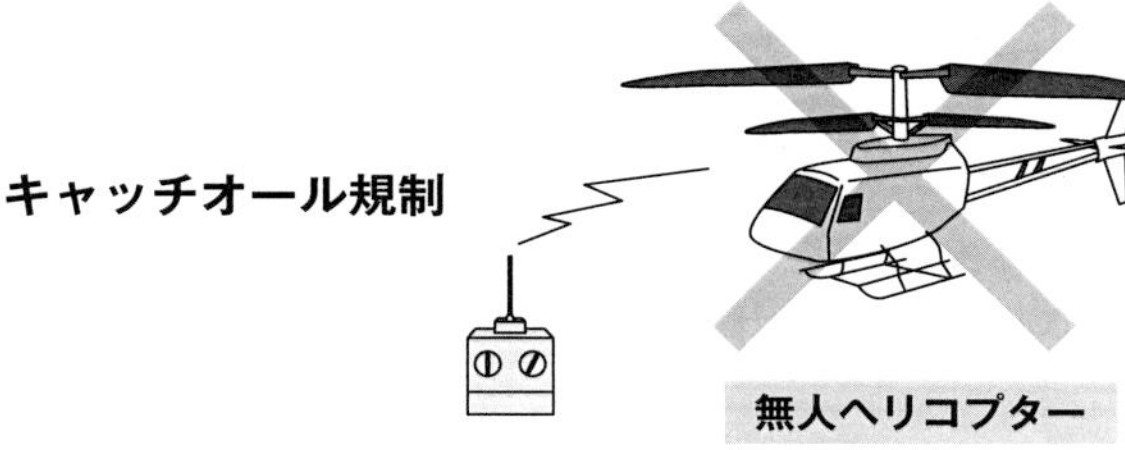
キャッチオール規制
無人ヘリコプター

たとえば、米国企業の特許を日本企業が許諾を得て生産した製品が第3国に輸出され、その国で軍事転用されるといったリスクを回避することが求められているわけです。こうしたケースでは日本企業は米国法の適用を受け、罰せられることになります。また、製品だけでなく、技術移転についても同様に厳しい管理が要求されます。近年では大学などの研究機関が留学生などに教える研究内容などについても海外に流出しないか、チェックされるようになっています。

こうした米国の姿勢を受けて、我が国においても輸出管理の重要性が高まっています。外為法により、規制貨物と規制仕向地が定められ、それらに該当する場合は経済産業大臣の許可が必要になります。企業サイドの視点からいえば、不正輸出が行われれば、外為法や関税法違反に問われ、警察の強制調査が入ることも考えられます。最悪の場合は逮捕者が出るかもしれません。もちろん、その結果、企業イメージも大きく失墜することになるでしょう。したがって、「どのような製品や技術をどのような目的で適正な相手、仕向地に輸出しているか」ということを常に確認しなければならないのです。

42

# ＲｏＨＳ指令への対応

## 環境規制と輸出管理

**環境面からの輸出入管理**

ＥＵ（欧州連合）では電気電子製品の３Ｒに関する3指令が出されています。なおＥＵ各国は指令に対応する法整備を行う義務を負っています。３指令とは「ＷＥＥＥ（ウィー）指令」（「廃電気電子機器指令」）、ＲｏＨＳ（ローズ）指令（「電気電子機器の有害物質含有禁止令」）、ＲＥＡＣＨ（リーチ）指令（「化学物質の総合的な登録、評価、認可、制限に関する指令」）です。

まずはＲｏＨＳから説明することにしましょう。ＲｏＨＳは、電子・電気機器における特定有害物質の使用を制限する指令です。

同指令により、２００６年7月以降はＥＵ域内へ、鉛（１０００ppm以下）、水銀（１０００ppm以下）、カドミウム（１００ppm以下）、六価クロム（１０００ppm以下）、ポリ臭化ビフェニル（１０００ppm以下）、ポリ臭化ジフェニルエーテル（１０００ppm以下）が指定値を超える電子・電気機器を輸出することはできなくなりました。指定値以上の水銀が含有されていれば、ＥＵ向けの輸出はできなくなるわけです。なお、ＥＵの法概念では基本的に自主判断を行うことが求められるので、最終的な輸出の判断が専門の弁護士などに委ねられることも少なくありません。

また、納入先の欧州企業から該当物質が非含有であることを証明するトレーサビリティ（追跡可能性）が求められます。非含有証明書をサプライヤーが用意し、その際に対象製品の生産工程、材料などのＱＣ工程表と非含有とした根拠となる測定法、測定器、測定条件を確認する必要があります。

量産製品の場合、当初の取組みにおける確認事項が量産にあたって変更されていないか、もし変更が

**Point**
- 3R
- 中国版RoHS指令

**RoHS指令の概要**

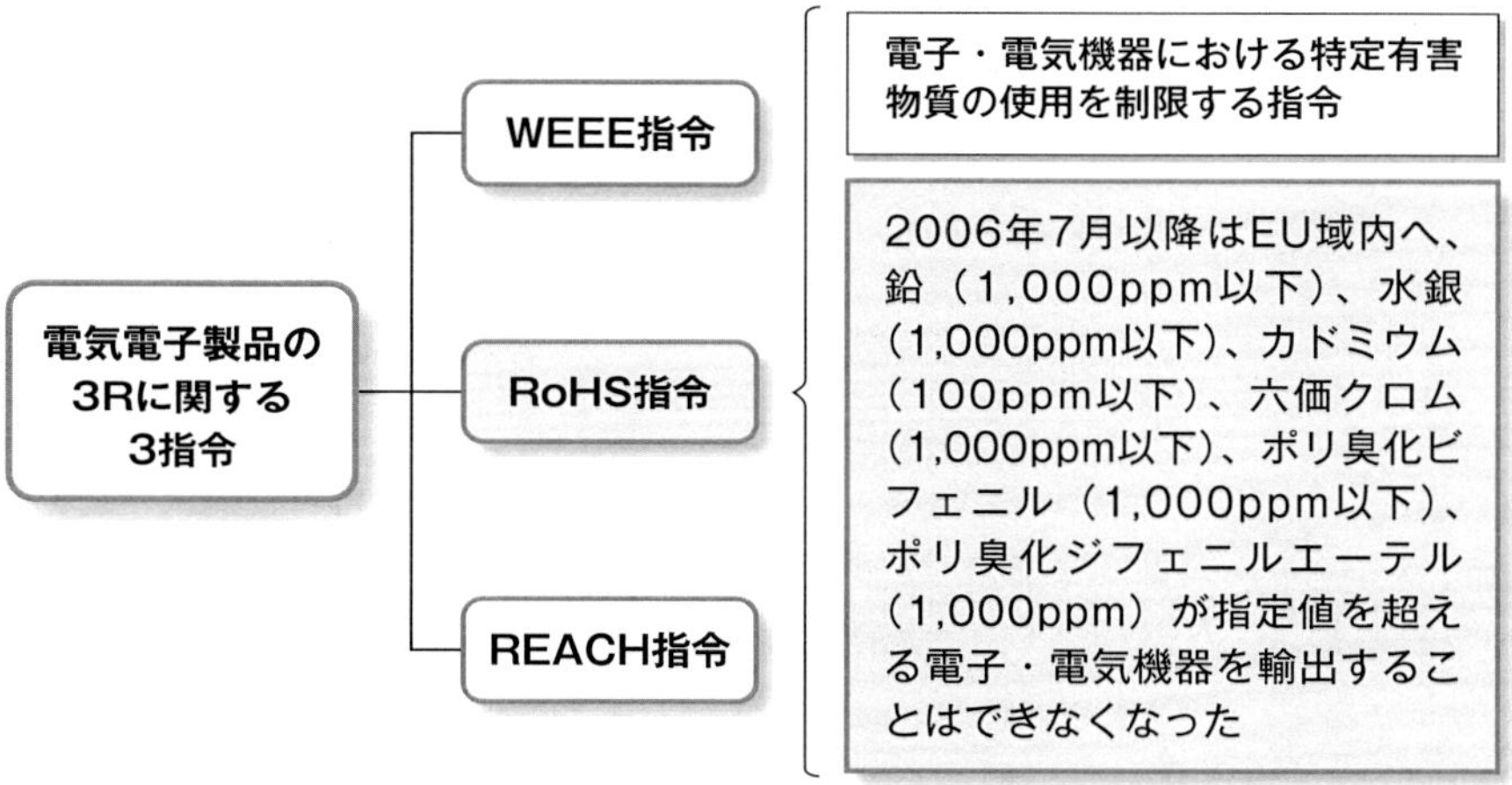
電気電子製品の3Rに関する3指令
WEEE指令
RoHS指令
REACH指令
電子・電気機器における特定有害物質の使用を制限する指令
2006年7月以降はEU域内へ、鉛（1,000ppm以下）、水銀（1,000ppm以下）、カドミウム（100ppm以下）、六価クロム（1,000ppm以下）、ポリ臭化ビフェニル（1,000ppm以下）、ポリ臭化ジフェニルエーテル（1,000ppm）が指定値を超える電子・電気機器を輸出することはできなくなった

ある場合には、その変更による影響があるのかどうかを確認する必要もあります。

なおＥＵ税関は同指令該当品については抜き取り検査などを実施するとしています。

## 中国の規制

ＥＵ各国のみならず、世界各国で同様な環境規制が導入される流れが強まっています。輸出の際には、十分な確認、注意が必要になります。中国でも欧州のＲｏＨＳ指令に該当する「電子情報製品の汚染の予防および対策管理法」が制定されています。適用範囲は、レーダー、電子通信製品、ラジオ・テレビ製品、コンピュータ製品、家庭用電子製品、電子測量器具製品、電子専用製品、電子ユニット・部品、電子応用製品、電子材料製品の10製品群となっています。

なお、欧州の規制とは異なり、電子情報製品に限定された規制となっています。また、「梱包上に当該梱包物の材料成分を明記しなければならない」とされています。もっとも、これについては企業情報の開示につながるとして反対する企業も少なくありません。

43

# WEEE指令への対応

## 廃棄物処理責任の徹底が目的

### 欧州のリサイクル対策に配慮

ＷＥＥＥ指令とは、廃電気・電子製品の廃棄物処理責任についての指令で２００３年に発効されています。

大型・小型の家電、ＩＴ・通信機器、耐久消費財、照明、大型の固定式産業用工具を除く電気・電子工具、玩具、レジャーならびにスポーツ用機器、医療用機器、監視・制御装置、自動販売機といった製品について、廃棄物処理責任、リユース、リサイクルの目標などが決められています。

該当品目をＥＵ域内に輸出し、販売する場合には、廃棄物となった際に円滑に処理・処分ができるように配慮しなければならないのです。

ＥＵ市場に上市、すなわち初めてマーケットに製品を流通させる際には、シンボルマークを表示し、上市する国に登録し、リサイクル協会に加盟しなければなりません。無論、輸出製品にはシンボルマークを添付しなければなりません。

シンボルマークは、すぐ目につくところに読みやすいように見えやすく、読みやすいように印刷され、かつぬれたりすることで消えることがないようにしなければならないと規定されています。

原則としては輸出製品に表示されますが、「製品が小さくてシンボルマークの添付が難しい」などの特殊なケースに際しては、例外的に外装、あるいは説明書などに印刷することが認められることもあります。

また該当機器の上市日が２００５年8月13日以降であることも具体的に記さなければなりません。製造日、製造者の識別をわかりやすくしなければなりません。製品の廃棄する際にどれくらい費用を負担するかも明示します。製品の廃棄に際しては回収処

Point

- 廃棄物処理責任
- シンボルマーク

### WEEE指令の概要

**WEEE指令**

- 廃電気・電子製品の廃棄物処理責任についての指令で2003年に発効
- 大型・小型の家電、IT・通信機器、耐久消費財 、医療用機器、監視・制御装置 、自動販売機などの製品について、廃棄物処理責任、リユース、リサイクルの目標などを決定
- EU市場に上市させる際には、シンボルマークを表示し、上市する国に登録し、リサイクル協会に加盟しなければならない
- 製造日、製造者の識別をわかりやすくしなければならない
- 製品の廃棄する際にどれくらい費用を負担するかを明示する

理などを自己資金か他企業と連携するなどして行う必要があるわけです。

なお、ＷＥＥＥ指令とＲｏＨＳ規制は密接な関係を持っているので、それぞれの指令の対策を別々に立てるのではなく、両規制をセットでとらえて、該当製品の輸出管理を綿密に行うことが重要になってきます。

## 中国版ＷＥＥＥ

中国でも２００４年９月から「中華人民共和国クリーン生産促進法」により、「廃旧家電及電子産品回収処理管理条例」（中国版ＷＥＥＥ）が公表されました。適用製品はテレビ、電気冷蔵庫、洗濯機、エアコン、コンピュータです。

家電製品を輸入する荷受人、代理人などにも、回収、再利用のしやすい設計、原材料などの選択、製品説明書への主要材料の成分情報の記載などが求められます。

ちなみに、米国ではカリフォルニア州などの州レベルで電気・電子製品のリサイクル、有害物質の規制が行われていますが、全米レベルでの規制はまだ行われていません。

# 44

# ＲＥＡＣＨ指令への対応

## 環境規制の視点から化学物質を認可

### 登録から認可までの流れ

ＲＥＡＣＨ（リーチ）指令（「化学物質の総合的な登録、評価、認可、制限に関する指令」）では、ＥＵ域内で製造、あるいは域内に輸入された化学物質の登録から認可が製造者、輸入者に課されています。また、ＲＥＡＣＨ指令では、特定の化学物質を使用する場合にそのデータを提出することを定めています。

欧州化学庁（ヘルシンキ）で登録、評価、認可、制限という一連の手続きを行います。なお、対象となるのは、原則として1社当たりの製造量・輸入量が1トン以上のすべての物質です。ただし放射性物質、保税地内の物質、単離されない中間体および危険物質の輸送は対象外となります。

登録については、既存、新規を問わず、年間1トン以上をＥＵで製造、あるいは域外から輸入されるすべての物質に関する性状、特定される用途などのデータとして技術書類一式を欧州化学庁に提出し、登録します。10トン以上の場合は化学物質安全性報告書も提出します。

なお、ＥＵ域外の輸出企業には物質登録の義務はありません。ただし、該当する物質が登録されなければ、マーケットに輸出することはできません。したがって、輸出先の企業の指定する「唯一の代理人」（ＲＥＡＣＨ指令8条）、あるいは輸入者、あるいは川下企業が業務代行を任命する「第三の代理人」（第４条）に依頼して、登録を行ってもらう必要があります。

評価については提出された技術書類一式の審査を行い、必要ならば、追加の実験やデータ、書類を提出しなければなりません。

認可については、発がん性の高い物質など、社会

**Point**

- 欧州化学庁
- 唯一の代理人と第三の代理人

## REACH指令の概要

**REACH指令**

- 特定の化学物質を使用する場合にそのデータを提出することを定めている
- 欧州化学庁（ヘルシンキ）で登録、評価、認可、制限という一連の手続きを行う
- 原則として1社当たりの製造量・輸入量が1トン以上のすべての物質が対象（ただし放射性物質、保税地内の物質、単離されない中間体および危険物質の輸送は対象外）

リスクの高い物質が製品に含まれている場合、それらのリスクよりも社会的便益性が高いと判断、証明された場合のみ、認可されることになります。

制限とは、リスクが容認できないほど発生すると認められた物質について製造、上市、使用の制限が行われるということです。

### さまざまな輸出産業に影響

REACH指令はさまざまな輸出産業に大きな影響を与える可能性があります。たとえば、アパレル製品などでも、化学繊維の原料、生地の加工で使用する化学品、染料、アクセサリーに使用する塗料や接着・粘着剤、防湿剤などが該当することになります。化学品を使用している場合などには、輸出者が輸入者に必要な情報を迅速に提供しなければならないのです。万が一、輸出者が認可申請の必要な化学品の申請を怠った場合は輸入者に多大な迷惑がかかることにもなります。

登録から認可の流れをスムーズに運ぶためには、輸出者が責任を持って輸出物に関する情報を分析する必要があるのです。

45

# キャッチオール規制とリスト規制

## 輸出品目をリストアップ

### 全品目輸出管理制度の導入

輸出貿易管理令、外国為替令では輸出管理に対する規制はリスト規制とキャッチオール規制とに分けられています。リスト規制とは、武器、あるいは軍事用途にも転用可能な高度汎用技術品の輸出について、品名をリストアップして行われている規制のことを指します。対象は全世界向けの輸出となります。用途、需要者に関係なく該当する輸出品については経済産業大臣の許可が必要になるのです。

これに対してキャッチオール規制（全品目輸出管理制度）とは、食料品、木材などの一部の輸出品を除いたすべての輸出品について「ホワイト国」を除く全世界が対象となります。安全保障輸出管理の国際的な枠組み（国際管理レジーム）は１９７４年のインドの原爆実験、１９８０年代のイラン・イラク戦争におけるイラクの化学兵器使用などをきっかけに段階的に強化され、リスト規制が導入されることとなりました。

ところが湾岸戦争後にリスト規制品以外の汎用品が大量破壊兵器の開発に使用されていたことが判明したのです。これがキャッチオール規制の導入の大きなきっかけとなっているのです。キャッチオール規制ではたとえ汎用品であっても、需要者の意図、用途によっては大量破壊兵器の生産に結びつく可能性がある国への貨物や技術の輸出に規制がかけられています。

仕向地がホワイト国であること、輸出品の不正転売、転用のリスクがないことを確認したうえで経済産業省に許可申請を行います。さらに出荷過程においても、輸出管理票、出荷指示書、インボイス、出荷品などに不一致、不具合などが生じていないかをチェックする必要もあります。

Point

- 国際管理レジーム
- ホワイト国

**輸出に関する規制**

| 輸出管理に対する規制 | 規制 | 内容 |
|---|---|---|
| 輸出管理に対する規制 | リスト規制 | 武器、あるいは軍事用途にも転用可能な高度汎用技術品の輸出について、品名をリストアップして行われている規制。対象は全世界向けの輸出 |
| 輸出管理に対する規制 | キャッチオール規制 | 食料品、木材などの一部の輸出品を除いたすべての輸出品について「ホワイト国」を除く全世界が対象 |

**ホワイト国一覧**

アイルランド、アメリカ合衆国、アルゼンチン、イタリア、英国、オーストラリア、オーストリア、オランダ、カナダ、ギリシャ、スイス、スウェーデン、スペイン、大韓民国、チェコ、デンマーク、ドイツ、ニュージーランド、ノルウェー、ハンガリー、フィンランド、フランス、ベルギー、ポーランド、ポルトガル、ルクセンブルクの26カ国がホワイト国である。なお経由地がホワイト国であっても仕向地がその他の国となる場合はキャッチオール規制の対象となる。

## 客観要件とインフォーム要件

キャッチオール規制の対象となる貨物、技術などについてはホワイト国以外への輸出について、客観要件、インフォーム要件のいずれかに該当する場合は経済産業省の輸出許可を受けなければなりません。

インフォーム要件とは、輸出者に対して経済産業大臣から輸出するまでに許可申請をすべき旨の通知があった場合を指します。輸出貨物が大量破壊兵器の開発などに用いられるリスクのある場合、あるいはすでに行っている場合は客観的要件となります。

なお、客観要件は用途要件（大量破壊兵器に使用される場合など）、需要者要件（需要者が大量破壊兵器の開発などを行うか、あるいはすでに行っている場合など）に分けられます。

契約書、注文書、会社案内、ホームページ、経済産業省が作成したユーザーリスト、その他の輸出者が通常の商取引の範囲内で入手できる文書などに記載されているかどうかが判断の基準となります。輸入者から「大量破壊兵器の部品などに使うことが可能か」と問い合わせを受けた場合も該当します。

# 46 キャッチオール規制違反の事例

## 軍事転用されるリスクを管理

### 汎用品の輸出

たとえば中近東などの非ホワイト国の企業からクレーン車の購入を打診されたとしましょう。「軍事関連の製品ではないのだからすぐに輸出の手配をしても構わない」と判断してもよいでしょうか。

答えは否です。実はこの場合、クレーン車をミサイル発射に際して使用される懸念があるのです。したがって、輸出管理部門の担当者には状況を慎重に判断し、キャッチオール規制の許可申請を行う必要が出てくるのです。

さらに次にあげる企業事例も汎用品が軍事転用、転売などのリスクがあると判断されたケースです。いずれのケースもキャッチオール規制についての専門知識がなければ、一見、輸出に際して軍事転用などの問題が生じるようには思えないかもしれません。

なお、当該企業では社内の輸出管理体制を強化し、キャッチオール規制への十分な認識を持つことで再発を避けるべく努力が行われています。

### 事例①　炭素繊維の輸出

繊維メーカーA社とその子会社は１９８０年末から近年まで同社製の炭素繊維を「テニスラケットなどのスポーツ用品の製造」という使用目的で台湾に輸出していました。しかし炭素繊維はミサイルの製造などの軍事転用が可能ということがわかりました。そこで経済産業省による調査が行われたのです。幸いにも当該ケースでは兵器への転用は確認されませんでした。

ただし、炭素繊維の使用目的が報告書と実際では異なっていたことが判明しました。「テニスラケットなどスポーツ用品の製造」ではなく、医療機器な

**Point**

- ホワイト国と非ホワイト国
- 輸出管理体制の強化

**キャッチオール規制の許可申請**

**非ホワイト国の企業からの購入を打診** → **軍事転用の可能性を精査・検証** → **キャッチオール規制の許可申請**

**キャッチオール規制に対する社内体制・社内理解の強化が必要！**

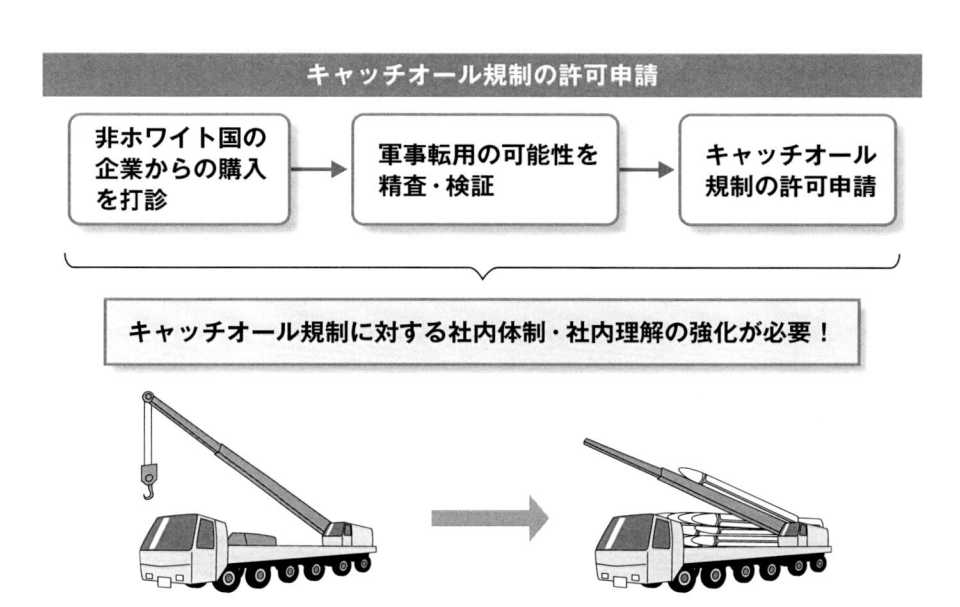

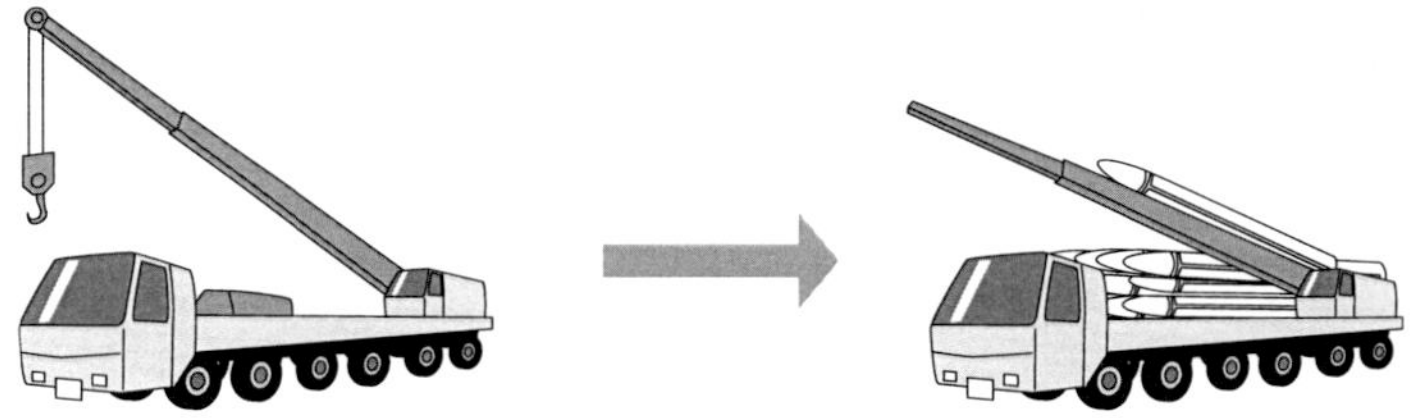

どに使用されたケースがあったとされたのです。経済産業省は「不実申請」としてA社とその子会社に警告を出しました。

**事例② 無人ヘリコプターの輸出**

製造業のB社は中国向けに無人ヘリコプターを輸出しました。これがキャッチオール規制の対象となりました。外国為替法及び外国貿易法違反で、輸出禁止9カ月の行政処分となったのです。確かに無人ヘリコプターは広域での農薬散布などの役に立つ有力手段となります。しかし同時に大量破壊兵器などの運搬手段として軍事転用が可能と考えられたのです。

したがって経済産業大臣の輸出許可を受ける必要があったのでした。だがB社は輸出許可を受けることなく輸出しようとしたとされたのです。経済産業省は無人ヘリコプターに関する輸出管理意識・体制の改善などを求めました。

経済のグローバル化の流れのなかで、キャッチオール規制に対応した輸出管理体制のさらなる強化が必要になってくることは確実といえましょう。

# 47 ワシントン条約への対応

## 絶滅危惧種の輸出入を管理

### 3段階で国際取引を規制

ワシントン条約（「絶滅の恐れのある野生生物の種の国際取引に関する条約」ＣＩＴＥＳ：サイテス）とは絶滅の恐れのある動植物の取引を規制する国際的な条約です。地球上のさまざまな動植物が乱獲、環境破壊などの影響を受けて絶滅の危機に瀕していることが懸念されています。絶滅の危険性のレベルに応じて、3段階で動植物の国際取引を規制しています。

同条約の対象となるのは絶滅する恐れのある生きている動植物のみではなく、はく製、毛皮、象牙、あるいは漢方薬など、加工品や製品も含まれ、それらの商業目的での国際取引は不可能になります。野性だけでなく、人工繁殖の場合も認められるのは学術研究目的のみしか認められません（ワシントン条約附属書Ⅰ）。

取引が商業目的ではない場合でも、輸出許可証、繁殖証明書、条約適用前取得証明書などが必要になります。

また、現時点では必ずしも絶滅の恐れはないものの、厳しく国際取引を規制しなければ、将来、絶滅の危険性のある動植物については、商業目的の国際取引を行う場合には輸出許可証、契約書などが必要とされています（ワシントン条約附属書Ⅱ）。

さらに、商業目的は可能ですが、輸出許可証や原産地証明書が必要となるケースもあります（ワシントン条約附属書Ⅲ）。

なお、米国向けの対象輸出動植物については、ワシントン条約に基づく輸出許可書（再輸出許可書と条約適用前取得証明書を含む）については、別紙を添付し、貨物の場合は船荷証券番号か航空貨物運送状番号、手荷物の場合は船便名か航空便名、数量、

Point
- 輸出許可証
- 条約適用前取得証明書

## ワシントン条約とは

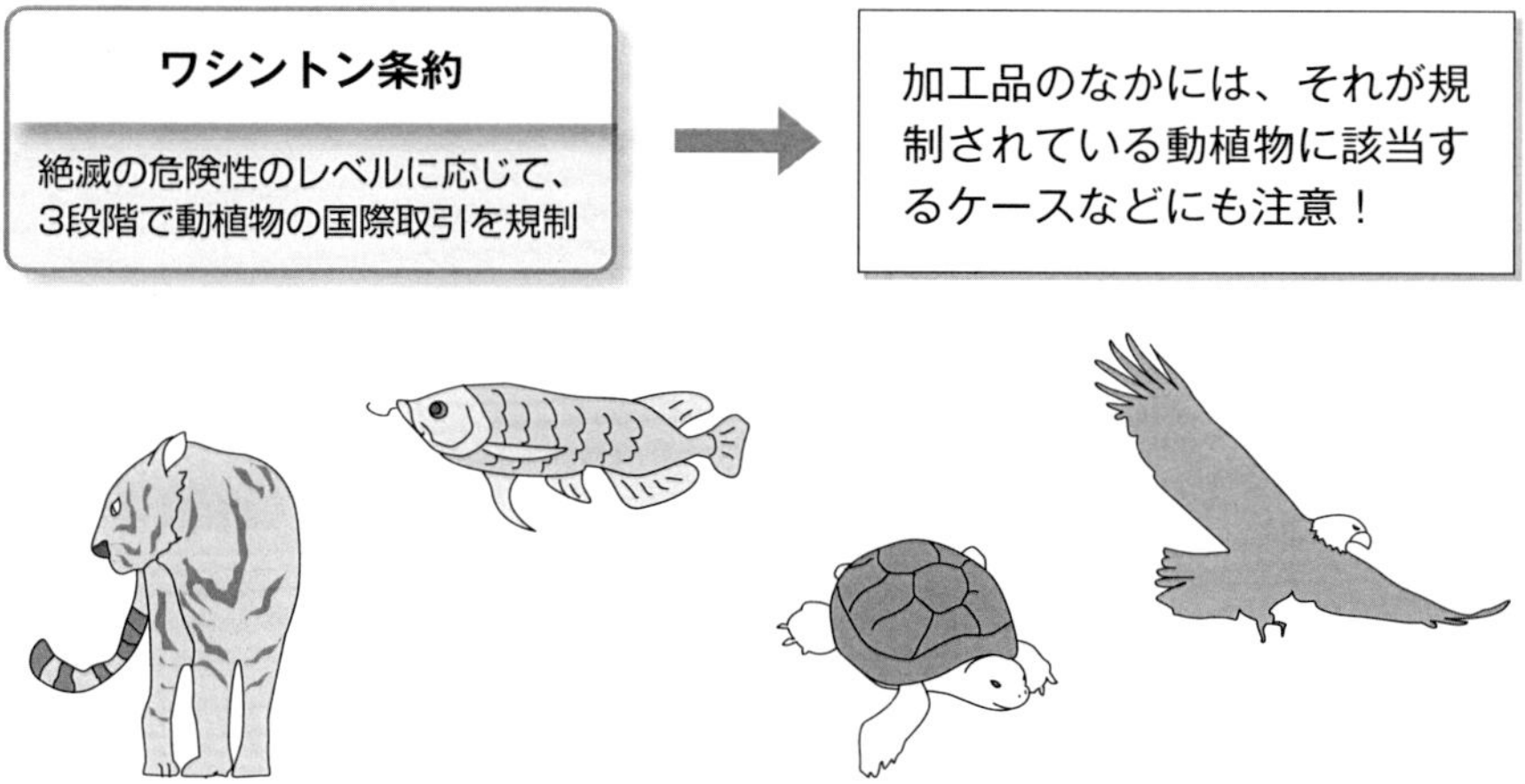
ワシントン条約
絶滅の危険性のレベルに応じて、
3段階で動植物の国際取引を規制
加工品のなかには、それが規制されている動植物に該当するケースなどにも注意！

スタンプかシールと署名が必要となっています。

### 注意すべきポイント

一般にワシントン条約の規制に抵触する商業取引というと、生きている動植物、はく製などに目が行きがちですが、加工品についても規制されています。そして加工品のなかには、それが規制されている動植物に該当するということが専門家以外にはわかりにくいケースもあります。製品の一部に動植物が使われていることがあるのです。

たとえば、木製ギターのなかには同条約で規制されているハカランダ材を使用しているものがあります。この場合、当該ギターの輸出についても輸入についても許可が必要になります。

なお、条約違反の輸出入は外為法違反となります。たとえ知らずに国際的な商業取引を行ったとしても罰金を支払うなどの罰則を受けます。したがって、ワシントン条約の規制に抵触しないかを十分に注意しなければなりません。

また、いったん日本に輸入されたものを再輸出する場合にも経済産業大臣の発行する輸出承認書と輸出許可書が必要になります。

48

# 廃棄物の輸出入の規制

## 船積みと荷揚げの際の監視体制を強化

### 廃棄物の違法な輸出を回避

環境負荷の低減がグローバルな視点から求められている現状を考えると、商品の輸出という視点だけではなく、「廃棄物の輸出をいかに管理するか」ということも重要なポイントとなってきます。廃棄物をむやみに輸出入することはできません。先進国が適正なプロセスで処理できる施設がない国などへ、廃棄物を輸出するのは防がれなければなりません。

廃棄物については、輸出する場合にも輸入する場合にも定められた手続きをしなければなりません。

廃棄物を輸出する場合には環境大臣の確認を必要とします。また、輸入にあたっては環境大臣から許可を受けなければなりません。

さらに処分終了後はただちに環境大臣に報告することが義務付けられています。ただし、廃棄物の輸出入の手続きを1年間に2回以上、同じ内容で行う場合には一括して行うことができます。

輸出入する総廃棄物の数量の上限の1割未満については輸出確認、輸入許可の有効期間、輸出入回数の変更なども認められています。

なお、廃棄物の不正輸出、無確認輸出を防止するためには船積みと荷揚げの際の監視体制の強化が必要となります。輸出通関手続き段階で摘発できるように未遂でも罰せられるようになっています。

ちなみに未確認輸出などを行った場合には最高1億円の罰金を払わなければなりません。

### バーゼル条約との関係

特定有害廃棄物の輸出入については別の規制が存在します。1992年に発効したバーゼル条約に対応し、「特定有害廃棄物等の輸出入等の規制に関する法律」（バーゼル法）が制定されているのです。

Point

・不正輸出と無確認輸出

## 廃棄物の輸出入

**廃棄物の輸出入**

- **輸入**　環境大臣の許可が必要
- **輸出**　環境大臣の確認が必要

**廃棄物の不正輸出、無確認輸出を防止するためには船積みと荷揚げの際の監視体制の強化が必要になる！**

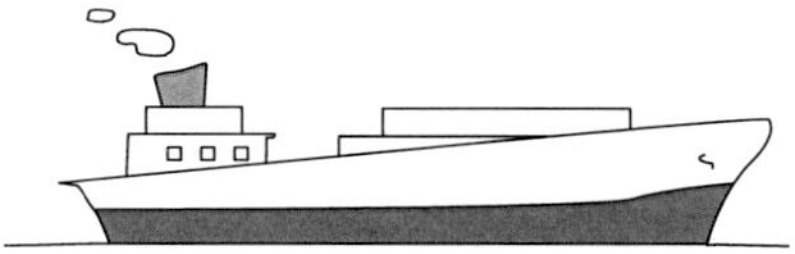

同条約は「有害廃棄物の国境を越える移動」について定めています。

そしてそれに基づいて特定有害廃棄物などの輸出入が行われているのです。

バーゼル条約では、有害廃棄物の越境移動については相手国政府などの輸入同意を得た場合に認めるということになっています。ただし、バーゼル条約は締結国それぞれが定める国内法との関係や規制品目などについての解釈が異なることもあります。

バーゼル条約は「有害廃棄物が先進国から発展途上国などに輸出されることによって、発展途上国の環境を著しく汚染することがないようにする」という趣旨で採択されました。ＰＣＢ、めっき汚泥などの59品目が特定有害廃棄物として規制の対象になっています。

なお、日本を起点にしての輸出入にあたって経済産業大臣の承認が必要になります。

特定有害廃棄物などの輸出入は増加の傾向にあります。もっとも、理想をいえば国内のみで廃棄物を中間処理、リサイクル、最終処分などができる国内循環システムの完全構築が望ましいかもしれません。

49

# 海外への「ごみ輸出」の問題

## 有害廃棄物の輸出を規制

### 求められるさらなるモラル向上

経済のグローバル化の流れのなかでリサイクル目的の廃棄物の輸出入は増加傾向にあります。ただし、各国の廃棄物処理については認識の差、温度差などもあります。再生資源としての廃棄物の輸出入が容易ではないケースも多々存在します。リサイクルやリユースが不可能な廃棄物が、再生可能な資源として輸出されてしまうこともあります。

我が国では再生資源化された有価物と廃棄物は区別されています。けれどもアジア諸国のなかには有価物となりうる中古品なども廃棄物の一部とみなす国もあります。中古品が短期間で廃棄物となる可能性も高いために輸入規制が行われているケースも見られます。

自国の産業保護のために中古品の輸入に規制がかけられることもあります。処理に困った産業廃棄物などを海外に輸出し、社会問題化したこともあります。不正に輸出された有害廃棄物が発展途上国で長年にわたって過剰集積されたり、放置されたりすることがあります。そうなれば、周辺環境などに甚大な被害を及ぼすことになります。

### リサイクルを名目に輸出

これまで大きな問題になったケースには、大量の医療系廃棄物や生活ごみなどが古紙、あるいは再生利用が可能な廃プラスチック類などの名目で輸出されるということなどがありました。そうしたケースでは、結局、日本政府が行政代執行で引き取り、日本国内で処分しなければなりませんでした。

先進国から発展途上国などへの違法な廃棄物原料の輸出では登録されていた品目と実際に輸出入された廃棄物の種類が著しく異なることも少なくありま

**Point**

- 有価物と廃棄物
- 最終処分を目的としての輸出

**バーゼル条約の概要と課題**

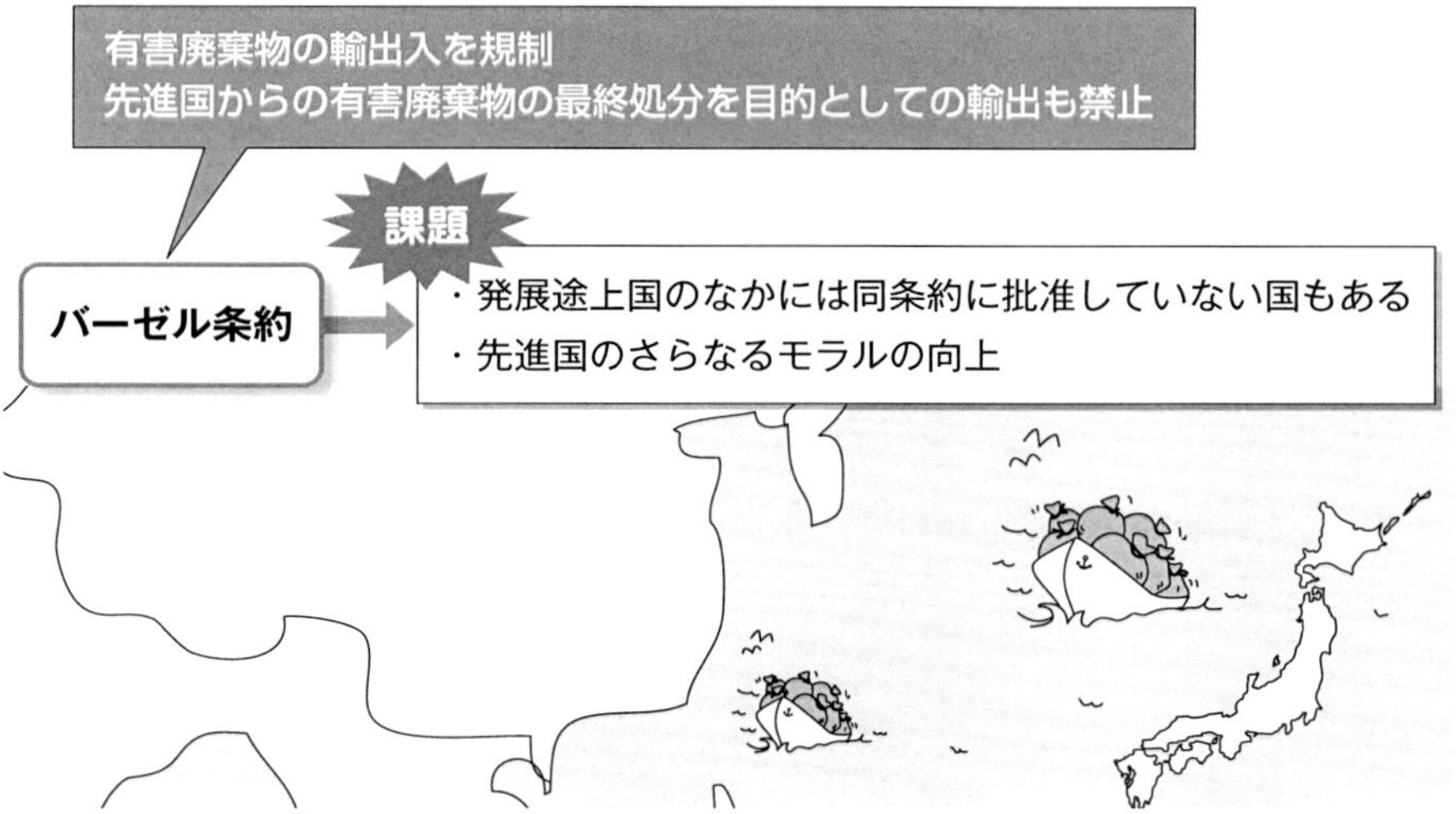


せん。さまざまな名目で生活ごみや有害廃棄物が輸出されているというわけです。

繰り返しますが、バーゼル条約では有害廃棄物の輸出入が規制されています。先進国からの有害廃棄物の最終処分を目的としての輸出も禁止されています。「自国から有害廃棄物が消えれば、他の国がどうなろうと構わない」という考え方は禁物です。

しかし発展途上国のなかには同条約に批准していない国もあります。そうした非批准国では有害廃棄物の取扱いに対する意識も必ずしも高いとはいえません。非批准国に同条約への批准を国際的に進めていくと同時に、先進国のさらなるモラル向上も求められています。

ちなみに、中古機械などを日本から輸出する場合、輸出国側の日本でのサーベヤー（検査員）による船積み前検査が義務化されている国もあります。輸入国でそのまま、あるいは修理すれば使用できることを確認しなければなりません。また、中古機械などの輸入が原則禁止となっている国もあります。

なお、中古品の輸出についても非ホワイト国への輸出の場合はキャッチオール規制の対象にならないかどうかも確認する必要があります。

COLUMN

# ISMコードとは

ISMコードとは、1993年にIMO（国際海事機構）において採択された「インターナショナル・マネジメント・コード・フォー・ザ・セーフ・オペレーション・オブ・シップ・アンド・フォー・ポリューション・プリベンション」（国際安全管理コード）の略称です。

海難事故の防止について、IMOは船舶の設備や構造などについてハード面のさまざまな基準を設けてきました。しかしながら海難事故の原因の約8割は人的要因といわれています。事故を未然に防ぐには安全運航を確実に行うためのしっかりした安全管理システムのマニュアル、などのソフト面の充実を図る必要があることが指摘されたわけです。この点を踏まえ、船舶運航安全管理システムの要としてISMコードが制定されたわけです。

ISMの枠組は①会社の検査、②船舶の検査、③寄港国による監督（PSC）を基軸に構成されています。

ISMコードは欧州などの船舶安全管理会社が各社の安全管理に関するノウハウなどを持ち寄り作成されました。業務手順と業務に関する責任と権限を明確に規定することが目的であったわけです。いわば作業プロセスの標準化、マニュアル化を行うことにより、海難事故の防止を図ろうと考えたわけです。「なんとなくわかる」、「いわなくてもできる」といった日常業務での慣れを放置することが事故の発生につながるという発想が根底にあるといえましょう。

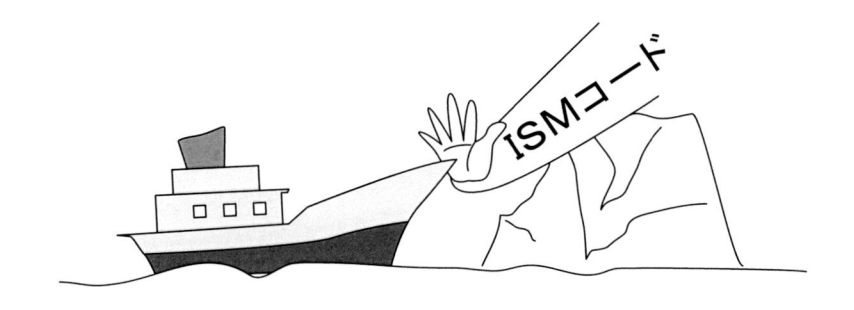

# 第4章

## 輸入取引・管理の実務

# 50 輸入実務の基本的な流れ

## 輸入方法を検討

### 全体のプロセスを把握

輸入実務の大きな流れをとらえておきましょう。

まずは海外の売り手の商品の価格、特徴、国内マーケットの動向、自社の生産計画、販売計画、在庫戦略、国内規制との関係、国際法との関係などを十分に調査したうえで、輸入するか否かを決定したり、輸入が可能かどうかを調べたりします。輸入することを決めたら、輸入商品の数量、納入期日、輸入方法（船舶、航空機）などを検討します。

売り手との契約がまとまったら、輸入者は取引先銀行に信用状開設依頼を行います。信用状の発行依頼には、銀行取引約定書、商業信用状約定書、外国為替取引約定書、輸入信用状発行依頼書が必要です。ワシントン条約などに関係する場合、輸入割当・承認書が必要になることもあります。

売り手（輸出者）から船積み通知書が到着し、貨物を引き取ることになります。船舶の場合、船荷証券が必要になります。輸入担保荷物保管証を銀行に差し入れるなどして、船荷証券を受け取ります。船荷証券を取得したら、輸入受渡作業依頼書、インボイス、船荷証券、原産地証明書、保険証明書、包装明細書、重量容積証明書、許可書、注文書などをそろえて海貨業者に荷受業務を委託します。

荷揚げには輸入者（着荷主）の責任で行う自家荷揚げ（本船側手配）と船会社が一括して行う総揚げ（輸入者手配）があります。自家荷揚げは貨物がとくに大きかったり、特殊なものであったりする場合などに行われます。総揚げの場合、貨物の引取りは一般的に保税地域内で行われることになります。航空貨物の場合、航空機から降ろされた貨物コンテナは保税蔵置場（貨物ターミナル）に搬入されます。

そしてそのうえで小型、通常、大口などに仕分けさ

**Point**

- 信用状開設依頼書
- 関税

**輸入業務の流れ**

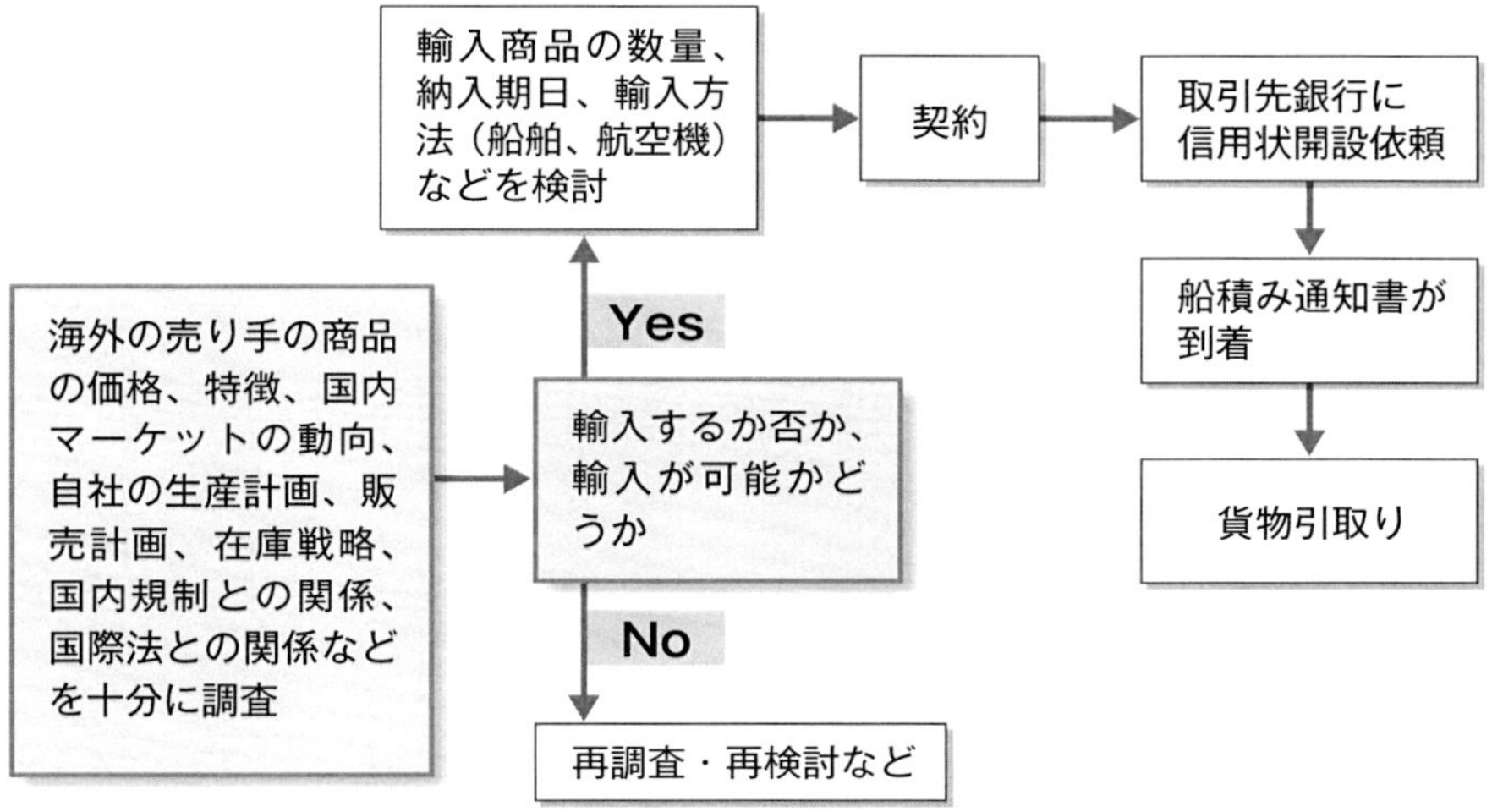


れます。

## 保税地域から輸入許可へ

輸入貨物は保税地域などに搬入されたあとに、輸入申告を行います。それにあわせて納税申告を行い、関税、消費税、酒税などを納付し、輸入許可を受けます。

なお、税関の審査が長期に及ぶ場合などは輸入許可前貨物の引取承認制度を使い、保税地域から貨物を国内マーケットに流通させることも可能です。

輸入された貨物がダメージを受けている場合、あるいは数量が不足している場合などには求償手続きをとることになります。

クレーム（損害賠償の請求）については船会社、航空会社などの運送会社へのクレーム、輸出者である発荷主（荷送人）へのクレームなどが考えられます。輸出者に対しては、不十分な梱包、検数ミスなど、運送会社に対しては、破損・汚損、紛失などが発生した場合にクレームが発生することになります。また海難事故などが発生した場合には保険会社にクレームを提起して、保険により損害をてん補することになります。

51

# デバンニングレポートとボートノート

## 輸入貨物の状態をチェック！

### デバンニングレポートの作成

　貿易・国際物流では、貨物をコンテナに積み込むことをバンニングといいます。そして反対に貨物をコンテナから取り出すことを「デバンニング」（荷解き）といいます。

　輸出に関しては、本船への積み込みの完了後にメーツレシートを作成します。メーツレシートには荷送人から受け取った貨物に破損、汚損などが発生していないかをチェックして記載する摘要欄（リマーク）があります。貨物の異常についての責任の所在を明確にするためです。

　これに対して輸入コンテナ貨物の引取りに際しては、デバンニングレポートが作成されます。コンテナ貨物のデバンニングは、コンテナフレイトステーション（CFS）で行われます。貨物の数量と状態を検数業者（英語では「チェッカー」）がチェックして、デバンニングレポートを作成するのです。検数人、検数の依頼者、荷受人などの名称、本船名、航海番号、コンテナのタイプ、コンテナ番号、コンテナシール番号、船積港、デバンニングの詳細、商品名、船荷証券の番号、検数の結果などが記載されます。書式については検数業者が用意したものが使われます。

　デバンニングレポートは、検査で貨物に破損などの異常が発見された場合に保険の求償を行うのに使われる重要な証拠書類となります。デバンニングレポートの摘要欄（リマーク）に異常があればその旨を記載します。記載される摘要は輸出地から輸入地への輸送の途中で発生したものと見なされます。該当する記載がなければ、船会社に責任を求めることはできません。

　たとえば、輸送中の海水漏れなどのために貨物に

**Point**

- メーツレシート
- 摘要欄

## デバンニングレポートとボートノートとは

| | |
|---|---|
| **デバンニングレポート**<br>輸入コンテナ貨物の引取りに際して作成 | ・貨物の数量と状態を検数業者がチェック<br>・検数人、検数の依頼者、荷受人などの名称、本船名、航海番号、コンテナのタイプ、コンテナ番号、コンテナシール番号、船積港、デバンニングの詳細、商品名、船荷証券の番号、検数の結果などを記載 |
| **ボートノート**<br>在来船の貨物の引取りの際に作成 | 貨物の引渡日、船荷証券の番号、本船名、入港日、本船内の保管場所、陸揚げ場所、貨物の明細、荷印、貨物の状態（摘要があるかどうか）などを記載 |

異常が発生していることが判明した場合はその旨を記載するのです。

### ボートノートの作成

コンテナ貨物ではなく、在来船の貨物の引取りの際には、デバンニングレポートではなく、ボートノート（カーゴボートノート）が作成されます。

ボートノートの書式も、デバンニングレポートの書式と同様に検数業者が用意したものが使われることになります。在来船の貨物の受け渡しを証明する書類として、貨物の引渡日、船荷証券の番号、本船名、入港日、本船内の保管場所、陸揚げ場所、貨物の明細、荷印、貨物の状態（摘要があるかどうか）などが記載されています。検数人と本船側、輸入者側の双方が署名をするようになっています。

なお、ボートノートにもデバンニングレポートと同じように摘要欄があり、貨物の損傷などについて記載されます。ボートノートに摘要の記載がなければ、その後の貨物の引取りの際に異常があれば、それは船卸し後に新たに発生したものとされ、荷受人サイドの責任となります。

# 52 輸入金融のしくみ

## 決済、融資の方法

### 輸入金融の大枠

輸入者の決済、融資などに関する金融を輸入金融といいます。

貿易では信用状決済が行われることが多いのですが、貨物が輸出地から輸入地に届き、それがマーケットに出回り、売上げとなるまでのリードタイムは必ずしも短期間とはいえません。そのため、輸入者が少ないキャッシュフローに苦しむことも十分に考えられます。そこで銀行から融資を受けることで、こうした輸入者の資金繰りを円滑にさせることになります。これが輸入金融の大枠です。輸入貨物が銀行の担保となるわけです。

輸入金融には、輸入ユーザンス（支払猶予）、輸入はね返り金融などがあります。輸入ユーザンスとは、輸入貨物の決済をある一定期間猶予するというものです。輸入者の支払いを一定期間猶予することで、負担を軽減しようというわけです。

輸入ユーザンスには銀行が手形金額を建て替える銀行ユーザンスと、輸出者が輸入者に直接猶予を与えるシッパーズ・ユーザンス（荷主信用）があります。さらに銀行ユーザンスは日本の取引銀行が行う場合（本邦ローン、または自行ユーザンス）と外国の銀行が行う場合（外銀アクセプタンス）と2通りのパターンが考えられます。

本邦ローンの場合、輸入者が代金の支払いを済ませるまで取引銀行が融資するというかたちになります。輸入者が輸入担保荷物保管証を銀行に持ち込み、銀行の担保となっている貨物を売却して、その代金で決済するというかたちがとられます。

外銀ユーザンスは、信用供与を外国銀行が行うものです。輸出者が振り出した期限付手形を銀行が引き受けて、代金の決済を繰り延べます。

**Point**

- 輸入ユーザンス
- はね返り金融

**輸入金融の種類**

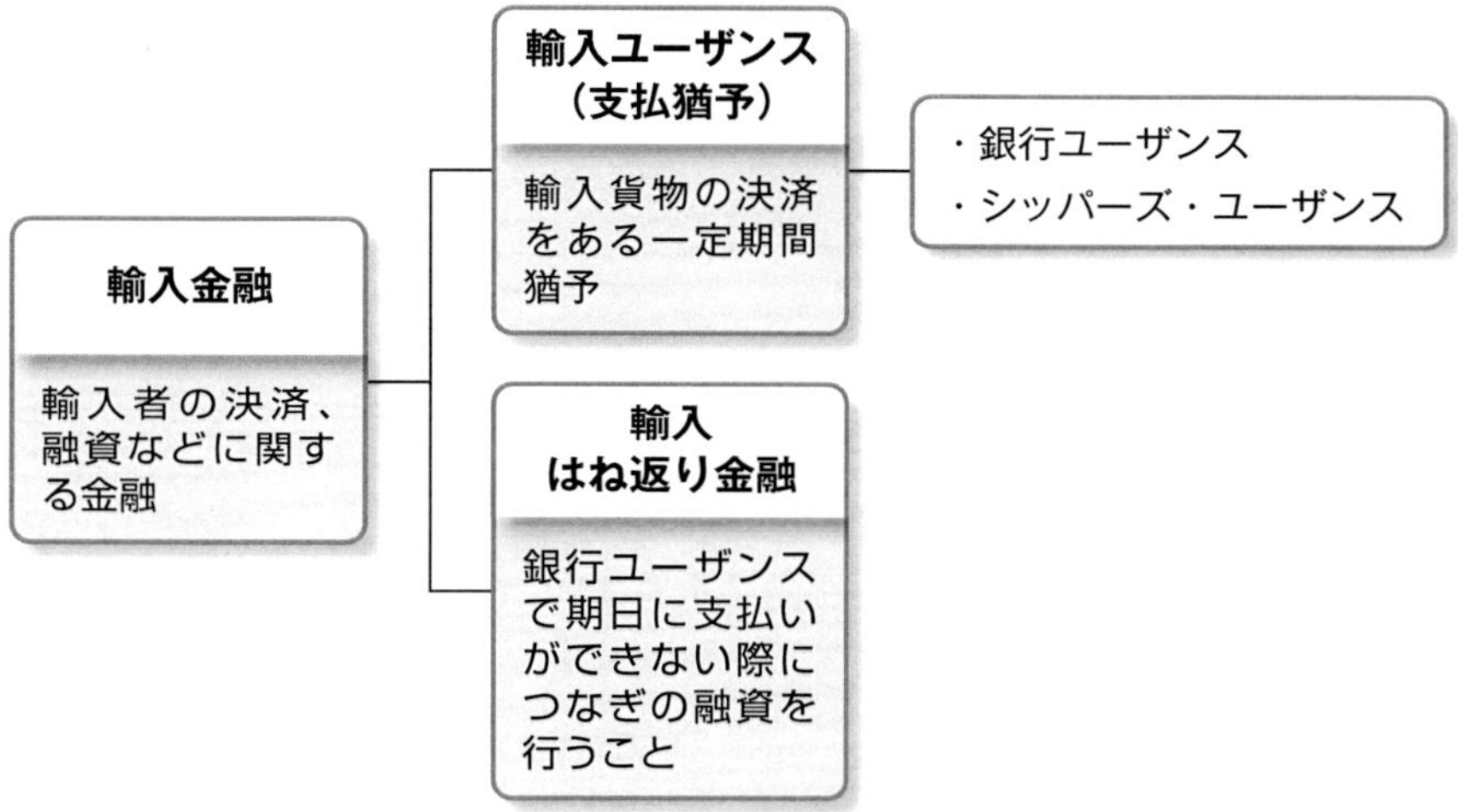


シッパーズ・ユーザンスは銀行の信用を利用しないで、輸出者が輸入者に直接、支払いの猶予を与えるやり方です。

なお、シッパーズ・ユーザンスでは信用状発行関連の諸コストを省くことができますが、金利は輸入者の負担となります。

電信送金による方法と取立手形による方法があります。電信送金とは、輸入貨物を受け取ってから定められた期日に輸入者が電信送金して支払うというやり方です。船荷証券などの書類は輸出者から輸入者に直送されます。万が一、書類の到着が遅れた場合には船会社に保証状を入れて荷受けすることになります。

取立手形による方法は輸入承認書が必要な際に行われます。輸入者宛ての期限付き取立手形を振り出して、期日までに輸入者が手形決済をするというやり方です。

輸入はね返り（円）金融とは、銀行ユーザンスで期日に支払いができない際につなぎの融資を行うことをいいます。通常、外貨を一度、返済して日本円による融資に切り換えます。

53

# 輸入手続きに必要な貿易書類①

## 書式と手順を理解

### 書類業務の流れを把握

輸入手続きにはさまざまな書類が必要になります。輸入の割当、承認、貨物の到着、荷渡しの指図、輸入申告による関税などの支払いといった、一連の流れのなかでそれぞれ書類を経済産業省や税関に提出しなければならないのです。ここで主要な書類について整理しておきましょう。

### 輸入割当証明書と輸入承認証

輸入にあたっては、輸入承認証などを受けなければならないケースがあります。

経済産業省が告示している「輸入公表」には、輸入承認、割当を受けるべき貨物の品目、原産地、船積み地域などについて公表されています。品目などが該当する場合、輸入割当申請書を経済産業省に提出し、輸入割当証明書を発行してもらいます。そしてその輸入割当証明書を添えて輸入承認の申請を行い、輸入承認証を出してもらうことになります。

なお、経済産業省へ提出する申請書は、「輸入（承認・割当）申請書」となっている共通の申請用紙で申請するほうに○印をつけて使い分けるという形式になっています。

### 貨物到着通知書

輸入貨物の到着がまもなくに迫ると、輸出者から輸入者に貨物到着通知書が送られてきます。貨物の到着予定日時、引渡し場所、荷渡指図書の発行地などが記載されています。

### 荷渡指図書

輸入貨物を引き取るには荷渡指図書が必要になります。荷渡指図書とは、文字通り貨物の引渡しを指

Point

- 輸入公表
- 荷渡指図書

### 荷渡指図書とは

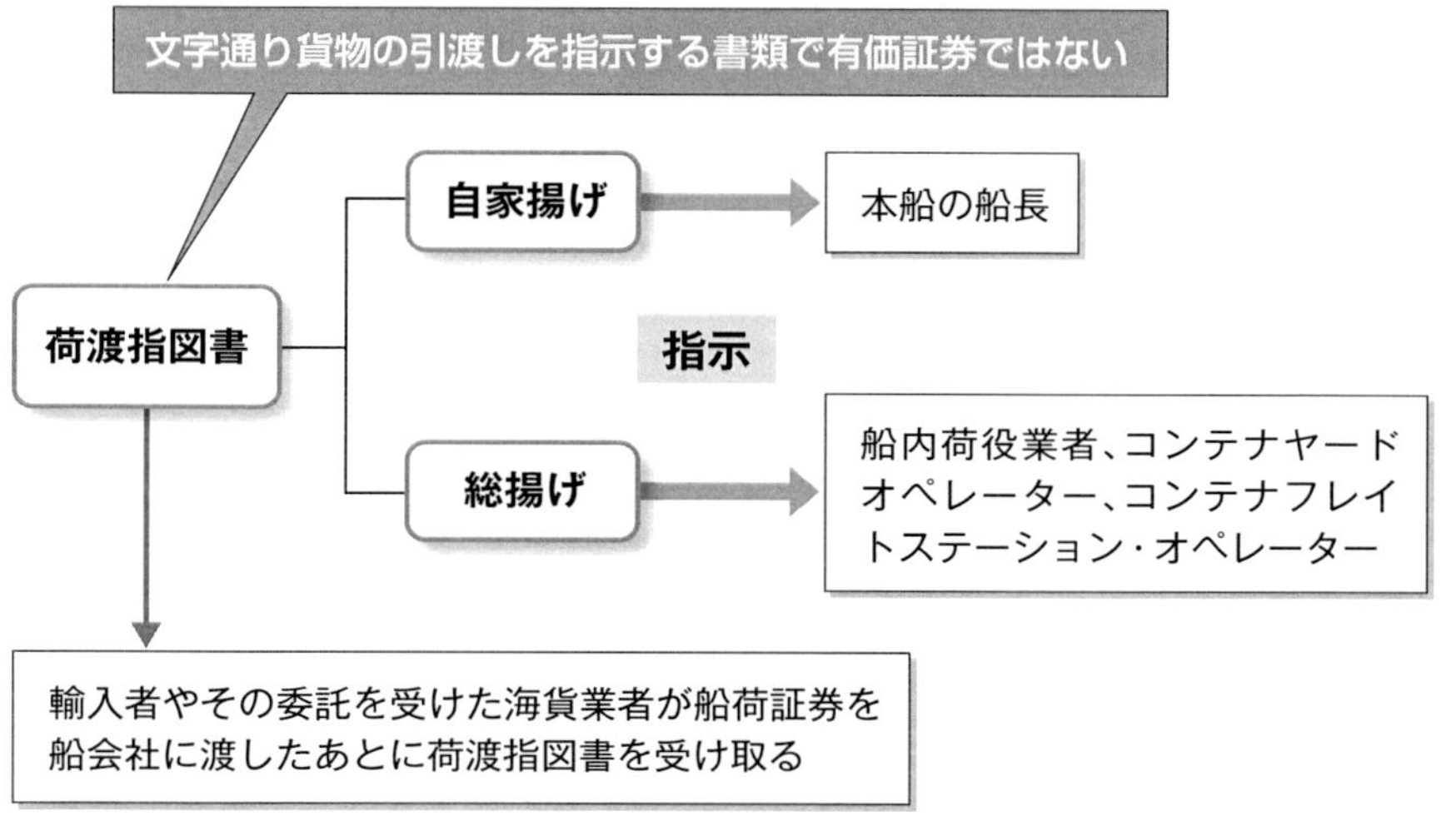


示する書類です。有価証券ではありません。原則として、輸入者（着荷主）やその委託を受けた海貨業者が船荷証券を船会社に渡したあとに荷渡指図書を受け取ることになります。

　自家取り（本船渡し）の場合は本船の船長に対して、総揚げ（倉渡し）の場合は、船内荷役業者、コンテナヤードオペレーター、コンテナフレイトステーション・オペレーターに対しての指示ということになります。

**輸入（納税）申告書**

　保税地域などに貨物が搬入されると、輸入者は輸入申告書を税関に提出することになります。輸入申告書は税関の指定する輸入申告書の書式を用います。貨物の記号・番号・品名・数量・価格、原産地・積出地、積載船・航空機の名称または登録記号、蔵置場所などを記載します。輸入許可書を発行してもらい、貨物を実際に引き取ることが可能になります。なお、手続きはＮＡＣＣＳのシステムを使って行うことができます。

　ちなみに、輸入品の関税、消費税などの支払いについては銀行で行います。

54

# 輸入手続きに必要な貿易書類②

## 貨物の引渡し、運送、保管

### リリースオーダー

航空運送で輸入貨物が銀行の担保物となる場合、輸入者は、銀行から、輸入貨物を扱う混載業者などに宛てたリリースオーダーを受け取ります。海上運送で船荷証券を用いずに貨物を引き取るときに用いる保証状に該当します。ただし、銀行は債務に対して連帯保証などは行いません。

リリースオーダーは通関業者を経由するなどしてフォワーダー、あるいは航空会社に提示され、それから荷渡指図書の交付、貨物の引渡しという流れになります。

### 海上運賃請求書

海外から日本への海上運送にかかった運賃の請求は海外運賃請求書によって行われます。なお、貨物到着通知書が海上運賃請求書を兼ねるケースもあります。

小口（ＬＣＬ）貨物の場合、バンニング、デバンニング、コンテナターミナル内の移送コストなどがＣＦＳチャージ（コンテナフレイトステーション・チャージ）として請求書に記載されることになります。

### 他所蔵置許可申請書

原則的に、輸入貨物は保税地域に搬入したうえで輸入申告を行います。しかし、大量な貨物、あるいは貴重品、危険品などのように特殊な施設や管理を必要とする場合など、やむを得ない事情で保税地域に搬入できないときは税関長の許可をとり、他所蔵置を行い、輸入申告をすることが認められています。そしてその際に必要となるのが他所蔵置許可の申請です。

Point
- リリースオーダー
- 海上運賃請求書

## リリースオーダーとは

**リリースオーダー**

航空運送で輸入貨物が銀行の担保物となる場合、輸入者が、銀行から輸入貨物を扱う混載業者などに宛てる

→ 海上運送の保証状に該当。ただし、銀行は債務に対して連帯保証などは行わない

→ 通関業者を経由するなどしてフォワーダー、あるいは航空会社に提示され、それから荷渡指図書の交付、貨物の引渡しという流れ

### 外国貨物運送申告書

保税運送を行う場合には運送前に税関に申告します。その際には外国貨物運送申告書（原本、承認書用、託送用の３通）が必要になります。海上運送ではコンテナ積みされた貨物、航空運送では航空会社やフォワーダーが責任を持てる貨物、保税工場で生産された貨物などが承認の対象となります。承認されると運送承認書と運送承認書写（託送用）が交付されます。保税運送に際しては両方を税関に呈示します。

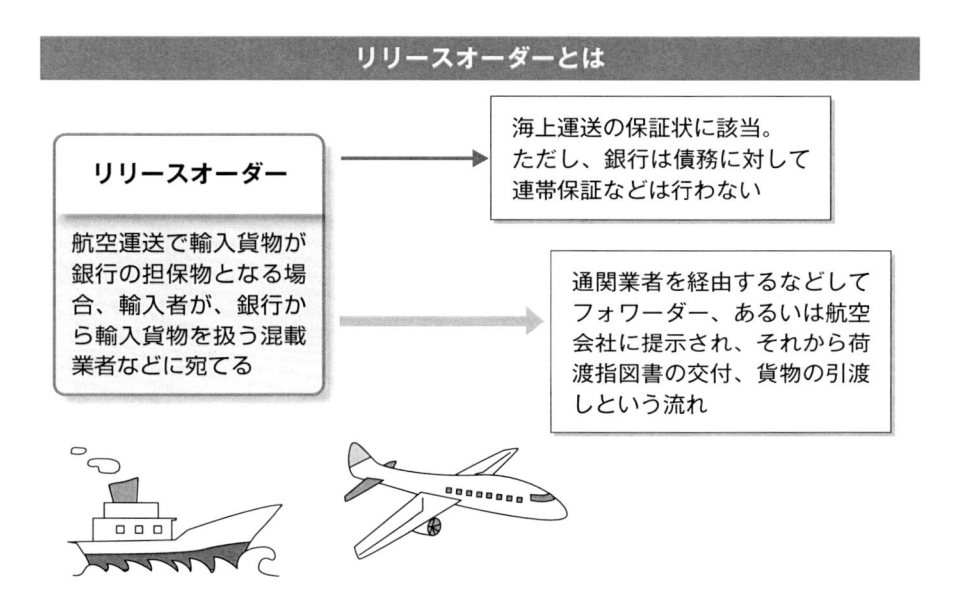

### 外国貨物廃棄届

保税地域に搬入された貨物が、やむを得ない理由で廃棄処分などにされることがあります。

たとえば「予想外に早く生鮮食品が腐敗してしまった」、「工業部品などが破損してしまい使い物にならなくなってしまった」などといったケースが該当します。保税地域内で該当する貨物を処分する場合には税関へ外国貨物廃棄届を提出が必要になります。届け出の項目は原則として貨物の持ち主の法人の所在地、名称、代表者の氏名、廃棄する貨物の記号、番号などです。

# 55 貨物の引取りにあたっての注意

## 遅延、損傷などに注意

### 船積み書類の確認

貨物の引取りにあたってのポイント、注意事項についてまとめておきましょう。

まず貨物を引き取るにあたっては、船積み書類が銀行からちゃんと届いているかを確認します。船荷証券、船積み書類がなければ貨物を引き取ることができないからです。

貨物到着日時を確認し、必要ならば通関業者などに連絡し、一連の手続きを依頼することも忘れてはなりません。ちなみに本船の入港日のことをＥＴＡ（エスティメイテッド・タイム・オブ・アライバル）といいます。

貨物到着通知書に記載されている到着日時に、予定通り本船が入港しても、「該当する貨物が積み込まれていない」ということもあります。船積港から陸揚港にダイレクトに貨物が運ばれるのではなく、途中で中継港で積み替えなどが行われた際に積み残し、積み忘れ、誤発送などが発生する恐れがあるのです。

「書類上の貨物の流れ」と「実際の貨物の流れ」がきちんと合致しているかをしっかり確認することがきわめて重要といえるでしょう。

### コンテナから貨物を取り出す

該当する貨物がない場合、どのような事情で貨物が到着しなかったのかをすみやかに調査するようにしましょう。

一般的にコンテナ貨物の引取りの場合、大口（ＦＣＬ）貨物に比べて、小口（ＬＣＬ）貨物の引取りのほうが、時間がかかる傾向にあります。

なおコンテナ貨物の場合、無料貸出し期間（フリータイム）内にコンテナから貨物を取り出さなけ

Point
- ETA
- フリータイム

## 船積み書類と貨物の確認

**貨物の引取りにおける注意**

- 船積み書類が銀行からちゃんと届いているかを確認
- 貨物到着日時を確認し、必要ならば通関業者などに連絡し、一連の手続きを依頼
- 貨物到着通知書に記載されている到着日時に本船が入港したら、「該当する貨物が積み込まれているかどうか」を確認

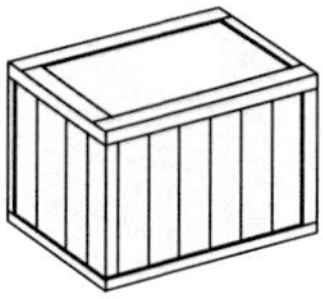

ればなりません。貨物の引取りが遅れると、追加保管料（デマラージ）を支払わなければならなくなるので注意しましょう。どれくらいの期間内ならば追加料金が発生しないかは国別、地域別などに異なるので、事前に十分にチェックしておきましょう。どちらも港湾荷役の円滑化を念頭においたペナルティの一種とも考えられます。

　また、コンテナヤードへのコンテナの返却が遅れると、返還遅延料（デテンションチャージ）が発生します。

　コンテナ船の場合、デバンニングレポート、在来船の場合、ボートノートの摘要記載についても注意しましょう。たとえば輸入貨物の数量がボートノートの記載と異なる場合には船会社の責任となります。この場合、すぐに船会社にその旨を告げ、求償手続きを行うようにします。クレームが遅れた場合、補償が受けられないこともあります。航空貨物の場合、航空運送状により貨物の引取りが行われます。

　一般的に荷受人が銀行になっていることが多く、輸入者は銀行に対して、輸入担保貨物保管証を差し出し、当該貨物を受け取ることになります。

56

# 保証状の作成

## 貨物の引取りに必要！

### 保証状の役割

貨物を引き取るには、原則的に船荷証券が必要になります。しかし、何かの都合で船荷証券を輸入者（着荷主）が入手していないということがあります。たとえば、貨物の到着が予想以上に早く、そのため船荷証券がまだ手元にないといったケースが考えられます。

こういった場合、船荷証券が届くのを待って、それから貨物を引き取ればよいわけですが、そのためにリードタイムが間延びして、生産計画、販売計画などに悪影響が及ぶリスクが出てくることもあるかもしれません。

そこで考えられるのが保証状（L／G）を用いての貨物の引取りです。保証状は銀行が連帯保証をすることで、船会社に対して、貨物の引取りを望む着荷主が正当な権利の保有者であることを保証します。貨物の引取りをめぐるトラブルが発生した場合は、銀行と着荷主が単独、あるいは連帯して責任を負うというわけです。保証状には、船会社宛てに船名、船積港、陸揚港、到着日、船荷証券番号、荷印、コンテナ番号、商品名、貨物の個数、海貨業者、摘要などが記載されています。

輸出者の船積み通知書の情報などをもとに輸入者が書き込むことになります。輸入者がまず署名し、ついで連帯保証人である銀行が署名します。ちなみに輸入者だけしか署名していないものを「シングルL／G」、銀行が連帯保証しているものを「Ｂａｎｋ Ｌ／Ｇ」といいます。輸入者は担保として約束手形を銀行に差し入れることになります。保証状の書式は船会社が定めたものを使います。

また、船荷証券が手元に届いた際にはすぐに船会社に提出しなければなりません。その場合、先に提

Point

- 輸入担保荷物保管証
- 約束手形

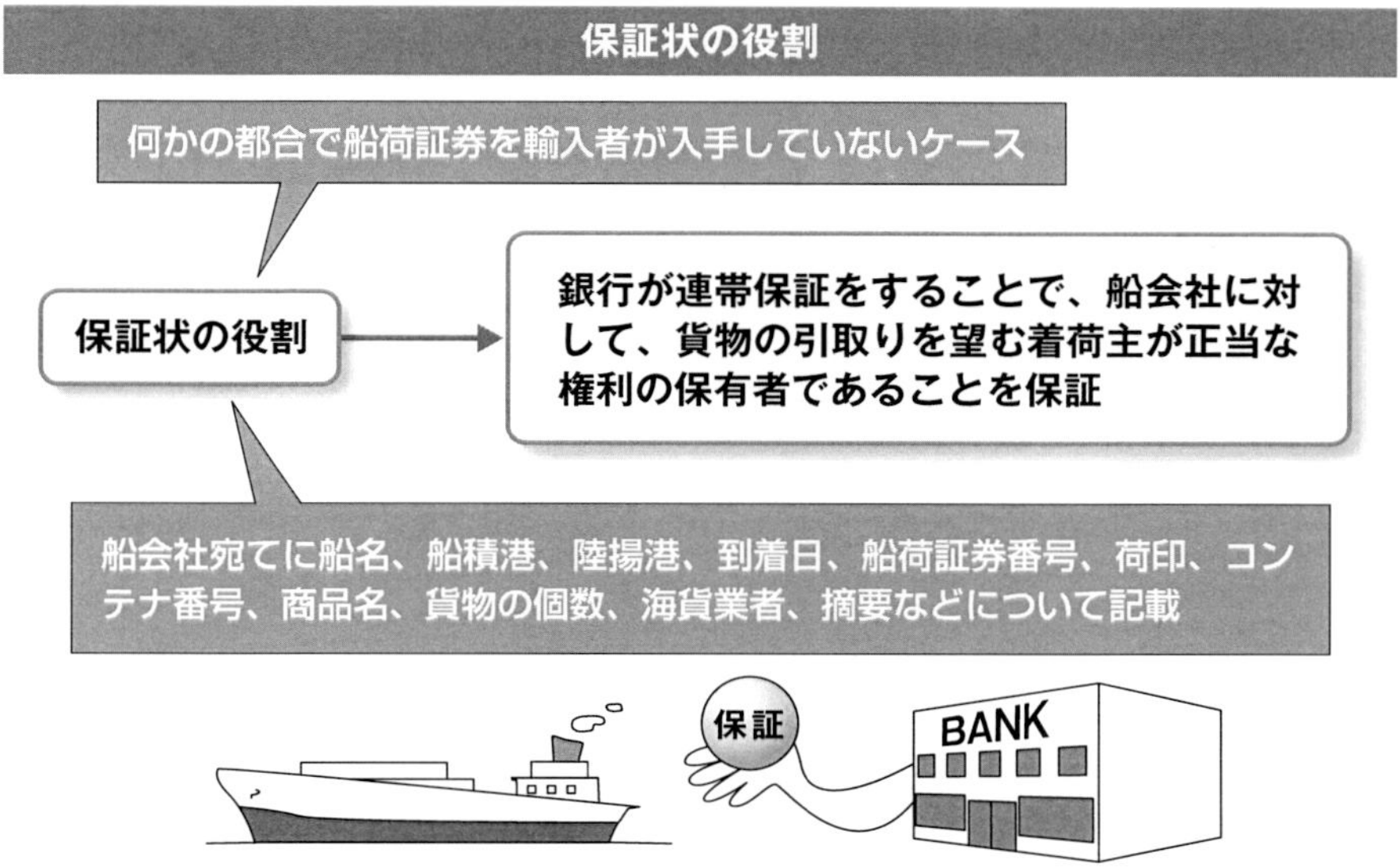
保証状の役割
何かの都合で船荷証券を輸入者が入手していないケース
保証状の役割
銀行が連帯保証をすることで、船会社に対して、貨物の引取りを望む着荷主が正当な権利の保有者であることを保証
船会社宛てに船名、船積港、陸揚港、到着日、船荷証券番号、荷印、コンテナ番号、商品名、貨物の個数、海貨業者、摘要などについて記載
保証
BANK

出した保証状を引き換えに返してもらうことになります。銀行からは連帯保証の日数に応じて保証料を請求されるので、保証状の解除はなるべくすみやかに行うようにしましょう。

なお、こうした保証状を用いてのやり方を「保証状荷渡し」といいます。

## 輸入担保荷物保管証の機能

一般に航空輸送では荷為替手形よりも先に輸入貨物が空港に到着します。その際には輸入担保荷物保管証（航空貨物用）を銀行に提出して、貨物を引き取ります。これは、輸入貨物は銀行の担保物で、それを輸入者が借り受けるかたちになるからです。輸入者が銀行と代金決済をしなければ貨物を引き取ることはできないのです。航空貨物運送状の荷受人は信用状発行銀行となっているのはそのためです。

輸入担保貨物保管証には、その旨も記載されています。輸入者は銀行の代理として通関手続きなどを行うということなります。なお、輸入者は、輸入担保荷物保管証とともに約束手形も提出します。

ちなみに約束手形とは振出人が金額と期間を決めて支払いを約束する手形のことをいいます。

# 57 関税とは

## 輸入税のしくみを理解！

### 関税3法の概要

外国から貨物を輸入する際には輸入者は税関で輸入税を納めることになります。関税とは、この輸入税の一種です。関税に関する法律には、関税法、関税定率法、関税暫定措置法（特恵関税）があります。これらをあわせて、関税3法と呼んでいます。

関税法とは、関税の賦課《ふか》や徴収、輸出入通関手続きなどについて定めた法律です。輸出入と貨物の定義、輸出入してはならない貨物、保税地域・保税運送などについても詳しく定められています。

関税定率法とは輸入される貨物（商品）の関税率を定めている法律です。課税価格の決定、特殊関税、減免税と戻し税などについても同法で定められています。

関税暫定措置法では特恵関税制度の適用要件、原産地制度、適用停止などについて定めています。国連貿易開発会議（ＵＮＣＴＡＤ）での合意のもとに先進国と途上国の格差是正を念頭に創設された特恵関税についての日本の国内法になります。

### 関税の目的と税率の種類

関税の主目的は国内商品、国内産業の保護にあります。輸入者が輸入する貨物の品物の代金に加えて税金を払うことで、海外製品に比べ、国内製品が割安になり、競争力を保つことができるというわけです。

なお、関税の納付方法には申告納税方式と賦課課税方式とがあります。申告納税方式とは輸入者が納税すべき税額、または税額がないことを申告して、納税する方式で、一般にこの方式で行われることになります。賦課課税とは税関が輸入品の税額を確定する方式で、納税すべき税額はもっぱら税関長の処

**Point**

- 関税法、関税定率法、関税暫定措置法
- 申告納税方式と賦課課税方式

## 関税3法

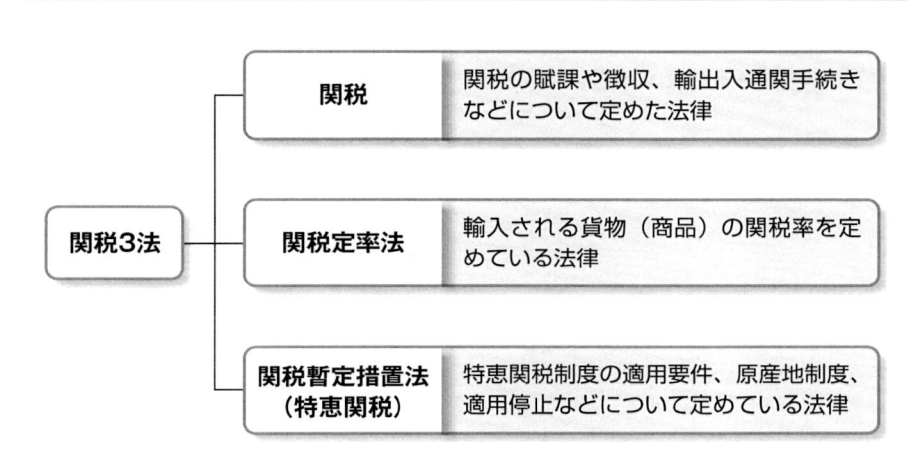

| 関税3法 | | |
|---|---|---|
| | 関税 | 関税の賦課や徴収、輸出入通関手続きなどについて定めた法律 |
| | 関税定率法 | 輸入される貨物（商品）の関税率を定めている法律 |
| | 関税暫定措置法（特恵関税） | 特恵関税制度の適用要件、原産地制度、適用停止などについて定めている法律 |

分により確定します。賦課課税方式は、携帯品、別送品、託送品などに関する関税、郵便物などに限られます。なお、賦課課税方式が適用される貨物についての税額の決定は、税関長が課税・納付税額を決定する賦課決定で行われます。そしてその決定は賦課決定通知書により行われます。

なお、輸入申告と納税申告はそれぞれ別々の手続きとなります。ただし申告用紙は「輸入（納税）申告書」と記された1枚の用紙となっています。

輸入貨物の主要関税率は基本税率、暫定税率、協定税率、特恵税率に分けられます。基本税率はすべての貨物に定められている基本的な税率で長期間にわたって適用されています。これに対して暫定税率は一定期間に限って特定の貨物に適用される税率です。

また、協定税率とは関税に関する国際協定で定められた税率です。特恵税率は特恵税率制度が適用された開発途上国などを原産地とする貨物が対象になります。これらの主要関税をまとめて、国定税率と呼んでいます。また、主要税率以外にも簡易税率があり、課税価格が10万円以下の少額貨物などに適用されます。

# 58 輸入貨物のトラブルと減税

## 減税、戻し税を活用！

### 考えられる貨物トラブルの種類

せっかく輸入した貨物ですが、実際に引き取った貨物をチェックすると、大きなダメージが存在することがわかるなど、トラブルが発生しているリスクもあります。どのようなトラブルが考えられるか、整理しておきましょう。

まず考えられることは、輸入した製品や部品などの品質に問題があるケースです。輸出先の工場、物流センターなどで出荷される以前に品物が傷んでいたというケースも考えられます。規格、寸法、色、サイズなどが注文した製品、部品などと異なっていることもあるかもしれません。

しっかりと検品が行われていたのならば、海上運送など、物流プロセスのなかでダメージが発生した可能性を否定できません。その場合、包装、梱包のやり方に問題があった可能性もあります。

### 減免、戻し税

このような一連の貨物トラブルが発生した場合には、いったん輸出元に返送され、再輸入されることになります。修繕などのあとに再輸入された場合は減税措置が適用されます。ただし、この場合、1年以内に再輸入されることとされています。なお、修繕にあたっては、たとえ国内でできるような修繕を輸出元に戻して行っても、減税が認められます。

再輸出の際の手続きは、修繕する旨と再輸入の予定時期、予定地を輸出申告書に修繕輸出貨物確認書、修繕のための輸出であることを証明する書類を添付して行います。

また、輸入申告書に修繕減税明細書、輸出された際の許可書、修繕を証明する書類などを添付して税関に提出します。

いったん輸入された貨物が契約と異なっていた

Point
- 減税
- 戻し税

### 貨物トラブルの種類

**貨物トラブルの種類**

- **輸入した製品、部品などの品質に問題**
- **輸出先の工場、物流センターなどで出荷される以前に品物が傷んでいる**
- **規格、寸法、色、サイズなどが注文した製品、部品などと異なっている**

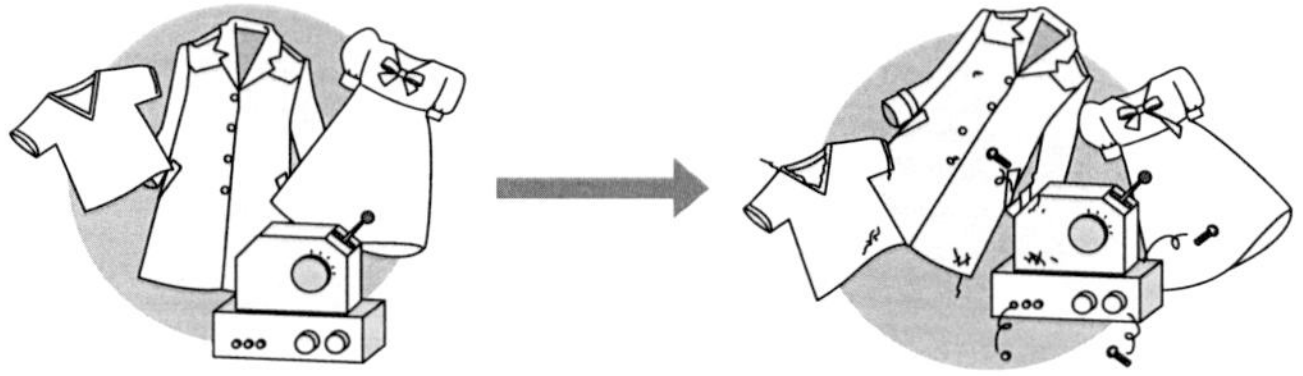

り、欠陥があったりして、輸出国に返送されるか、廃棄される場合には、戻し税が適用されます。この場合、いったん関税を納付して貨物が輸入されていること、輸入の際の形状、性質などに変更が加えられていないこと、輸入許可の日から6カ月以内に保税地域などに入れられていることなどが要件となります。

　また、輸入しようとしている貨物が輸入許可を得る前に損傷や変質などを起こしていることが判明した場合、減税されることがあります。これは完全なかたちの製品と同額を損傷品に課すのが不適当という判断からです。輸入申告前ならば、減価相当額を控除、輸入申告をしているものの輸入許可が下りる前ならば価格の低下率を基準として関税を軽減するというかたちがとられます。輸入許可が下りたあとならば、払い戻しということになります。

　万が一、貨物トラブルが発生したら、「どの過程で、どのような理由でトラブルが発生したのか」ということをきちんと究明しておくことが大切です。そうすることで再発の芽を摘み取り、効果的な改善策を練ることも可能になるからです。

# 59 ATAカルネの活用

## 税関手続きの簡便化

**見本などの輸出入**

製品、部品の見本などを輸入する場合、いったん輸入して、見本の検討を終えたあと、その見本を輸出元に戻すことがあります。また、海外での展示会、見本市などに際して、自社製品の見本を海外に持ち出すというケースもあるでしょう。

このような場合、ATA条約（「物品の一時輸入のための通関手帳に関する通関条約」）に基づくATAカルネ（一時輸入のための通関手帳）を使うことで、免税措置の適用を受けることができます。関税の支払いが不要となる支払保証書の機能を有し、同一のATAカルネで同条約に加盟している国の複数の税関で使用することも可能です。日本では、ATAカルネの発給は「一般社団法人日本商事仲裁協会」が行っています。

ATAカルネには税関に提出する通関手続きの書類が入っています。税関はその用紙を輸出入の申告書、貨物の明細書として扱います。

税関手続きをする人は、空欄に必要事項を記入し、署名してカルネと輸出入品を税関に差し出します。輸出入する品物の現物とカルネの記載事項を税関がチェックして、間違いがなければ、税関が必要部分を切り取り、許可印を押して、手続きは完了になります。

また、海外への一時持込みの場合、関税などの輸入税の担保書類として機能します。カルネがあれば、輸入税相当額の担保金などを諸外国の税関に預ける必要はなくなります。

このように、展示品、見本商品などの輸出、輸入、再輸出、再輸入といった頻繁な一連の通関手続きすべてでカルネを使うことが可能です。

Point

- ATA条約
- 一般社団法人日本商事仲裁協会

**ATAカルネでスムーズに**

**ATAカルネ** → ATA条約（「物品の一時輸入のための通関手帳に関する通関条約」）に基づくATAカルネ（一時輸入のための通関手帳）を使うことで、免税措置の適用を受けることができる

**ATAカルネには税関に提出する通関手続きの書類が入っている。税関はその用紙を輸出入の申告書、貨物の明細書として扱う**

**免税措置**

## カルネの使用上の注意

　なお、カルネの利用にあたっては、次のことに注意する必要があります。まず、見本商品などを持ち出す場合、相手国が同条約に加盟しているかどうかを確認しなければなりません。同条約に加盟していない国ではカルネを使用することはできません。カルネには有効期間（1年以内）があります。期限が切れたカルネを使うこともできません。

　カルネが利用できる品物は原則的には商品見本、職業用具、展示用物品などのみです。一般貨物について利用することはできません。また、必ずしもすべての商品見本、職業用具、展示用物品などに対してカルネの使用が認められるわけではありません。

　さらにいえば、法令の規定で通関に際して、事前に許可・承認が必要な物品を輸出入する場合については、許可・承認書の添付が必要となります。

　ところで一時輸入された物品が盗難、損壊、あるいは販売、譲渡により再輸出できなくなると、一時輸入された国で輸入税などが課され、カルネの名義人が支払わなければならなくなります。また使用について義務違反があれば以後のカルネ発給が断られることもありますから十分に注意しましょう。

# 60 輸入禁止品目の種類

## 関税法、薬事法、食品衛生法などとリンク!

### 規制対象品目

関税法などでは我が国への輸入が禁止されている品目が定められています。まずは常識の範囲ともいえますが、麻薬、向精神薬、けん銃などの輸入は禁止されています。公安または風俗を害す書籍、図画、彫刻などの輸入も禁止されています。たとえば偽ブランド品のような特許権、実用新案権、意匠権、商標権、著作権などを侵害するような物品の輸入もできません。貨幣や有価証券などの偽造品の輸入も認められていません。

また、医薬品、医薬部外品、化粧品、医療機器については、薬事法により厚生労働大臣の製造販売業または製造業の許可を受けていなければビジネスを行うことを目的に輸入することはできません。該当する規制対象物品の輸入を行おうとする場合は、輸入申告のときに、製造販売(製造)用医薬品等輸入届出書(輸入販売業許可証)、医薬品等輸入報告書などを税関に提出して、薬事法上の許可や承認などを受けていることを税関に対して証明する必要があります。ただし、個人で医薬品などを輸入する場合には、一定数量以内であることを条件に規程の範囲内で輸入することが可能になっています。

なお、動物のために使用する「動物用医薬品」などの輸入については薬事法で農林水産大臣の許可を受けて、「動物用医薬品製造販売(製造)業許可証」、「動物用医薬品製造販売承認指令書」を得る必要があります。

### 食品衛生法などとの関係

また、食品衛生法に基づく立場からも輸入に規制がかかるケースがあります。食品衛生法では、輸入した食品、添加物、器具などを国内で販売、あるい

Point

- 薬事法
- 食品衛生法

## 規制対象品目

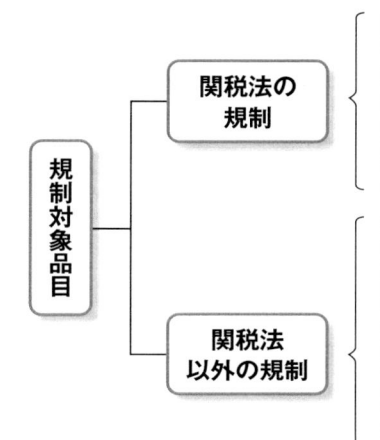

- **規制対象品目**
  - **関税法の規制**
    - 麻薬、向精神薬、けん銃など
    - 公安または風俗を害す書籍、図画、彫刻など
    - 特許権、実用新案権、意匠権、商標権、著作権などを侵害するような物品
  - **関税法以外の規制**
    - 商用目的の医薬品、医薬部外品、化粧品、医療機器については、薬事法により厚生労働大臣の製造販売業または製造業の許可が必要
    - 食品衛生法では、輸入した食品、添加物、器具などを国内で販売、あるいは営業上使用する場合、その都度、厚生労働大臣に届け出る必要がある
    - 植物類は植物防疫法に基づき、植物検疫を受けなければならない

は営業上使用する場合、その都度、厚生労働大臣に届け出ることとされています。したがってそれらの貨物を商用目的で輸入する際には検疫所に「食品等輸入届出書」を提出しなければなりません。

そして、食品衛生監視員の届け出済み印などが押捺された「食品等輸入届書」の交付を受け、それを税関に提出しなければなりません。

植物防疫法に基づく輸入規制もあります。輸入される植物類は植物防疫法に基づき、植物検疫を受けなければなりません。特定の植物、昆虫、ダニ、細菌などが付着している場合は、研究目的以外は輸入禁止品となります。なお、植物などが日本に持ち込めるかどうかは輸入元国や輸入植物を指定して「輸出入条件に関するデータベース」（植物防疫所ホームページ）で簡易検索できます。近年は鳥、豚などのインフルエンザや、口蹄疫などの家畜パンデミックなどを水際で防ぐために、バイオセキュリティの強化が国際物流の大きな課題の一つともなっています。

そうした意味からも検疫体制の強化が貿易・国際物流の円滑化に果たす役割は決して小さくはありません。

COLUMN

# バンプールの役割

海上コンテナを保管する際には必ずしもコンテナに貨物が入っているとは限りません。いわゆる「空バン」とよばれる空コンテナも少なくありません。

そして、貨物が入ったコンテナを置く場所がコンテナヤード（CY）です。なお、コンテナヤードは保税地域内にあります。

これに対して、空のコンテナの保管場所のことをバンプール（VP）といいます。国際物流の担当者は、コンテナヤードのみならず、バンプールのコンテナの保管状況や空きスペースについても目を光らせていなければならないのです。コンテナヤードとバンプールに注目しながら海上コンテナの動線を見ると、次のようになります。

輸入の際は、陸揚げされたコンテナ貨物はコンテナヤードに運ばれ、次いで倉庫などでデバンニング（貨物の取り出し）が行われます。そして貨物が取り出されたあとの空のコンテナはバンプールに置かれることになります。

バンプールでは空コンテナの蔵置、搬出入、さらには修理、洗浄などのメンテナンスも行われます。輸出の際はバンプールに保管されていたコンテナに倉庫などでバンニング（貨物の積め込み）が行われます。バンニングが行われたコンテナ貨物はコンテナヤードに運ばれ、船積みを待ちます。

なお、貨物の入っている海上コンテナを陸上輸送することをドレージといいます。

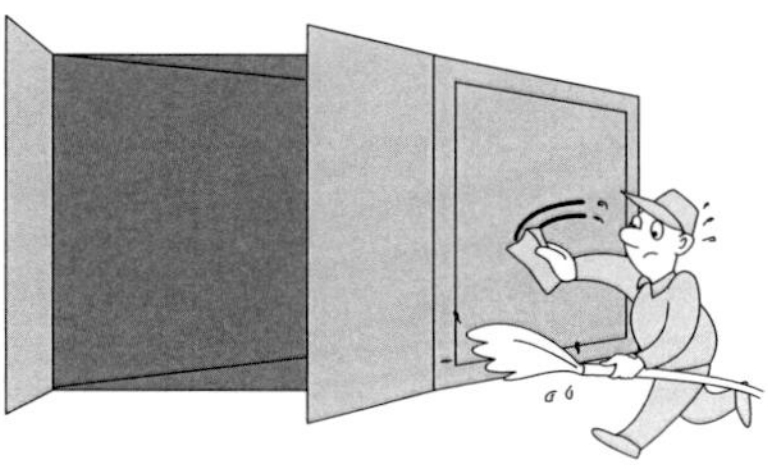

# 第 5 章

# 貿易と保険

# 61 貿易・国際物流におけるリスク

## 最悪の状況を想定して対応！

### リスクの種類

貿易・国際物流に発生するリスクについてまとめておきましょう。まず法的リスクをしっかり予防するように気を配りましょう。

　貿易取引は売買契約、運送約款、倉庫間約款など、さまざまな契約、法律を軸に成り立っています。

　それゆえ、契約条項を誤解したり、きちんと認識していなかったりすれば、それがもとで大きなトラブルが発生しないともかぎりません。

　また、為替リスクにも気をつけなければなりません。建値を外国通貨にすれば、為替の変動で大きな損失を被るリスクがあるからです。円高、円安などの影響で「製品は好調に売れているのに為替で損をしてしまう」という恐れがあるのです。

　有事の発生によるリスクも無視できません。政情不安などが輸出国、輸入国などに発生すれば、貨物が止まってしまうことになります。戦争の勃発、内乱、大規模ストの発生による国政麻痺などにも注意が必要です。

　たとえば、２００９年に従来は国内政情が安定していたタイで突然、反政治デモが発生し、空港などが封鎖されましたが、それによって国際物流も大きな影響を受けました。また、２０１０年に発生したアイスランド火山噴火のように、大きな自然災害で航空貨物がストップしてしまうというような自然災害リスクもあります。

　さらにいえば、空港、港湾、陸送についてストライキが発生し、国際物流が乱れることもあります。

### 貨物輸送リスクに対応

　もちろん、ビジネスリスクの対策も十分に練って

**Point**

- 為替リスク
- 貨物輸送リスク

## リスクの種類

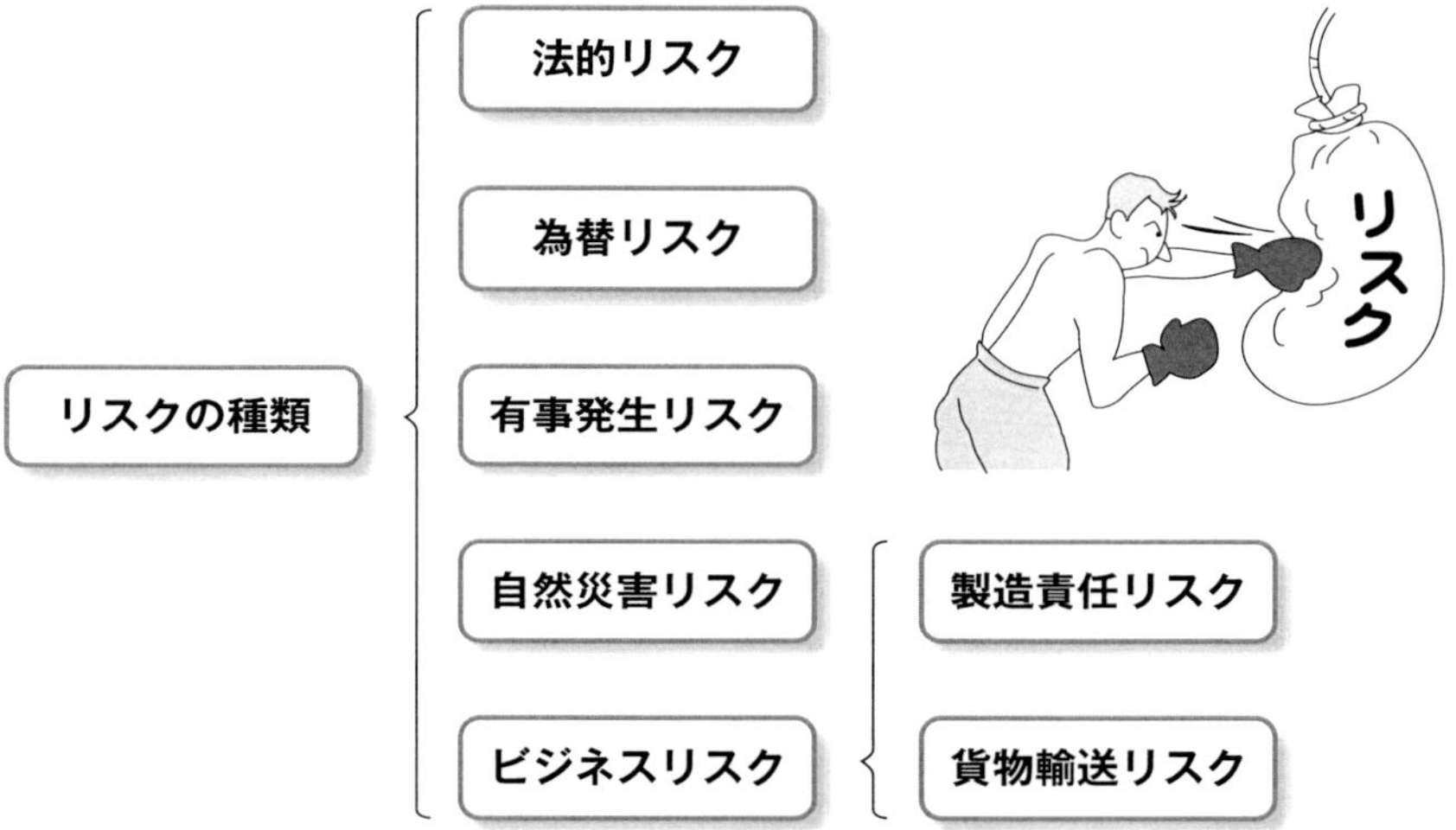


おく必要があります。

取引上の損失、資金の回収不能、品質に対するクレームやトラブルなどをいかに回避していくかを考えておかなければなりません。

製造業では製造物責任リスクについて、十分な認識と理解が必要になります。製品の品質のみならず、表示方法などが不適切、あるいは欠陥があればメーカーに賠償責任が発生してしまいます。

そして国際物流の一連のプロセスのなかで重要となるのが、貨物輸送リスクです。

貨物を積載した船舶、航空機などが沈没、墜落、あるいは大きなトラブルに巻き込まれ、それによって貨物が損傷したり、紛失したりすれば、物理的、金銭的に大きなダメージを受けることになります。また貨物が輸送中に盗難される危険性もあります。

このようなさまざまなリスクのうち、保険でカバーできるものは少なくありません。リスクが少なからず存在すると判断した場合には、保険に加入することでそのリスクの発生に備えることがリスクマネジメントの視点からも望まれることになるわけです。

62

# 海上貨物保険のしくみ

## 保険の種類とてん補範囲

### マリンとノンマリン

　保険は大きく分けて、生命保険と損害保険があります。貿易・国際物流に関係が深い貨物保険などは損害保険の一種となります。さらに実務では貨物保険、船舶保険、運送保険を含めて「マリン」と呼ぶことがあります。ちなみに運送保険は陸送中の貨物の損害を補償する保険ですが、慣例的にマリンと呼ばれます。

　それ以外の損害保険のことを「ノンマリン」といいます。なお、貨物保険は外航貨物保険と内航貨物保険に分けられますが、貿易・国際物流と関係があるのは、外航貨物保険ということになります。

### 保険約款とは

　貨物保険などのマリン、ノンマリンの保険には保険約款が定められています。

　保険約款は貿易・国際物流がワールドワイドで行われることから、国際ルールで記されることになります。

　したがって、英文でイギリス式のやり方が世界標準となっています。イギリスのロンドン保険業界協会（ＩＬＵ）が定めた協会貨物約款（旧ＩＣＣ：旧約款）か新協会貨物約款（新ＩＣＣ：新約款）のいずれかが用いられます。なお、イギリスでは新約款に切り換えられていますが、日本などでは新約款に加えて、旧約款も引き続き使われています。

### てん補の範囲

　海上輸送で生じる損害を「海損」といっています。海損には共同海損、単独海損、追加保険があります。

　共同海損（ジェネラル・アベレージ）とは、関係

**Point**

- 生命保険と損害保険
- 共同海損と単独海損

## 保険の種類

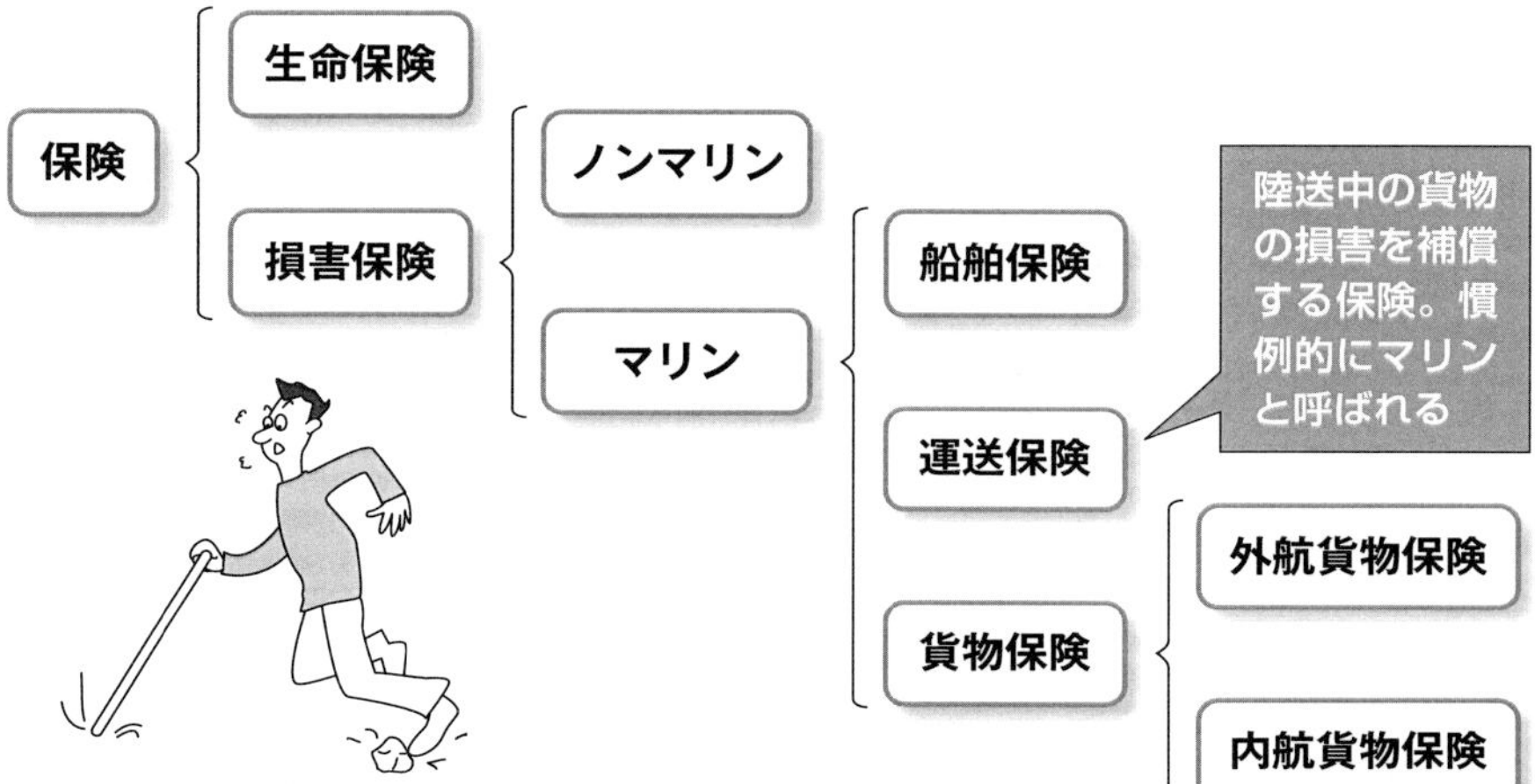


保険はころばぬ先の杖！

者全体の利益のために犠牲にされた損害コストを公平に分担しようという考え方です。たとえば、船で火災が発生した場合を考えてみましょう。貨物に放水すれば船倉を鎮火できますが、その代わり貨物がぬれて大きなダメージを受けてしまいます。しかし、船全体を守るためにその貨物を犠牲にするのは仕方のないことです。こうした状況でその貨物の損失を共同で負担するという考え方が共同海損です。

これに対して単独海損とは、一荷主だけが単独で損害を被るケースを指します。

追加保険とは、戦争やストライキなどのリスクに対するてん補です。戦争に関しては、戦争危険担保約款、同盟罷業暴動騒乱担保約款によりてん補の範囲が定められています。

なお、事故などで発生したすべての経済的損出がてん補されるわけではありません。海上貨物保険にはさまざまな免責条項があります。

免責条項の対象となるのは、貨物輸送の遅延、「わざと貨物を壊す」などの被保険者の不法行為、貨物の梱包不良などです。ちなみに、新ＩＣＣでは船会社の倒産や原子核兵器による損害についても免責となります。

63

# 貿易取引と保険

## 国際物流におけるリスクヘッジ

### 海上保険と航空貨物保険

貿易・国際物流と保険は密接な関係があります。万が一、貨物にダメージが発生した場合、その損失をカバーすることができるからです。海上運送ならば、海上保険、航空運送ならば航空貨物保険をかける必要があります。

保険の契約には、個々の貨物ごとに個別契約を結ぶケースと一定の貨物をまとめて契約を結ぶ包括契約があります。

ちなみに、貨物の明細、数量、輸送手段、保険契約などをすべてはっきりさせて保険契約を結ぶことを確定保険契約といいます。それに対して、契約の内容をすべて確定させなくても保険契約を結ぶことがあります。これを予定保険契約といいます。

輸送期間が比較的、長くなる海上保険では、期間を決めて保険契約を結ぶ期間保険契約と船舶の1航海を単位として契約を結ぶ、航海保険契約があります。「時の流れ」よりも「場所のリスク」がポイントになるともいえます。

また保険期間の始まりと終わりを国際物流プロセスのどこに置くかも重要です。輸出者の倉庫から搬出されてからなのか、本船に積み込まれてからなのかで、事故が発生した際の保険のカバーを輸出者、輸入者のどちらが行うかも異なってくるからです。

### 貿易保険

貿易保険とは、輸出、輸入、仲介貿易、海外投資などの国際取引において発生した資金トラブルや国際紛争、テロなどのリスクを回避するための保険です。海上保険や航空運送保険ではカバーできないリスクをカバーするための保険です。貿易保険法により定められています。

Point

- 確定保険契約
- 予定保険契約

## 貿易保険とは

**貿易保険**

貨物の国際取引において発生した資金トラブルなどのリスクを回避するための保険。海上保険や航空運送保険ではカバーできないリスクをカバーするための保険

貿易一般保険、貿易代金貸付保険、短期限度額設定型貿易保険、前払い輸入保険、輸出保証保険、輸出手形保険など

貿易保険は「独立行政法人日本貿易保険」がその業務を行っています。日本貿易保険がリスクをカバーし、さらにそれを国が再保険を引き受けることでフォローするというかたちがとられています。日本貿易保険は日本企業の海外の取引先の信用調査を行います。各企業の格付けと与信調査・管理を行っています。そして登録された企業との取引について保険を引き受けるわけです。

貿易取引などで相手の危険度を「信用危険」と「非常危険」に分けて、対応しています。

信用危険とは、取引相手の倒産、破産などにより代金などの回収が不可能になるリスクを指します。責任はあくまで先方にあるという危険です。これに対して、非常危険とは当方、先方のどちらにも非がないのにリスクを被ることをいいます。たとえば戦争、大震災などは当事者には、どうにも対応できません。こうしたリスクが非常危険です。

貿易保険によりどちらの危険に対しても金銭的な損害に対してのてん補が行われることになります。なお、貿易保険には、貿易一般保険、貿易代金貸付保険、短期限度額設定型貿易保険、前払い輸入保険、輸出保証保険、輸出手形保険などがあります。

# 64 貿易における保険のポイント

## どこからどこまでの責任を負うか？

### どこまで貨物を負担するか

前項でも少し触れましたが、保険期間の始まりと終わりをどのように設定するかが重要です。海上貨物保険では「どこで事故が発生したか」ということが焦点となります。

事故が発生した場合、輸出側（発荷主）も輸入側（着荷主）もできれば貨物の損傷などの責任を負いたくありません。

そこでポイントとなってくるのがインコタームズとの関係です。保険の適用範囲はインコタームズで定義されている貿易条件によって変わってくることになるからです。

たとえば、FOB（本船甲板渡し条件）の場合、輸出者は、貨物を積み地港の本船までのコストを負担することになっています。したがって、この場合の輸出者の保険の負担もここまでということになります。本船で貨物を引き渡された輸入者は、それ以降のプロセスについて保険をかけてリスクヘッジを行わなければなりません。

また、CIF（運賃・保険料込み条件）の場合は、輸出者は、本船で貨物を積み込んだ後の海上輸送の期間についても保険をかけなければ損害を受けるリスクが出てくるわけです。「どこで貨物を引き渡すか、どこまでの運賃、コストを負担するのか」ということが保険料の支払いと緊密な関係を持つことになるのです。

保険との関係を考えながら貿易条件を決めることが重要になってくるわけです。もっとも、保険の適用範囲については、海上保険でカバーし、仕向地サイドと陸揚地サイドの双方で陸送などの保険をつけるというやり方も可能です。ただし、海上保険の適用範囲を広げることで、包括的にカバーする方が、

Point

- 保険の適用範囲
- 倉庫間約款

**保険の適用範囲とインコタームズとの関係**

**保険の適用範囲** ⟷ **インコタームズ**

保険の適用範囲はインコタームズで定義されている貿易条件によって変わってくることになる

ただし、海上保険の適用範囲を広げ、包括的にカバーする方が、余計な負担を負わずに済む点も留意する必要がある

余計な負担を負わずに済むことになります。

なお、最終陸揚港での本船荷下しの完了の保険期間は60日が限度となっています。航空機の場合は30日です。

## 倉庫間約款とは

倉庫間約款（倉庫間危険担保特別約款：W／W、ウエアハウス・ツー・ウエアハウス・クローズ）について、理解しておきましょう。倉庫から倉庫までの区間の保険適用のために定められた約款のことです。

国際輸送される貨物は、まず向け地の倉庫から搬出されます。そしてそれから輸入者の指定する倉庫などに搬入されることになります。倉庫間約款とは、その際の仕向地の倉庫から荷揚げ地の倉庫について、輸出者が貨物保険の責任を負うということについてのものです。

たとえば、CIFなどでは積み地側倉庫の搬出から揚げ地側倉庫までが適用範囲となります。どこからどこまでの保険責任が付与されているのかをしっかり把握して、貨物の損害などが発生した場合に迅速に対応できるように心掛けることが重要になってくるのです。

# 65 海上貨物に想定される損害

## コンテナの修理・保全で対応

### 貨物ダメージの種類と防止策

貨物に損傷が発生した場合、保険によりカバーすることができるようにすることは、きわめて大切なことです。しかし、貨物のダメージによる損害のすべてを金銭で解決できるわけではありません。同等の製品を再出荷する必要が出てきたり、修理に時間を要さなければならなくなったりするかもしれません。大きなタイムロスが発生することになるわけです。無論、そうなれば納期遅れなどのために取引先の信用を失うことにもなりかねません。

したがって保険をかける以前の問題として、貨物に関するさまざまなリスクについて十分に配慮する必要があるのです。この点をふまえて、海上コンテナ貨物に発生すると思われる損害を整理しておきましょう。

まず考えられるのがコンテナのピンホールなどが破損することにより、内部に雨や海水などが入り込む「ぬれ損」です。また、コンテナ内部がきちんと掃除されて清潔に保たれていないと、内部の貨物が汚染されたり、汚損したりする恐れもあります。ただし、こうしたリスクは、コンテナの保全・修理など、メンテナンスをしっかりすることで回避することができるはずです。なお、海水ぬれ損と雨・淡水ぬれ損ではてん補の範囲が異なるので注意しましょう。

製品が輸送中に破曲したり、擦れてキズなどがついてしまったりすることもあります。こうしたケースの多くはコンテナ内の積み付けがしっかり行われていなかったり、個品単位の包装が不適正であったりしたために生じた可能性が高いといえましょう。

過剰包装となることは回避したいところですが、積載効率を十分に意識したうえで、国際輸送の際の

Point
- ぬれ損と汗ぬれ損
- 除湿装置付きコンテナ

## 主な損傷の種類

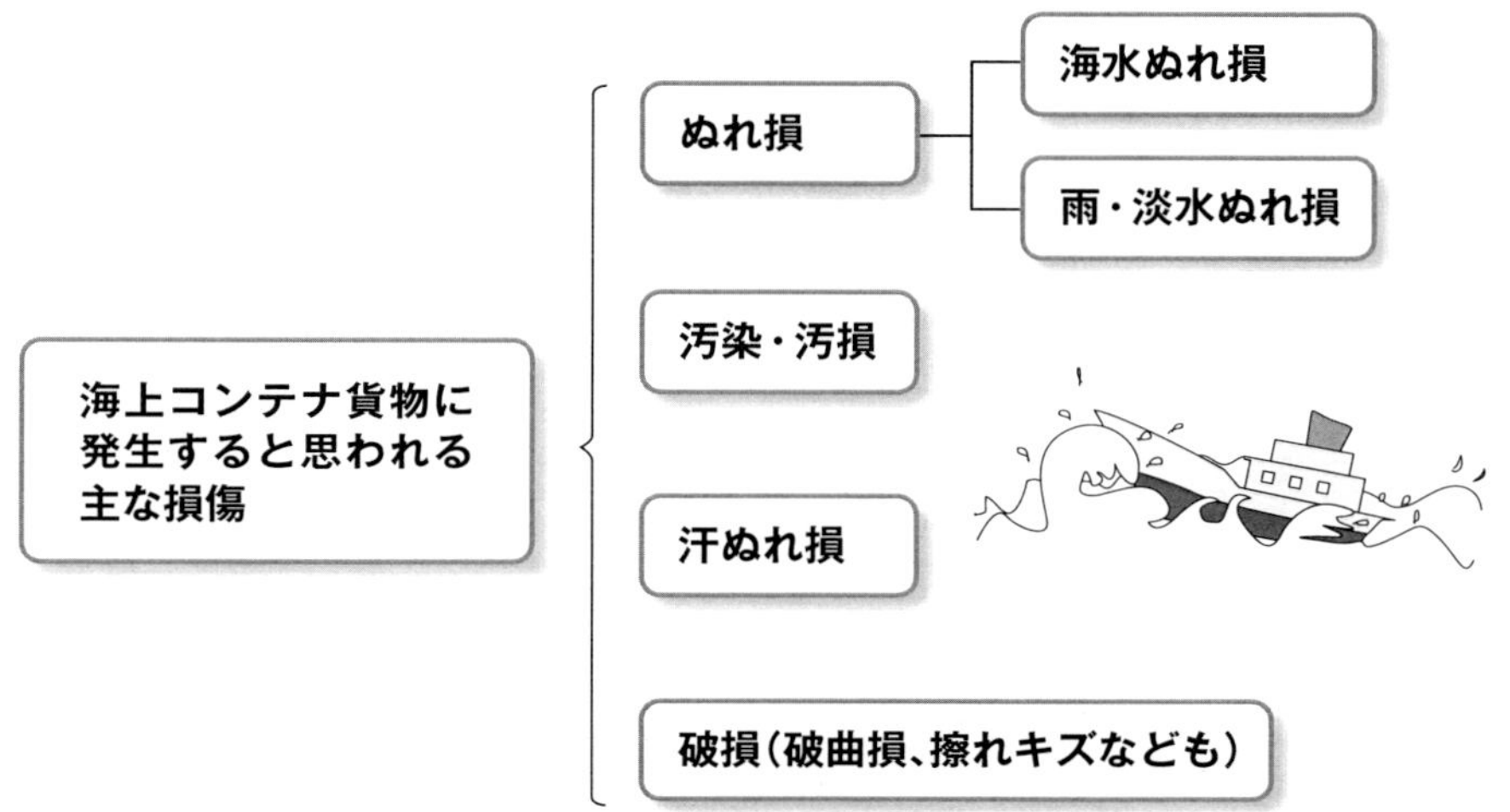


さまざまな衝撃に耐えられる個品包装としっかりとしたコンテナ内の貨物の積み付けを行う必要があります。

さらにいえば、コンテナへの貨物の積み込み、積み卸しなどに際して、荷役作業が過度に荒っぽかったり、拙劣《せつれつ》であったりすれば、貨物がダメージを受けるリスクが高まります。海外の場合、日本と荷役のやり方、考え方などが異なることもありますが信頼のできる業者に相談してそうしたリスクも少なくしておきたいところです。

「汗ぬれ損」に対する防止策も練っておいたほうがよいでしょう。汗ぬれ損とは輸送中に外気の温度の変化などが原因でコンテナの内壁に結露が生じて、それが貨物に損害を及ぼすという現象です。貨物自体の性質が結露を誘発するというケースもあるようです。除湿装置付きコンテナや通風式コンテナなどの活用で、予防措置をとるようにします。

また、輸送の遅延により貨物に損害が発生することがあります。たとえば野菜、生花などの輸送の遅れで腐敗などが発生する場合です。遅延が運送企業の責任ならば運送企業が賠償することになります。

# 66

# リスク回避が難しい貨物のダメージ

## 偶発性の高い事故も考慮！

**荒天、海難事故など**

ぬれ損、汚損、破曲損などは、コンテナの入念なケア、修繕・保全、荷役作業の高度化などを進めることで防止することが可能となります。しかし、防止の難しい損害もあります。

それは発生が偶発的でその予想が困難なトラブルなどです。たとえば、荒天に遭遇し発生する海上貨物の波ざらいや海上火災などの本船事故は、十分な注意を払っても、それを絶対的に防げるということはありません。思わぬ損害のリスクを常に念頭に置いておかなければなりません。

また、冷凍コンテナの場合、冷凍装置が故障するというトラブルに見舞われれば、貨物の中身が解凍し、その結果、大きな損害が発生するということも考えられます。冷凍コンテナの貨物は、比較的、高額なものとなる傾向があるため、1事故当たりの損害金額も高くなることが少なくありません。入念なメンテナンスが求められるわけです。

航空貨物についても同様に事故などが偶発的に発生した場合のリスク対策、事後の対策などをしっかりと立てておく必要があるでしょう。

**抜荷、不着、盗難などのリスク**

また、リスクを回避することは不可能ではありませんが、入念な対策が必要な損害もあります。

抜荷とは、コンテナなどから貨物の一部を抜き出し、持ち去る犯罪です。そうした犯罪は本来、決してあってはならないものですが、海外のモラルの低い一部の国で発生するリスクが少なからずあるといえるわけです。

そこでコンテナシールはそうした抜荷を防ぐ目的で導入されています。貨物のバンニングのあとに

**Point**

- 抜荷
- コンテナジャック

### 予想が困難なトラブル

**偶発的で予想が困難なトラブル**

- **海上貨物の波ざらい**
- **海上火災などの本船事故**
- **冷凍コンテナの装置故障**

は、必ずコンテナシールで封をすることになります。ボルトシールという切断するには専用の工具が必要なシールが用いられることもあります。

国際輸送ルートの選定に際して、トラブルが発生しそうなルートを調査し、可能な限り回避するということが、抜荷防止の最善策とも思えます。各国港湾の荷役状況、労働環境などはもちろんのこと、カントリーリスク、国内治安状況などについて十分に把握しておくことが望ましいでしょう。

コンテナから荷の一部を抜くのではなく、コンテナごと盗難されるという「コンテナジャック」のリスクも考えておかなければなりません。海外ではコンテナがシャーシー（車台）に載せられたまま、貨物ジャックされるケースも報告されています。もちろん、コンテナジャックが発生すれば、運送会社は貨物を目的地に届けられなくなるわけですから、貨物は不着ということになります。

特定の商品の価格が高騰したり、品薄状態に陥ったりしたために、コンテナジャックなどの事故の被害が発生しやすくなるということもあります。

# 67 貨物保険のしくみ

## 補償や副担保に必要！

### 貨物保険の機能

損害保険には経済的な損失が発生した際にその損害を埋め合わせるという機能があります。これは補償機能と呼ばれています。そして貨物保険もそうした損害保険の一種なのですが、通常の損害保険にプラスするかたちで、担保的な役割も果たしています。

貿易においては、船荷証券などの船積書類が荷為替手形の担保となり、銀行に提供されます。

しかし、荒天遭遇などで海難事故が発生し、貨物が全損となってしまった場合には船荷証券や荷為替手形を持っていても銀行は損害をカバーすることはできません。けれども銀行は船荷証券などに加えて保険証券を副担保として押さえていれば、保険金を請求することができるのです。

### 保険証券のしくみ

貨物保険に使われる保険証券は英語で書かれた英文証券となります。そしてその証券の形式と約款はイギリス式を踏襲しています。先にも述べた通り保険証券は副担保としても機能するので、裏書きすることで他の船積書類と一緒に輸入者などに譲渡することが可能です。

また、貨物保険の保険証券は信用状に発行通数が指定されています。それぞれの証券には原本（original）、副本（duplicate）と印刷されています。2通発行されるのが普通です。それ以上、発行されることもあります。これは船積書類の一部として荷為替手形の作成のときに必要となるからです。船積書類の一部としての機能があるわけです。もちろん、保険証券があることで、貨物保険が成立していることが証明されます。そのための重要な証拠書

**Point**

- 損害保険
- 保険料請求書

## 保険証券の機能

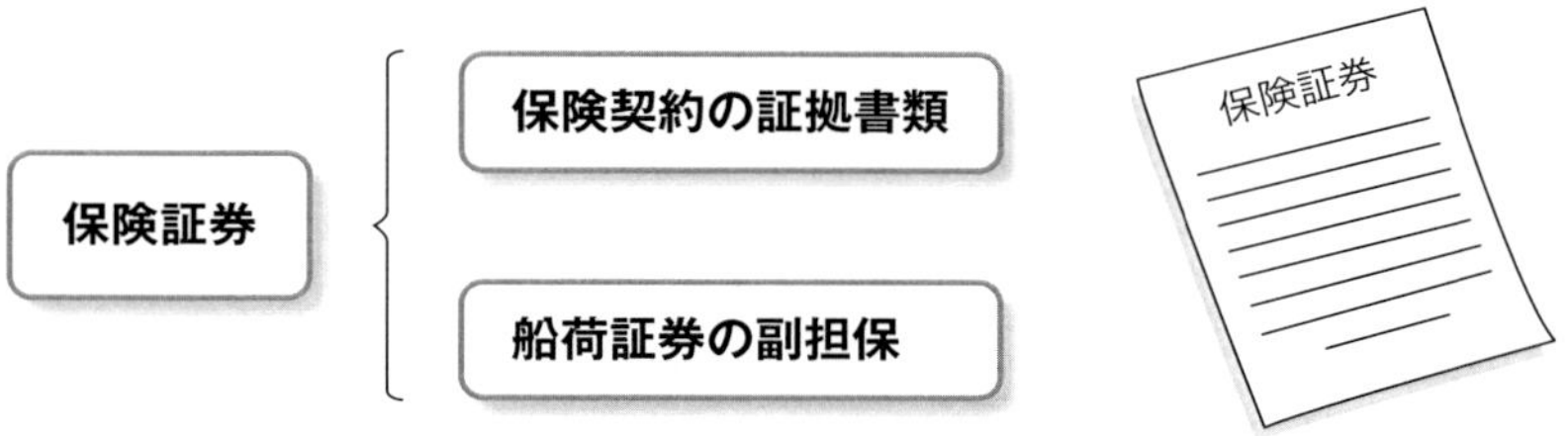


輸出手続きに際しては、通常、2通発行されるが、
場合によってはそれ以上、発行されることもある

**保険金額**　**CIF価額をベースに希望利益を加算して算定**

類となっています。

ちなみに、保険金額は貨物の価額だけではなく、ＦＯＢ（本船甲板渡し条件）価額、ＣＩＦ（運賃・保険料込み条件）価額など、さまざまなパターンがあります。ただし、ＣＩＦ価額をベースとして考えられることが多いようです。

輸出する場合、ＣＩＦ価額をベースに希望利益を加算して保険金額を算定します。希望利益とは貨物が無事に到着した場合に輸入者が得られることを期待する利益のことです。たとえば輸入者がその貨物を転売などすることで10％の利益を得ることを期待するならば、その10％を希望利益として保険金額に上乗せするのです。

なお、保険証券が手元に届いたら、必ず内容をチェックするようにしましょう。保険金額（Amount Insured）、保険金支払地（Claim, if any, payable at/in）、保険条件（Conditions）、貨物（Goods and Merchandises）などについて、きちんと目を通すようにします。また、保険証券と同時に保険料請求書も届けられるので、こちらも確認を怠らないようにしましょう。

# 68 貨物保険が支払われないケース

## 保険条件とてん補の範囲

### 分損不担保とは

貨物保険でカバーできる範囲を考えるうえで、ＦＰＡ（旧約款：分損不担保）という保険条件をまずはしっかり理解しておく必要があります。ＦＰＡは、ＩＣＣ（Ｃ）（新約款）に対応します。分損とは貨物の一部に損害が発生したことをいいます。ＦＰＡとは全損ならば保険金が支払われるけれども、分損では保険で網羅できないということです。

ただし、特定分損といわれる特定事故についての損害に対しては保険金が支払われます。具体的にいうと、全損に加え、積込み、積替え、荷卸しなどのときに生じた貨物の荷造り単位での全損、船舶あるいははしけの座礁・沈没・火災による当該貨物の分損、火災・爆発・船舶間の衝突などによる分損、荷卸しに起因する避難港における貨物の消滅や損傷、中間の寄港港や避難港における陸揚げ、保管、継送のための費用などがてん補の範囲となるのです。

ＦＰＡでカバーされる貨物は石炭、鉄鉱石、スクラップ、石材などのバラ積み貨物が中心になります。貨物の特性によってはＦＰＡをベースに付加リスクを追加して契約することもあります。

なお、ＦＰＡでは雨ぬれ損、あるいは淡水ぬれ損はカバーできますが、潮ぬれ損はカバーされません。雨でバラ積み貨物がぬれて、損害を被った場合はてん補されることになっても、ハッチカバーなどの隙間から海水が浸入するかたちで発生する潮ぬれ損などについては対象とはならないわけです。

### ＷＡとオールリスク

そこで潮ぬれ損のリスクをカバーするためにはＷＡ（旧約款：分損担保）、ＩＣＣ（Ｂ）（新約款）で対応します。ＷＡはＦＰＡに加えて潮ぬれ損もカ

**Point**

- 分損不担保と分損担保
- オールリスク

## オールリスクとは

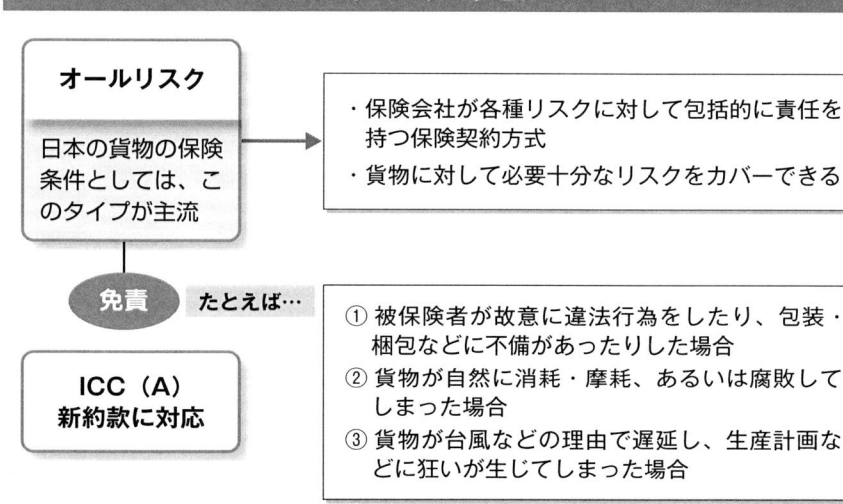

**オールリスク**

日本の貨物の保険条件としては、このタイプが主流

→

・保険会社が各種リスクに対して包括的に責任を持つ保険契約方式
・貨物に対して必要十分なリスクをカバーできる

**免責**　**たとえば…**

① 被保険者が故意に違法行為をしたり、包装・梱包などに不備があったりした場合
② 貨物が自然に消耗・摩耗、あるいは腐敗してしまった場合
③ 貨物が台風などの理由で遅延し、生産計画などに狂いが生じてしまった場合

**ICC（A）**
**新約款に対応**

バーできる保険条件です。また、WAやFPAといった基本条件に付加危険を追加することも可能です。たとえば貨物の取扱いの際の不注意などで生じた汚損、破損、さび損などの損害を考慮して保険条件を組み替えていくのです。

もっとも、それぞれの貨物特性、物流特性などを考慮しながら担保リスクを検証していく時間や手間をかけたくないという場合、オールリスクという契約方式をとることも可能です。オールリスクは、ICC（A）（新約款）に対応します。

我が国の貨物の保険条件としては、このタイプが主流といえましょう。ただし、オールリスクの場合でも、免責はあります。被保険者が故意に違法行為をしたり、包装・梱包などに不備があったりすれば、保険会社は免責を主張するでしょう。また、貨物が自然に消耗・摩耗、あるいは腐敗してしまった場合なども免責になります。

貨物が台風などの理由で遅延し、たとえ生産計画に狂いが生じても貨物保険ではカバーできません。遅延が運送会社の責任である場合は保険会社ではなく、運送会社と話し合って、問題を解決することになります。

# 69 貨物保険の契約

## 国際物流コストにも影響！

### 保険料見積書の内容

これまでとは異なる製品など、新たな貨物の輸出入を開始する場合、保険会社に保険料を見積ってもらう必要があります。一般に保険料見積書（マリンクォーテーション）の英文書式に沿って、見積りが出されます。

保険金額（Amount）はCIF（運賃・保険料込み条件）価額に10％プラスとなります。

輸送用具（Conveyance）を書き込む欄には「協会船級約款の規定に合った船」という意味になるApproved Vesselと表示されています。協会船級約款（インスティテュート・クラシフィケーション・クローズ）で定められているロイズ船級協会などの10カ国の船級協会のクラスの船を意味します。

日本の場合は日本海事協会の定める該当クラスがあります。こうした船級を持っていない船のことをUnclassed Vesselといいます。リスクが高いと判断され、保険料が割増しとなります。

定期船以外で船齢が16年以上などの老齢船、1000総トン未満の小型船、はしけなどの動力を持っていない船などが該当します。保険料も割増しになります。なお、具体的な船名がわかる場合にはその船名が記載されます。

条件・料率（Condition and Rates）には、たとえば「オールリスク」などの条件が記載されます。貨物保険の申し込みは外航貨物海上保険申込書（カーゴ・アプリケーション）の書式に沿って、申込者が記入、署名、捺印して保険会社や代理店に提出します。被保険者名（Assured）、インボイス番号、保険金額、保険条件、輸送情報、貨物表示欄などがあります。急ぎの場合は直接、保険会社に電話して受け付けてもらうこともあります。

Point

- 保険料見積書
- 外航貨物海上保険申込書

**保険料見積書の作成**

保険金額はCIF（運賃・保険料込み条件）価額に10%プラス

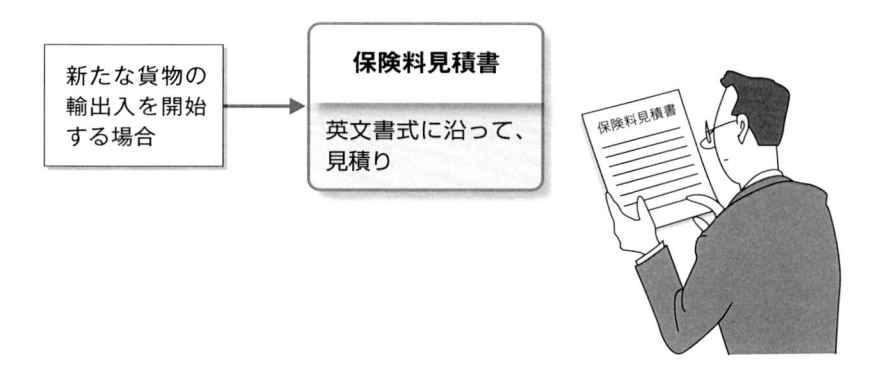

新たな貨物の輸出入を開始する場合 → **保険料見積書**
英文書式に沿って、見積り

ちなみに、輸入申告の際に納付する関税、消費税などの輸入税の保険も必要に応じてつけておくか、輸入税を考慮して保険金額を多めに設定しておくこともあります。そうしておけば輸入通関後に貨物が盗難、火災などで全損になった場合などにすでに支払った輸入税についても保険でカバーできるようになるからです。

## 輸送用具の確認

貿易条件がＣＦＲ（運賃込み条件）で輸入する場合、保険料は輸出者ではなく、輸入者が負担することになります。したがって、輸出者にとっては保険料が高いか低いかは、気にならないケースが少なからずあります。

それゆえ、輸出者が輸送コストの節約を図り、老齢船などを使用することがあります。しかし、そうなれば輸入側は割増しの保険料を負担しなければなりません。

こうした事態が発生することを避けるために、輸入者は輸出者がどのような船を使用するのか、それがApproved Vesselなのかどうかを売買契約を結ぶ段階できちんと確認しておく必要があります。

70

# 保険金請求に必要な書類と手続き

## 万が一の損害に対応！

### 保険会社のサーベイ

万が一、事故が発生し、保険金を請求する必要が生じた場合、その手続きをしなければなりません。

輸入貨物に問題が生じていることが発覚したら、まずはクレーム手続きをとることになります。保険会社が用意したフォームを用いて、輸入貨物の引取り後、できるだけ早く輸入貨物事故報告書を作成しなければなりません。保険証券の番号、輸入貨物、輸送用具、事故発生年月日、損害の概要及び損害見込金額などを記入します。具体的な損傷部分の写真、デバンニングレポートなども参考資料として添付することになります。

そして報告書の提出後、保険会社が事故貨物の立会い検査を行うことになります。また、海難事故などの場合は情報を船会社などから入手次第、保険会社にすみやかに連絡をとるようにします。

連絡を受けた保険会社はサーベイ（検査）を行います。サーベイにはダメージサーベイとハッチサーベイがあります。ダメージサーベイとは貨物の損傷の状況や程度の調査です。損害の状態や原因を調べ、保険期間中に発生したダメージなのかどうかをチェック、確認します。

さらに保険会社は貨物の損傷具合をたんに検査するだけでなく、輸入穀物などのバラ積み貨物の損害など、必要に応じて、荷卸し前の本船内の状況などもチェックします。これをハッチサーベイといいます。積載貨物全般の損害状況、積み付け状況などに加え、場合によっては航海日誌なども確認します。

なお、保険のクレーム（賠償の請求）は原則的に輸入者の問題です。しかし、輸出者に対して輸入者からクレームが来ることもあります。

たとえば貨物の梱包が不十分であったりすれば、

**Point**

- ダメージサーベイとハッチサーベイ
- シッパーズクレーム

**事故の発生から検査までの流れ**

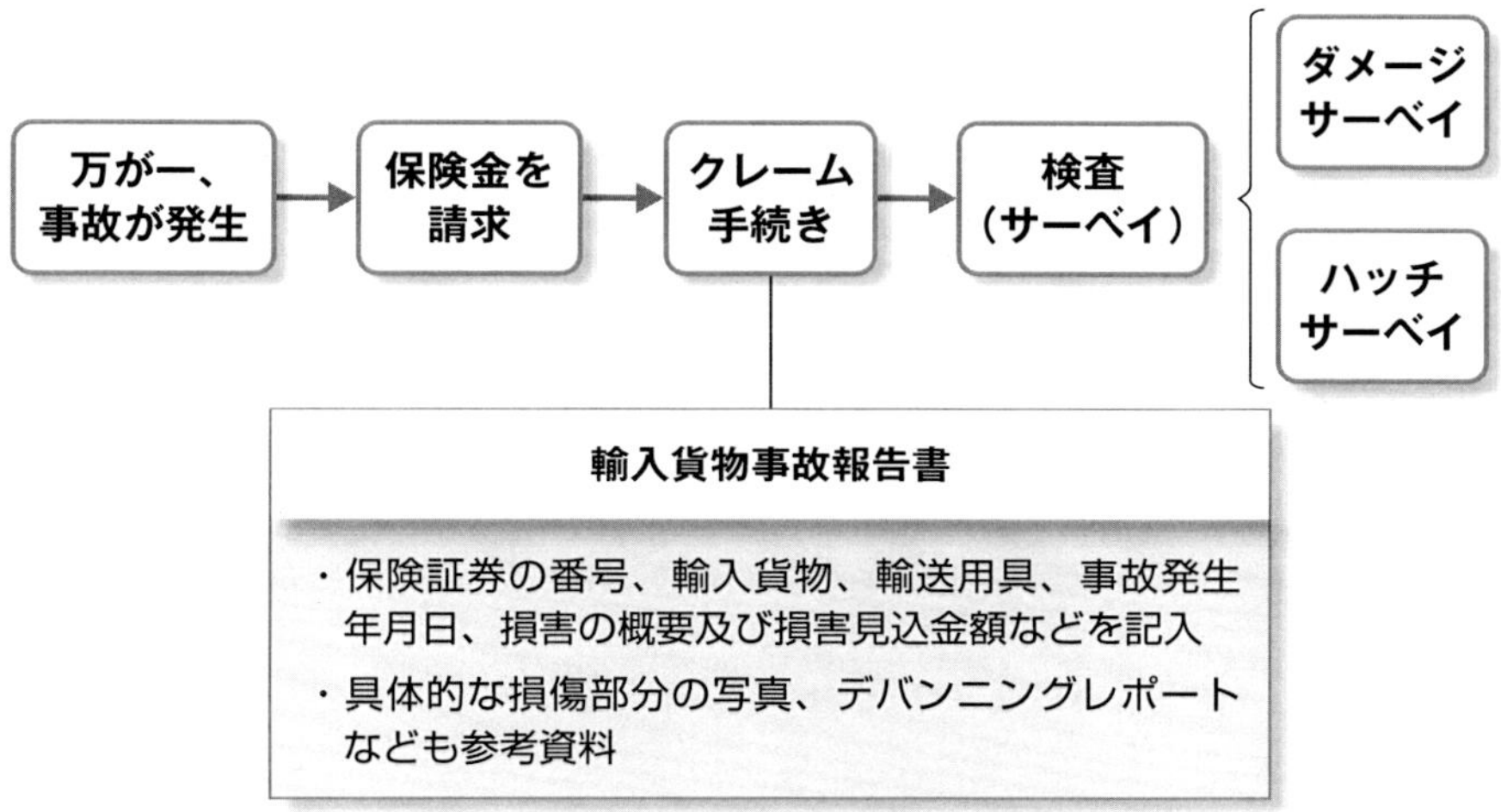
万が一、事故が発生
保険金を請求
クレーム手続き
検査（サーベイ）
ダメージサーベイ
ハッチサーベイ
輸入貨物事故報告書
・保険証券の番号、輸入貨物、輸送用具、事故発生年月日、損害の概要及び損害見込金額などを記入
・具体的な損傷部分の写真、デバンニングレポートなども参考資料

保険会社は保険金を支払いません。貨物の損傷の責任は発荷主である輸出者にあるのです。こうしたクレームをシッパーズクレームといいます。輸出者の立場からすると、きちんと梱包を規格通りに行ったかどうかを写真に撮るなど証明できるかたちで残しておく必要があることもあるわけです。

## 保険金の請求

保険金の請求には保険証券、インボイス、船荷証券のコピー、デバンニングレポート（あるいはボートノート）、サーベイレポートなどが必要になります。貨物の構成が複雑な場合は梱包明細書のコピーなども保険会社に提出します。さらに航海中に貨物が全損になった場合などには、船荷証券のオリジナルを提出することになります。また、サーベイレポートにはサーベイ料金の領収書を添付して保険請求額にプラスします。

そのほかに、貨物が量的損害を受けたならば重量証明書、海難事故が発生した場合は海難報告書、さらには損傷状況によっては、本船の船倉の貨物の積付図、修理費などの明細書、輸入申告書などを用意しなければならないこともあります。

# 71 ＰＬ保険とは

## 製品についての損害賠償に対応！

### 製造物責任は輸入者にもある

製品の製造者は自社の製品に欠陥などがあり、そのためにユーザーが事故などに巻き込まれた場合、賠償責任を負わなければなりません。こうした責任のことを製造物責任（ＰＬ：プロダクト・ライアビリティ）といいます。さらにいうとＰＬは製造業のみならず製品の輸入者も負うことになります。

すなわち、製造、加工、輸入などにより引き渡した製品に欠陥があり、そのために第三者の生命、あるいは身体や財産を侵害した場合には、たとえ過失がなくても賠償する責任が生じるのです。これは製造物責任法（ＰＬ法）により定められています。もちろん賠償の負担は大きく、場合によっては以後の企業活動に多大な影響が発生することにもなるでしょう。

そこでそうした企業のリスクを回避するために設けられた保険がＰＬ保険です。ＰＬ保険には国内ＰＬ保険と輸出ＰＬ保険の2種類があります。国内ＰＬ保険は、製造業のみならず、輸入業者も加入します。これは輸入者が製造物責任を負うケースがあるからです。たとえ小規模な個人レベルの輸入でもＰＬは発生するのです。

たとえばある製品に欠陥があることを知らずに輸入しても、第三者がその製品により損害を受けた場合には、被害者に対して損害賠償を行わなければならないのです。

### 輸出の際の対応

メーカーなどが輸出した製品で海外の消費者などが損害を受けた場合、輸出生産物賠償責任保険（輸出ＰＬ保険法）に加入します。メーカーが商社などを経由して輸出を行う場合も保険契約を結ぶことが

**Point**

- 製造物責任
- 国内PL保険と輸出PL保険

### 製造物責任とPL保険

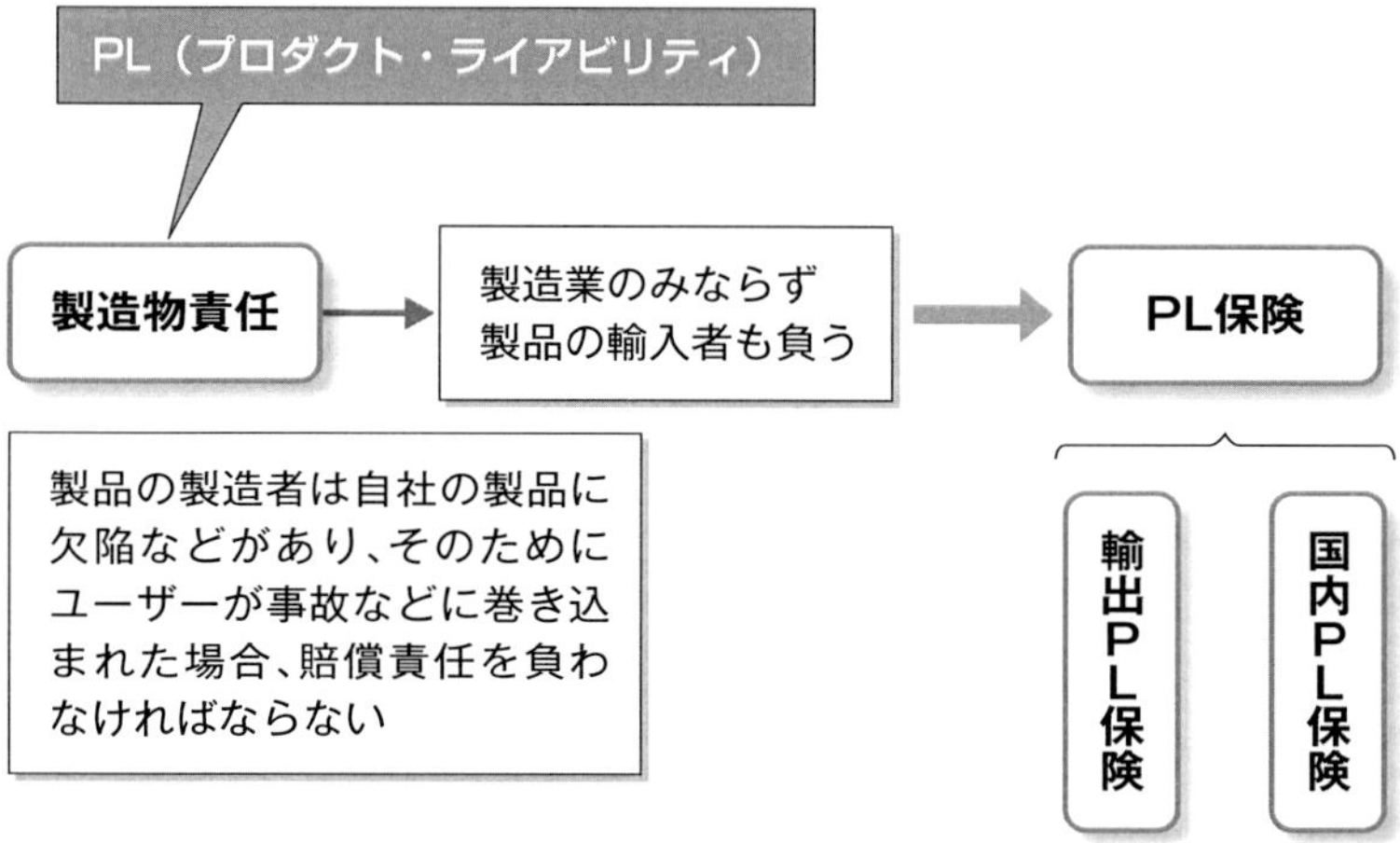
PL（プロダクト・ライアビリティ）
製造物責任
製造業のみならず
製品の輸入者も負う
PL保険
製品の製造者は自社の製品に欠陥などがあり、そのためにユーザーが事故などに巻き込まれた場合、賠償責任を負わなければならない
輸出ＰＬ保険
国内ＰＬ保険

可能です。

輸出ＰＬ保険は国内の保険会社と契約するのが一般的です。ただし、輸出先の保険会社と契約を結ぶこともあります。自国保険主義を採用している国の場合です。自国保険主義とは「保険は輸入国の保険会社と保険契約を結ばなければならない」という方針をとっている国のことをいいます。

米国などで製品の欠陥が原因で大きな事故が発生した場合などは、莫大な賠償金が要求されることが少なくありません。輸出ＰＬ保険に加入しておくことで、訴訟費用、弁護士費用などをカバーすることが可能になります。ちなみに加害行為がきわめて悪質な場合などに認められる高額な「懲罰的損害賠償」については、免責となるのでＰＬ保険で対応することはできません。

また、リコール、公害リスク、瑕疵担保責任などについても免責となります。さらにいえば製造物によっては、特別の免責条項が設けられていることもあるので確認するようにしましょう。

なお、ＰＬ保険の期間は1年単位ですが、保険の対象となるのは事故などが発生した時期ではなく、保険期間中にクレームを受けたものとなります。

COLUMN

# 海上保険の歴史

保険の歴史は古代バビロニアまでさかのぼれるとされています。

紀元前850年前後には海上国家として栄えたカルタゴで、地中海貿易の際に「冒険貸借」という現在の海上保険の類のものが現れたということです。これは海運業者、貿易業者などが貨物、船舶などを担保にして金融業者からお金を借りて貿易航海が無事に終われば、そのお金に利子をつけて返済するというしくみです。なお、当時の利子は航海の危険性を考慮して現代から見ればかなり高く、30%前後あったといわれています。

ただし、この時代には貨物保険、あるいは船舶保険といった細かい概念は存在しませんでした。

13世紀になってローマ教会が利子をとることを禁止すると、冒険貸借は廃止されました。その代わりに手数料をとり、海難事故などが発生した際の損害賠償金を支払うという海上保険制度が生まれました。最初の海上保険証券は1379年にピサで作成されたものといわれています。

17世紀になると、イギリス人のエドワード・ロイドが開店したコーヒーハウスに多くの海運関係者が集まり、やがてそこが海上保険の取引の中心的な場所となりました。そしてその流れから現在でもロンドンが海上保険の世界的な中心地となっているのです。

# 第6章

# 国際物流と貿易

72

# これからの貿易と国際物流の関係

## 取引の流れとモノの流れの分離

### 経済のグローバル化が追い風

経済のグローバル化が発展すればするほど、世界貿易の規模も大きくなります。それにしたがって、国際物流の重要性も高まってきます。

国際分業制度が確立されている現代社会では、消費者は必要な商品を自分で生産するわけではありません。近年はそれがワールドワイドで進んでいます。同時に世界規模での生産者（輸出者）と消費者（輸入者）の情報共有の徹底も進めていかなければなりません。生産者がいつ、どこで、どのように製品を生産するかという情報をユーザーである輸入者もリアルタイムで知っていることが求められるようになっているのです。

さらにいえば経済のグローバル化の流れのなかで、在庫削減を世界的な視点で考えるという傾向が強まっています。ウエブを活用してのグローバル在庫管理システムの構築なども推進されています。

人件費も保管費も高い日本での在庫保有を可能な限り避け、グローバル在庫を効率的に保有する方策を考える必要があるわけです。

ただしリードタイムは長くなりますので、在庫計画はこれまで以上に緻密に構築する必要があります。

### 貿易取引と国際物流の分離

たとえば欧米企業などから日本向けに商品を輸入する場合、「商取引は日本企業と輸出国の企業が行うが、商品は中国などの別の生産地から日本に入ってくる」という状況が想定されます。欧米のオフィスで商談が進む一方、商品は中国から日本へ送られるといったかたちになります。貿易取引（国際商流）と国際物流が分離されているのです。

Point
- 国際分業制度
- グローバル在庫管理

**経済のグローバル化と国際物流領域の拡張**

経済のグローバル化 → 国際分業制度の高度化・広範化 → グローバル在庫管理の必要性増大

生産者がいつ、どこで、どのように製品を生産するかという情報をユーザーである輸入者もリアルタイムで知っていることが求められる

中国　日本　米国
工場　輸入者　　商談 貿易取引

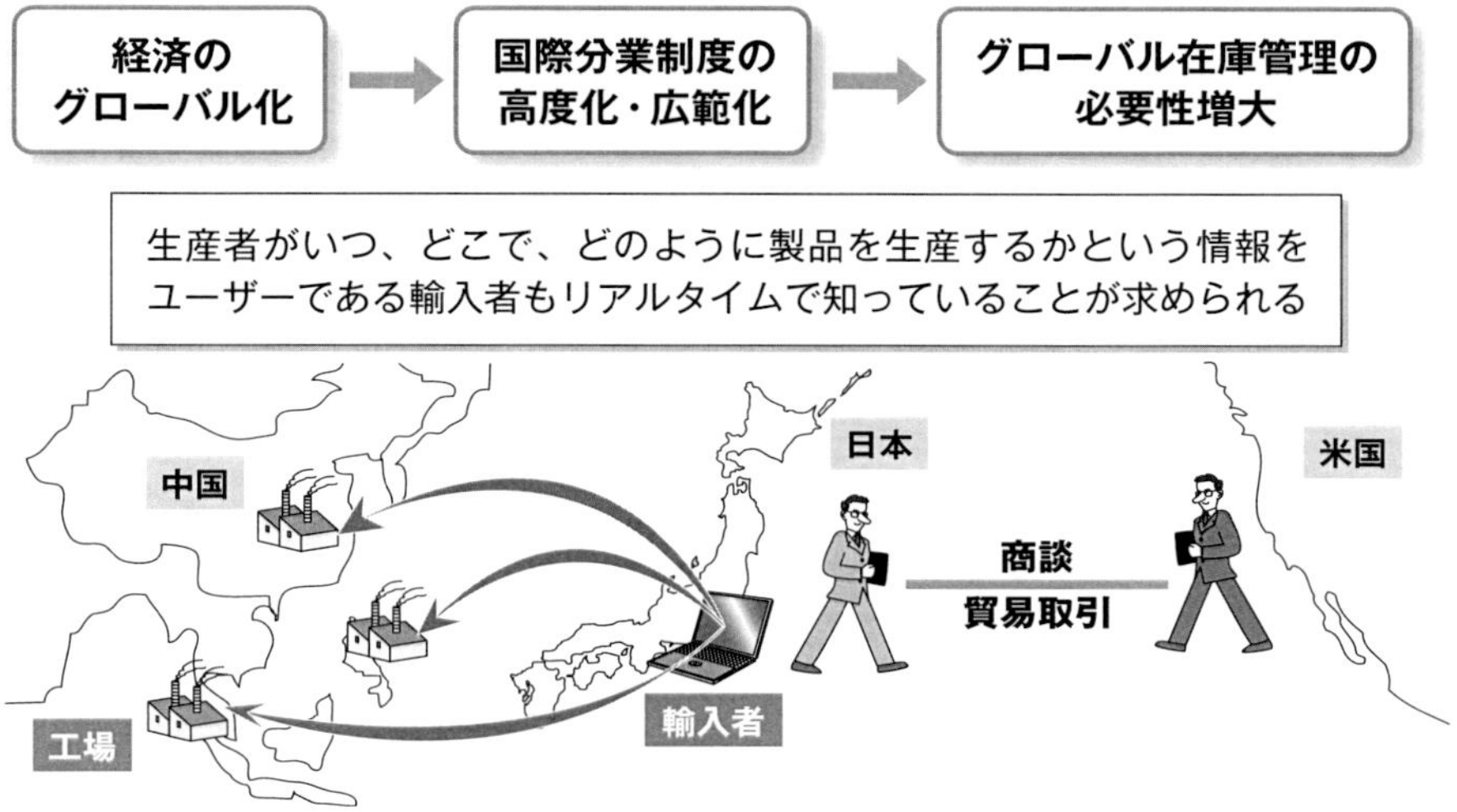


グローバル在庫管理もこの状況に見合ったかたちで行われることになります。中国の工場で生産された商品は中国国内の物流センターで保管されています。そして日本からの発注により中国国内の物流センターから日本に向けて空か海かどちらかを用いて輸出されます。日本の空港、あるいは港湾を経由して通関業務を済ませた商品は日本国内の物流センターや販売拠点に運ばれます。

もちろん、日本の物流センターを経由しないで中国の工場から日本国内の物流センターなどに直接、輸送するといった選択肢もあります。ただしこの場合、いったん日本国内に持ってきた商品を返品などで再び中国に送り返すのは相当な手間がかかることもあります。

できれば中国の物流センターで在庫を持ち、「日本国内の需要を的確に把握したうえで輸出する」というプロセスをとるほうが望ましいのです。

「中国はたんなる生産拠点なのだから在庫は日本に輸入してから管理する」という姿勢では、過剰な在庫を抱えることになります。また、過剰な在庫を廃棄処分にする場合でも中国などのほうがコスト安というケースも少なくありません。

# 73

# 中国貿易・国際物流への対応

## 重要性を増す中国との関係

### 中国での加工

我が国と中国との製造業、小売業などとの関係はますます緊密化しています。それにしたがって、中国貿易・国際物流への理解もこれまで以上に求められてきています。

「世界の工場」となった中国では工業製品などの輸出の促進という視点から、貿易・国際物流に対する重要性がますます高まろうとしています。貿易については、たんに日本に製品を輸出するだけではなく、輸入貿易、仲介貿易も増えています。

そして、我が国と中国の関係を考えると、委託加工貿易を無視することはできません。

委託加工には来料加工と進料加工があります。来料加工とは我が国の加工委託会社などが原材料を中国の加工企業に提供して、中国で加工後、日本に再輸出されるというパターンです。進料加工とは原材料を保税輸入して加工する形態です。ただし原材料の輸入や製品の輸出は有償となります。

なお、来料加工、進料加工のいずれについても保税転売（保税転送、深加工結転）を行うことがあります。保税転売とは保税区域で加工された半製品などを書類上は再輸出しますが、実際はそのまま中国で再加工するというものです。

### 中国税関のしくみ

中国の輸出入通関はＥＤＩ（電子データ交換）の導入が進んでいます。ペーパーレス通関制度が導入され、オンライン電子申告を電子審査するかたちで輸出も輸入も行われています。

中国税関は企業をＡ、Ｂ、Ｃ、Ｄに格付けしています。Ａに分類される企業は大企業が多く、税関の審査などに合格する必要があります。優良企業にリ

**Point**

- 委託加工貿易
- ペーパーレス通関制度

**日本と中国の貿易**

ストアップされると、税関手続きでさまざまな優遇措置がとられます。

しかし逆にDランクの企業（定められた期間内に複数の密輸、一定額以上の脱税など）などにランクされると手続きにはかなりの手間がかかることになります。通関は３６５日、週７日、24時間体制で行われています。

貨物の輸出入の申告については中国税関法に定められています。輸出の場合は税関の監督管理保管場所に搬入してから、コンテナ船などへの積込み作業を行う1日（24時間）前までに行うことになっています。輸入の場合は申告された本船入港日から２週間（14日）以内とされています。

優良企業などが税関の許可を得た場合には、事前申告制度を使うこともできます。中国では事前登録手続きに加えて、輸入税関の事後に行われる事後管理（後段存続管理）があります。これは中国への密輸、脱税などを防ぐ目的で設けられたものです。保税貨物全般と減免貨物などが対象となります。

税関の検査などを受けて輸入手続きを完了するまで、あるいは開発輸入などで再輸出されるまでに事後管理が行われることになります。

# 74 中国保税開発区域の活用

## 物流園区と保税物流中心

### 物流園区と保税物流中心の役割

中国には多くの保税開発区があります。それぞれの保税区域の役割や機能を理解しておくことは中国貿易、中国物流を円滑に行ううえで不可欠といえましょう。

なかでも重要なのは物流園区と保税物流中心です。中国の物流園区は、保税区域に隣接している港湾エリアに設けられることになっており、配送、保管、物流全般を効率的に行うために設置されました。したがって、小売業や加工製造、リサイクルなどの静脈処理の業務を行うことは認められていません。物流園区で認められている業務は、通関手続きを終えていない貨物の保管、簡単な流通加工、検品、補修、配送、輸出入貿易業務などです。簡単な流通加工とは、仕分け、計量、梱包、マーク印刷、ラベル貼り、組立てなどです。

また、園区外から園区内に貨物を搬入する際に増値税（日本の消費税に相当）の輸出還付が受けられます。増地税については、保税区は税法上は国内扱いですが、物流園区は海外扱いとなります。

ちなみに最初の物流園区は上海の外高橋物流園区で、日本通運、アルプス物流、山九、ＤＨＬ、ＵＰＳなど、多くの日系物流企業、欧米系企業が進出しています。

北京空港、南京空港、蘇州高新区には保税物流中心Ｂ型があります。保税物流中心は保税物流業務に特化した施設のことです。Ａ型は個別企業の保税物流センターのことです。それに対してＢ型は公共性の高い物流センターとなっています。

物流園区と保税物流中心Ｂ型は認可・管轄が異なります。物流園区は国務院が認可する保税開発区という位置付けです。

**Point**

- 物流園区と保税物流中心
- 保税港区

## 物流園区とは

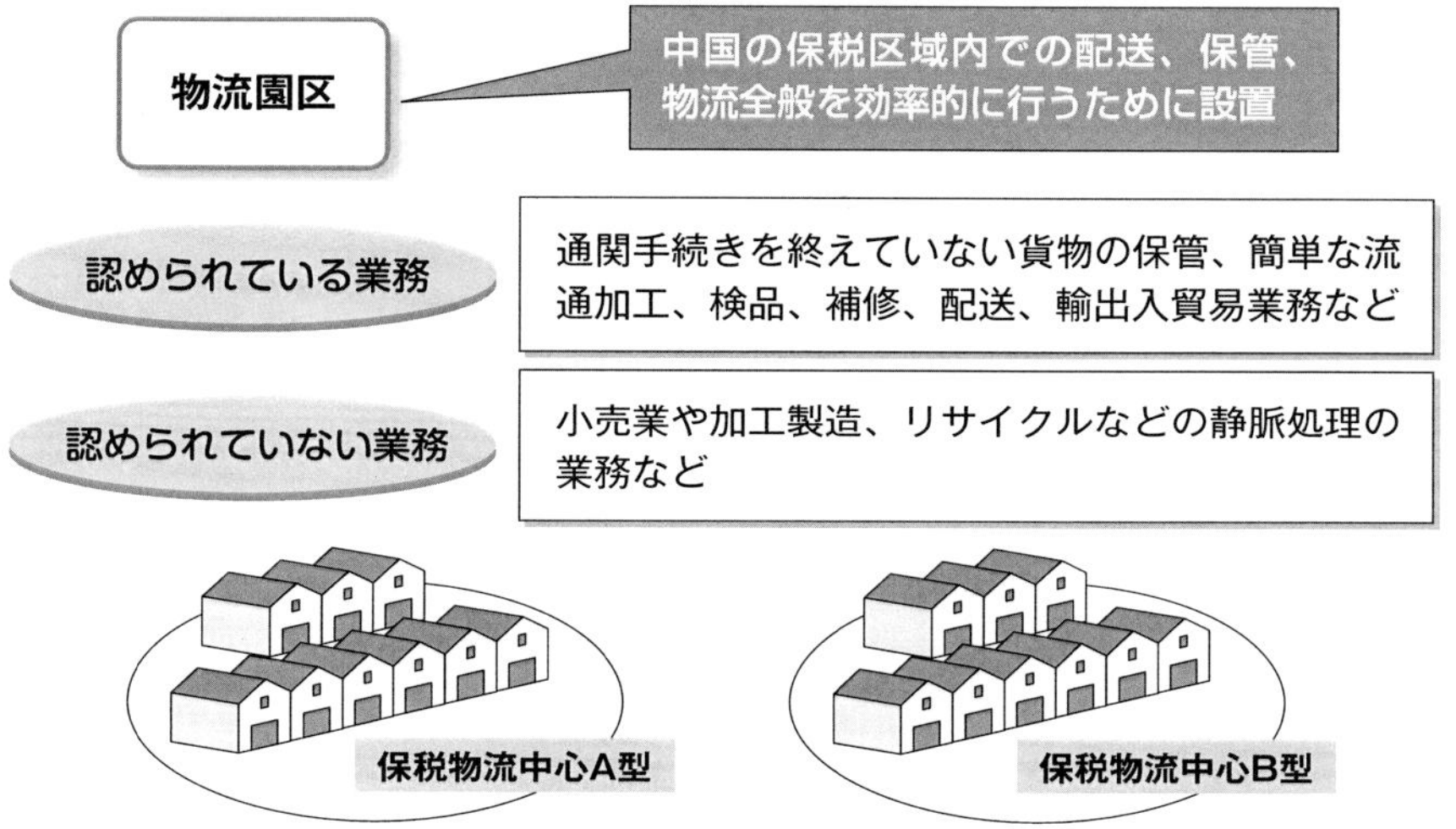
物流園区
中国の保税区域内での配送、保管、物流全般を効率的に行うために設置
認められている業務
通関手続きを終えていない貨物の保管、簡単な流通加工、検品、補修、配送、輸出入貿易業務など
認められていない業務
小売業や加工製造、リサイクルなどの静脈処理の業務など
保税物流中心A型
保税物流中心B型

他方、保税物流中心B型は中国税務総署が認可し中国内の法人が経営する「保税物流業務展開のための場所」というものです。また、保税物流中心B型は必ずしも港湾に隣接している必要はありません。しかし、物流園区は港湾に隣接することが求められます。

また物流園区では補修、検査、商品展示などが可能ですが、保税物流中心B型ではできません。ただし、その機能はおおむね似通っているといえましょう。

### 保税港区

また、中国には上海、天津、大連、海南島、寧波に保税港区があります。保税港区は保税開発区の一種です。保税港区には加工企業、サービス企業が受け入れられます。

中国国内の貨物を保税港区内に搬入すれば、その段階で増値税の輸出還付が適用されます。貨物の保税保管輸出入やその他の税関手続きの未了貨物の保税寄託に加えて、国際的な調達、配送、国際積替え、検品、商品展示、港湾作業などを行うことが可能です。

# 75 中国の物流園区・保税倉庫の機能

## 日本、中国の双方の在庫を保有！

### 保税倉庫

保税倉庫とは保税貨物を扱う専用倉庫のことを指します。日本などから貨物を中国の物流園区などの保税倉庫に搬入しても関税を支払う必要はありません。中国国内への輸入とは見なされないからです。それゆえ、日本企業にとっては日本国内よりも中国の保税倉庫に原材料在庫、完成品在庫を持つことはきわめて効率的といえましょう。日本、中国、双方の国内に完成品を短リードタイムで送り込むことができるからです。

ただし、中国の保税倉庫を運営するためにはさまざまな条件が設けられています。工場機能に倉庫機能が組み込まれている保税工場、工場内の倉庫機能部分である工場保税倉庫など、いくつかの類型が存在します。最低資本金や最低輸出額などについて一定のハードルがあります。公共型保税倉庫などは2000㎡が最低面積となっています。

物流園区などにおける保税倉庫の保管料は、中国の内陸地域の倉庫賃料の約10倍といわれています。ちなみに中国沿海部の内陸倉庫の賃料は、たとえば上海地域の場合、東京の賃料相場の4分の1から5分の1の水準といわれています。

保税倉庫を利用する場合、入出庫作業費、保管費、入出庫事務取扱費などの倉庫取扱費に加え、検疫・税関の検査取扱費、通関取扱費、船積作業費、管理費などがかかることも留意しておきましょう。

なお、前項でも触れましたが中国の物流園区では園区内に貨物が搬入されれば増値税の還付が受けられます。搬入貨物を一度に輸出するのではなく、分割して輸出することも可能です。ちなみに、通常の保税区では船積みまでは還付が受けられません。

Point

- 登記手册と電子手册
- 核銷

**登記手冊と電子手冊**

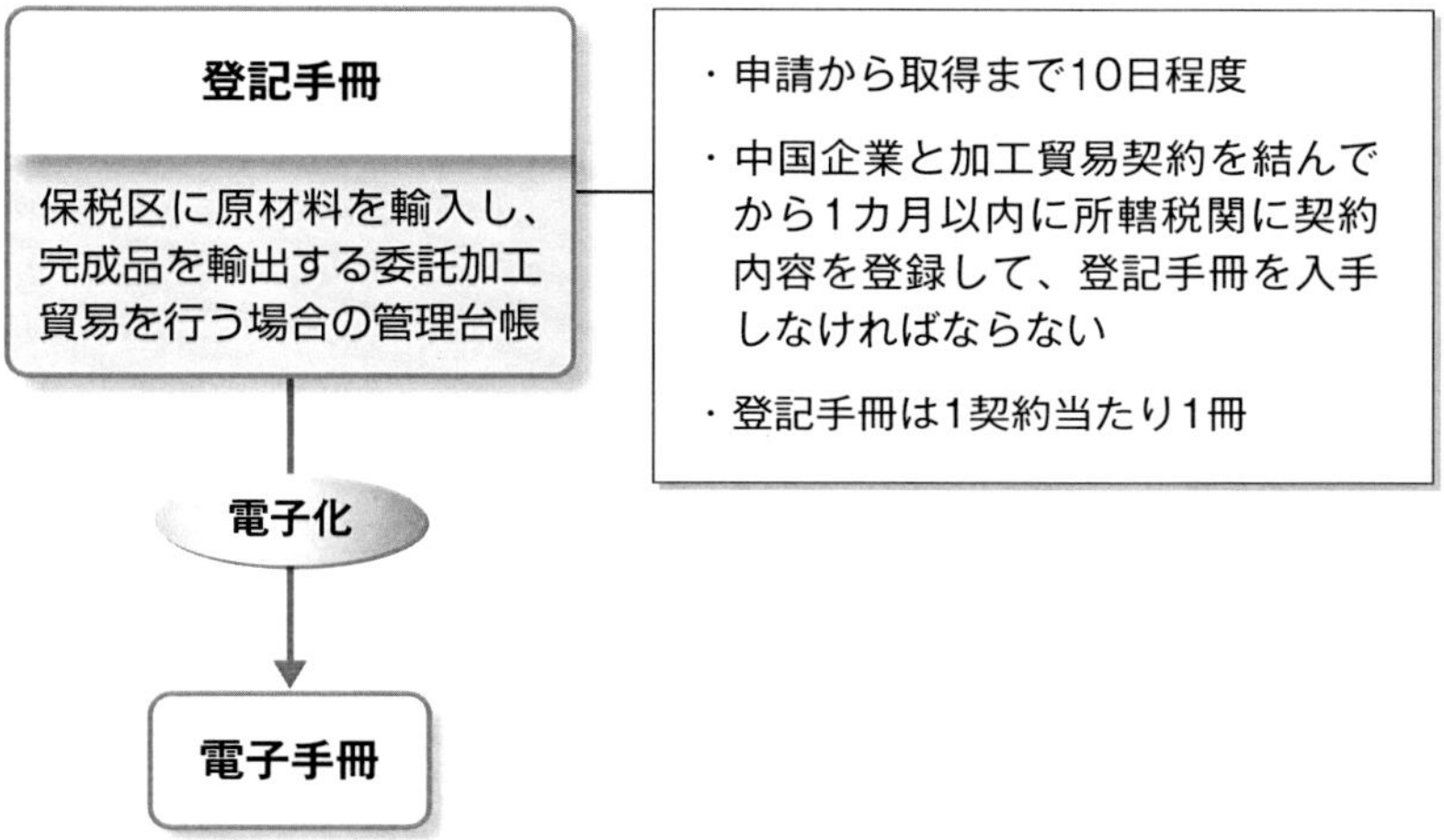


## 加工貿易登記手冊と電子手冊

　保税区に原材料を輸入し、完成品を輸出する委託加工貿易を行う場合、加工貿易登記手冊という管理台帳を取得しなければなりません。申請から取得まで10日程度かかりますが、中国企業と加工貿易契約を結んでから1カ月以内に所轄税関に契約内容を登録して、加工貿易登記手冊を入手しなければなりません。登記手冊はその名の通り冊子になっていて、契約内容、輸入部材、輸出製品の項目があります。加工費、部材の購入契約と製品の販売契約、毎回の輸入部材と輸出する製品の名称、数量、価格などを記載することになります。

　中国企業は登録された部材と製品について輸出入することが可能になります。加工契約に基づいて輸出を行ってから、税関などに対して照合手続きを行わなければなりません。これを「核銷」といいます。

　なお、加工貿易登記手冊は1契約当たり1冊ですが、２００７年から電子データシステムが導入されています。これを電子手冊と呼んでいます。電子手冊は電子口岸（我が国のＮＡＣＣＳに相当）とリンクするかたちで税関の管理データベースに登録されます。

# 76 中国への輸出についての注意

## 中国の管理体制の大枠を把握

### 中国独自の規制

中国に電気・電子製品などを輸出する企業はますます増える傾向にあります。ただし、中国への輸出には独自の規制もあります。大枠を理解していないために、「どうしてこの製品、部品が輸出できないのかわからない」ということもあるようです。整理しておきましょう。

中国への輸出については、「中国税関法」、「中国対外貿易法」、「中国貨物輸出入管理条例」などを確認しておく必要があります。

なかでも中国強制認証制度（通称：ＣＣＣ）については注意する必要があります。日本では中国のＣＣＣ認証業務については、電気安全環境研究所などが行っています。たとえば、電線ケーブル、電子部品、医療器械製品、特殊車両など、ＣＣＣでリストアップされている製品は認証マークがなければ、中国には輸出できません。ちなみに電線ケーブル製品とは電力用電線、通信用電線、光ファイバーケーブル、巻線などを指します。キャッチオール規制の対象となり、輸出許可が必要となることもあります。

また、光ファイバーはリスト規制の対象になり、中国輸出に際しては輸出許可が必要になります。

### 有害有毒物質の扱い

中国版ＲｏＨＳについても注意しておく必要があります。対象となる物質は欧州のＲｏＨＳと同じ６物質で、電子レーダー、電子通信機器、ラジオ・テレビ、コンピュータ、家庭用電子製品、電子応用製品などの電子情報関連の製品、部品などが対象となりその種類は１８００以上になります。

「中国版ＲｏＨＳは欧州のオリジナルよりも規制が緩やかなはずだ」とその存在を軽視するのは、と

**Point**

- 中国強制認証制度（CCC）
- 中国版 RoHS

中国への輸出関連の規制に関連する法律など

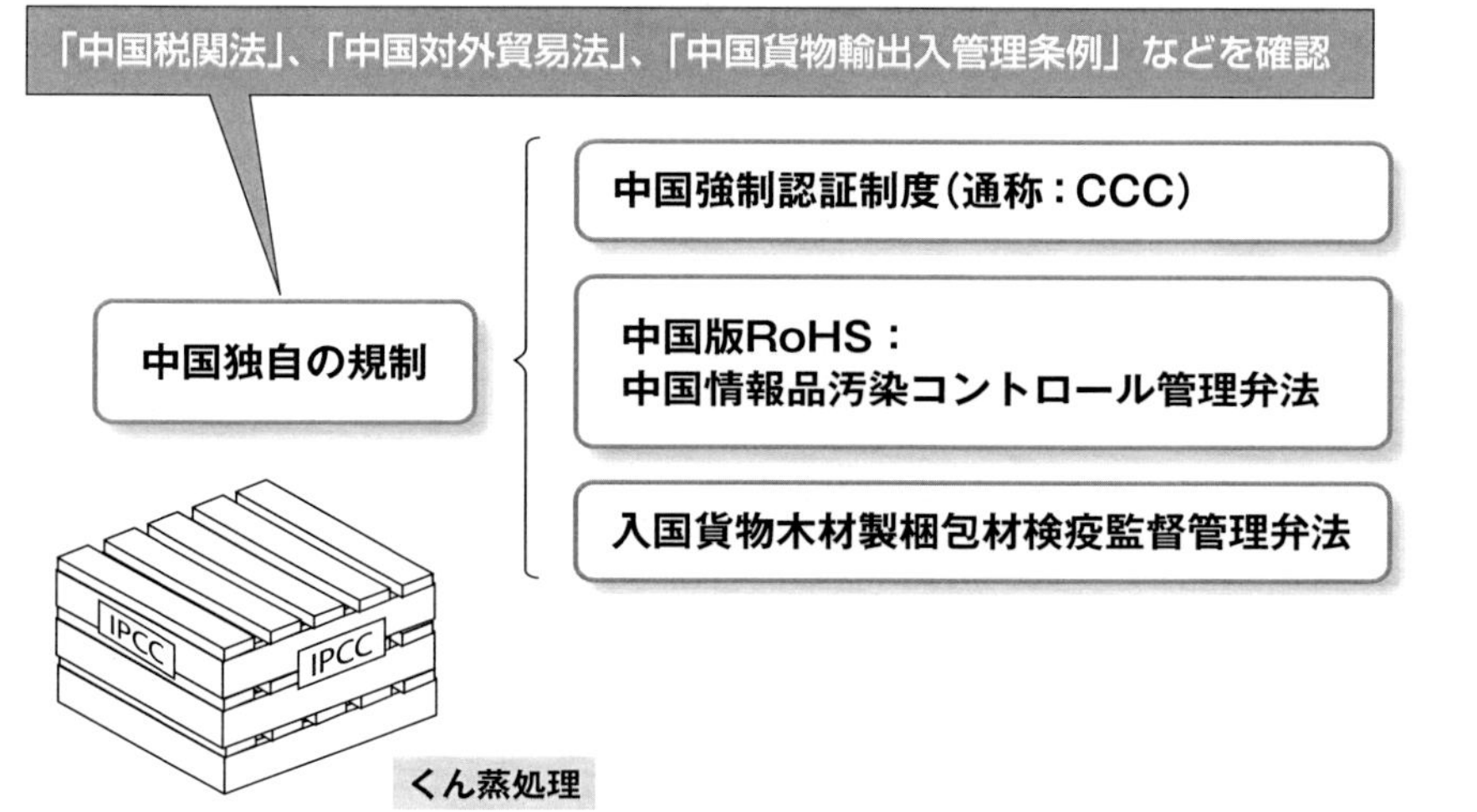


ても危険です。該当する有毒有害物質の名称、含有量、リサイクルの可否の表示などについて義務付けられているので、きちんと対応できない場合は輸出しようとしても税関で引っかかってしまいます。

また、該当製品の包装材については、中国の国家標準に基づく梱包リサイクル標識による包蔵材料コードを表示することになっています。

木製梱包材については、国際植物防疫条約の「国際貿易における木材梱包材の規制に関するガイドライン」に基づいて制定された「入国貨物木材製梱包材検疫監督管理弁法」により、針葉樹木材の場合くん蒸処理などが義務付けられています。事前申告の必要はありませんがくん蒸証明書などを添える必要があります。非針葉樹には「非針葉樹木質包装声明」が必要になることがあります。木材などに付着する害虫の侵入を避けなければならないのです。

さらにいえば、たんにくん蒸するだけでは対応は不十分です。中国当局が確認、承認した方法で適切に処理された木材梱包材に当局承認のマーク（ＩＰＰＣマーク）のついたラベルを貼付しなければなりません。

# 77 グリーンサプライチェーンと国際物流

## 国際間で環境負荷を低減！

### グローバルグリーンサプライチェーンの構築

サプライチェーンのグローバル化が進むと同時に、そのグリーン化も不可欠となっています。

経済のグローバル化によりサプライチェーンの距離は長くなる傾向になります。労働コストの安い生産地を求めていけば、先進国の消費地からどんどん遠ざかっていくことになるからです。ただし、輸送距離が長くなればそれだけ$CO_2$排出量も増えることになります。

地球環境を考えると、サプライチェーンの距離は可能な限り短くするほうが望ましいといえるでしょう。そこで考えられるのが輸送モードの可能なレベルでの切り替えなどのワールドワイドでのグリーンロジスティクス戦略のさらなる充実です。

たとえば、国際物流競争力パートナーシップ会議の計画に基づき、インドシナ半島で「電子タグを活用したリターナブル物流資材管理」の実証実験が行われ、国際物流関係者の注目を集めました。

タイ、ラオス、ベトナムの発着拠点、税関、保税地域などでのＲＦＩＤタグ（ＩＣタグ）を装着したパレットの読み取り実験です。

インドシナ半島は拡大ＡＳＥＡＮ（東南アジア諸国連合）の中核として日本の製造業の進出が近年、顕著です。

日系企業の工場での入出荷時、輸送途中などに台車式のリーダーで読み取りが行われます。貨物の輸送経路はリアルタイムで把握されます。東芝とヤマハ発動機がそれぞれ冷蔵庫と二輪自動車の部品を輸送しています。

リターナブル可能な物流容器を導入することで荷役作業の効率化、物流品質の向上、環境負荷の低減などの大きな効果が期待できます。

**Point**

- グローバルグリーンサプライチェーン
- マルコポーロ計画

### グローバルグリーンサプライチェーンの構築による効果

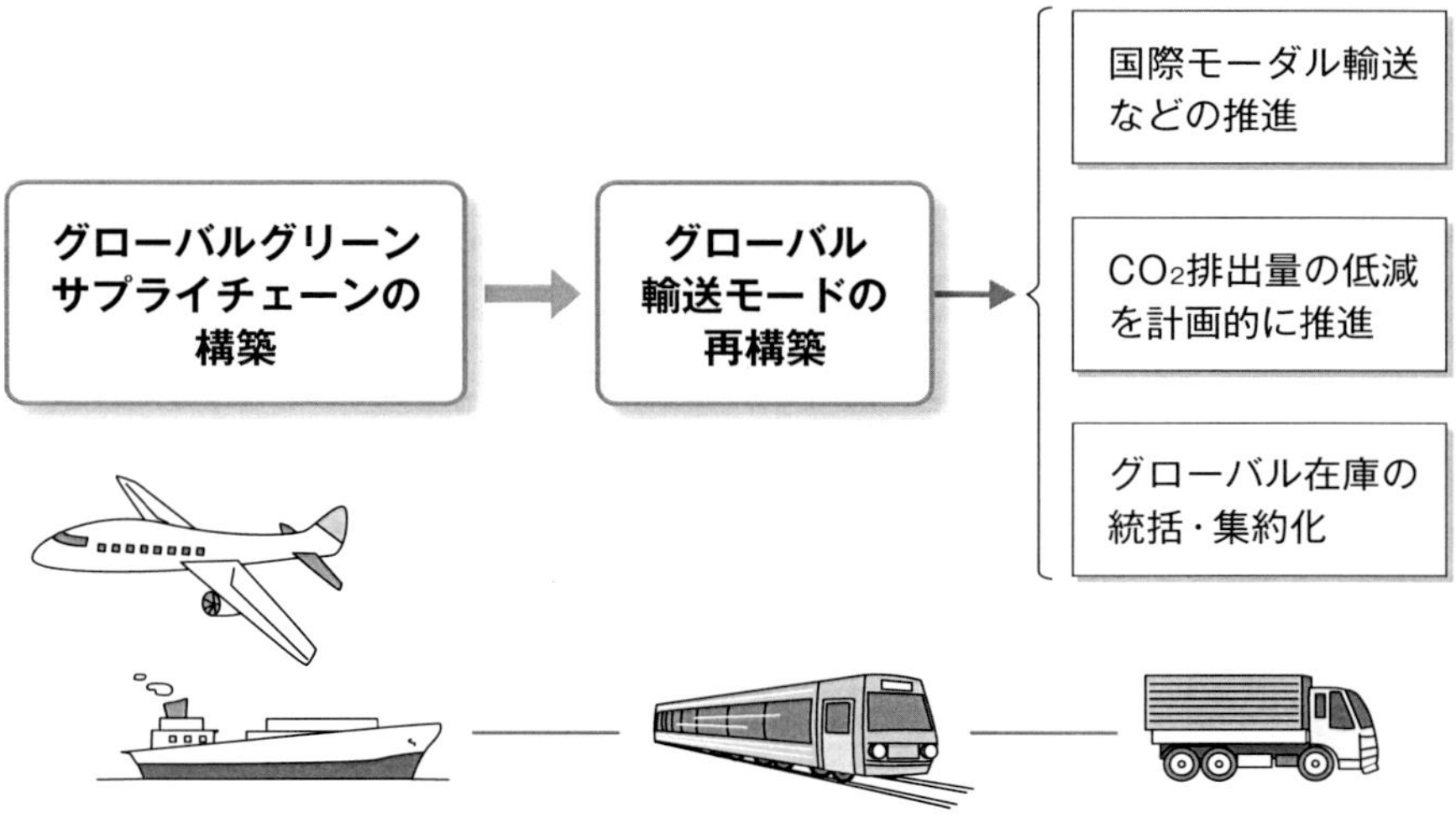


## マルコポーロ計画

EUでは東方拡大の進展により、トラック輸送量が急激に増加しました。そのための輸送コスト高などの経済損失は年間10億ユーロともいわれています。そこで、欧州各国もEU間でモーダルシフト対応の鉄道インフラの強化に力を入れ始めています。

「欧州国際貨物連携プロジェクト」が進められ、イタリア、スイス、ドイツ、オーストリア、オランダの５カ国の相互乗り入れ、需要管理の一元化、手続きの簡略化などが行われています。また、各国の港湾システムを充実させ、短距離海上輸送も強化しています。

またEUでは全欧単位でマルコポーロ計画が進められています。マルコポーロ計画は２００３年から運輸部門の持続的かつ効率的な改善を目的に始められた欧州連合のファンド計画です。

さらに２００７年からのマルコポーロ計画Ⅱでは、年間２３０億トンキロの貨物をトラック輸送から鉄道輸送、海上輸送にシフトするために７億４０００万ユーロの予算がとられています。それにより、$CO^2$排出量を84億kg削減することが目標とされています。

# 78 船会社をめぐる状況
## 相次ぐ海外企業の合従・連衡

### 我が国の海運業

船会社（海運業）は内航海運業と外航海運業に分けることができます。内航海運業界の市場規模は約９０００億円で事業者数は約４２００です。それに対して外航海運業界は約5兆８２００億円の市場規模で事業者数は約２００です。国際物流に関係するのは外航海運業者になります。

ただし、我が国の外航海運分野は１９８５年のプラザ合意以降の急速な円高でそのコスト競争力を急激に失っていきました。日本人の船員はピークには約６万人いましたが、現在はその20分の1以下です。

もっとも世界の海上荷動量はトンベースで75億７０００万トン（２００７年度）とこれまで規模の拡大を続けてきました。石油、鉄鉱石、穀物の3品目で全体の25%程度の輸送シェアを占めています。

また定期コンテナ船を航路別にみると、アジア発着の航路の輸送量が多くなっています。アジア・北米間、アジア・欧州間、アジア間の3航路で全海上輸送の50%以上を占めています。これはシンガポール、韓国、中国などのアジアのハブ港湾の規模、実力がきわめて高いことも関係しています。

なお、アジア域内航路の発着貨物の約50%は日中貿易によるものです。今後、さらに日中貿易の全体量が増えることも予想されます。日中航路の充実が求められているといえましょう。

### 外航海運業界の再編

世界の主要船会社間の合従連衡、大型合併・買収が近年、盛んに行われました。その結果、外航海運業界の世界地図に大きな変化が見られ始めていま

**Point**
- 内航海運業と外航海運業
- アジア域内航路

**業界再編の流れのなかで岐路に立つ日本の外航海運業**

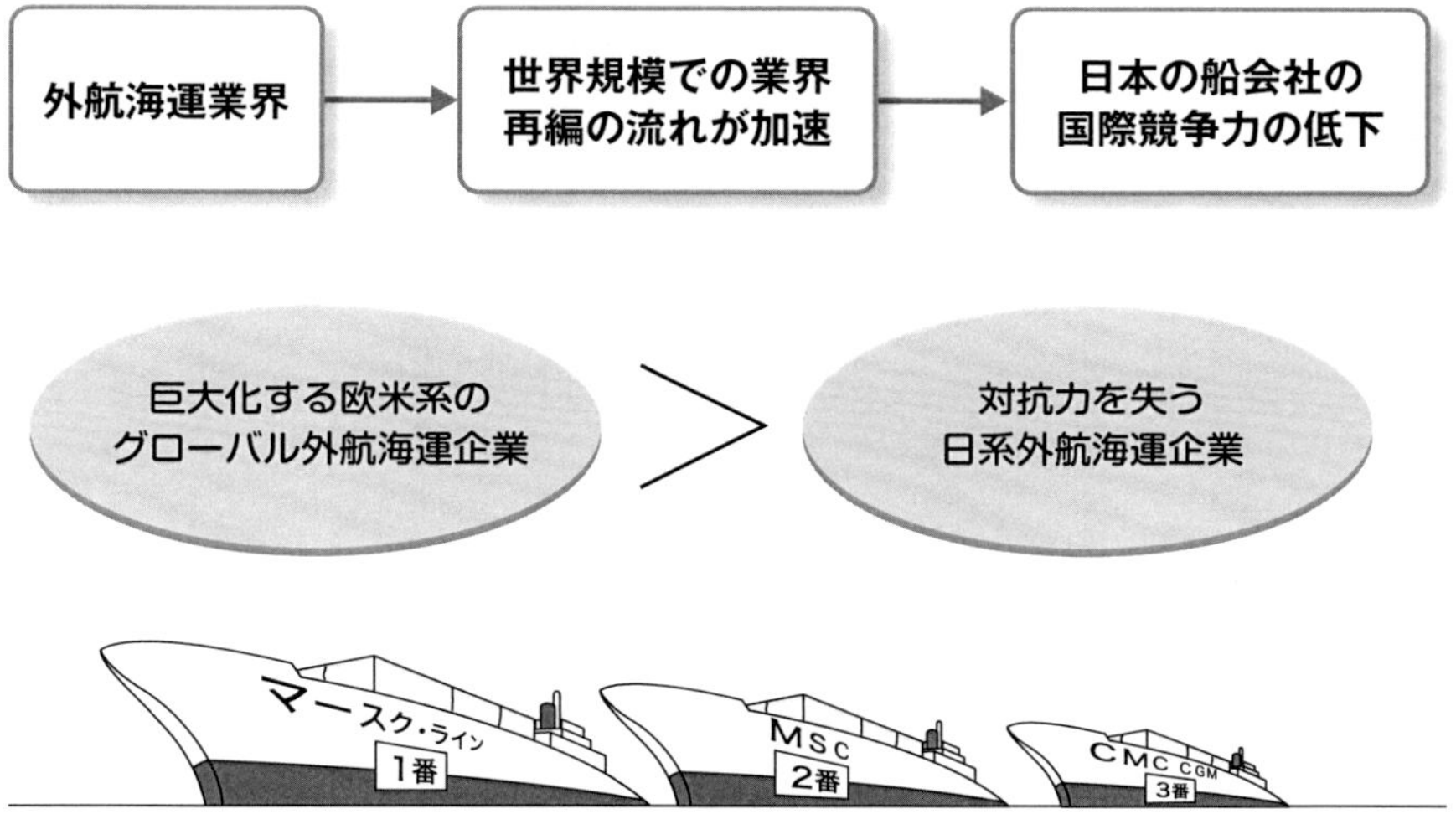
外航海運業界
世界規模での業界再編の流れが加速
日本の船会社の国際競争力の低下
巨大化する欧米系のグローバル外航海運企業
対抗力を失う日系外航海運企業
マースク・ライン
1番
MSC
2番
CMC CGM
3番

す。これはコンテナ航路に対応した船舶の建造、運航やワールドワイドでのコンテナターミナルの保有や運営に莫大な投資が必要となっているからです。企業連合を組成することでコンテナ船の共同運航などを進めるケースも増えています。

たとえば、2005年にはデンマークの大手船会社マースクがP&Oネドロイド（イギリス／オランダ）を買収し、翌年には世界最大のメガキャリア、マースク・ラインが誕生しました。

また、同じ年にドイツの大手ハパクロイドがCPシップス（イギリス）を買収しました。

さらに2007年にはフランスの「CMA CGM」が台湾と米国の大手船会社を買収し、コンテナ船運航船腹量で世界3位となりました。

2008年4月からはコンテナ船運航船腹量の上位3社であるマースク、MSC（スイス）、CMA CGMが北米航路で共同配船を始めています。

ちなみに日本企業のなかではコンテナ船運航船腹量の上位20社には日本郵船、商船三井、川崎汽船が入っています。ただし中国、台湾などのアジア勢にも後塵を拝しています（2013年）。

# 79 グローバルインテグレーターの躍進

## 寡占化の進む国際航空貨物輸送

### 国際競争力を強める欧米企業

１９９０年代に欧米諸国では激しい規制緩和の流れのなかで、物流業界の買収、提携、合従連衡、異業種参入の動きが加速しました。業界は再編され、多くの物流企業が淘汰されました。

しかしその中から世界各国への物流ネットワークを拡張し、郵便事業、エクスプレス（急送便）事業、ロジスティクス事業、さらには金融サービス事業にまでをも展開する巨大物流企業が誕生しました。

こうした国際コングロマリット型の貨物の集荷から配送までを一貫して行う物流企業はグローバルインテグレーターと呼ばれています。

たとえば、ドイツポストはワールドワイドでの宅配事業や国際物流事業の拡大を図り、国際複合輸送体制のさらなる充実を推進しています。小口輸送サービスであるエクスプレス事業においても、傘下のＤＨＬがグローバル配送ネットワークを活用し、専用機を用いてインターコンチネンタル・サイズでの翌日配達サービスを実現しています。

また米国のフェデックスなどやＵＰＳもグローバルネットワークを拡張、多国籍化し、国際航空貨物輸送部門のさらなる強化を進めています。ただし、日本の物流企業はこうした流れから取り残されつつあります。

### グローバル物流施設プロバイダー

グローバルインテグレーターの世界戦略が進展する過程で、欧米における物流センターなどの物流施設が大型化、情報化、近代化の必要性に迫られるようにもなりました。

高度なグローバルロジスティクス戦略やジャスト

**Point**

- グローバルインテグレーター
- グローバル物流施設プロバイダー

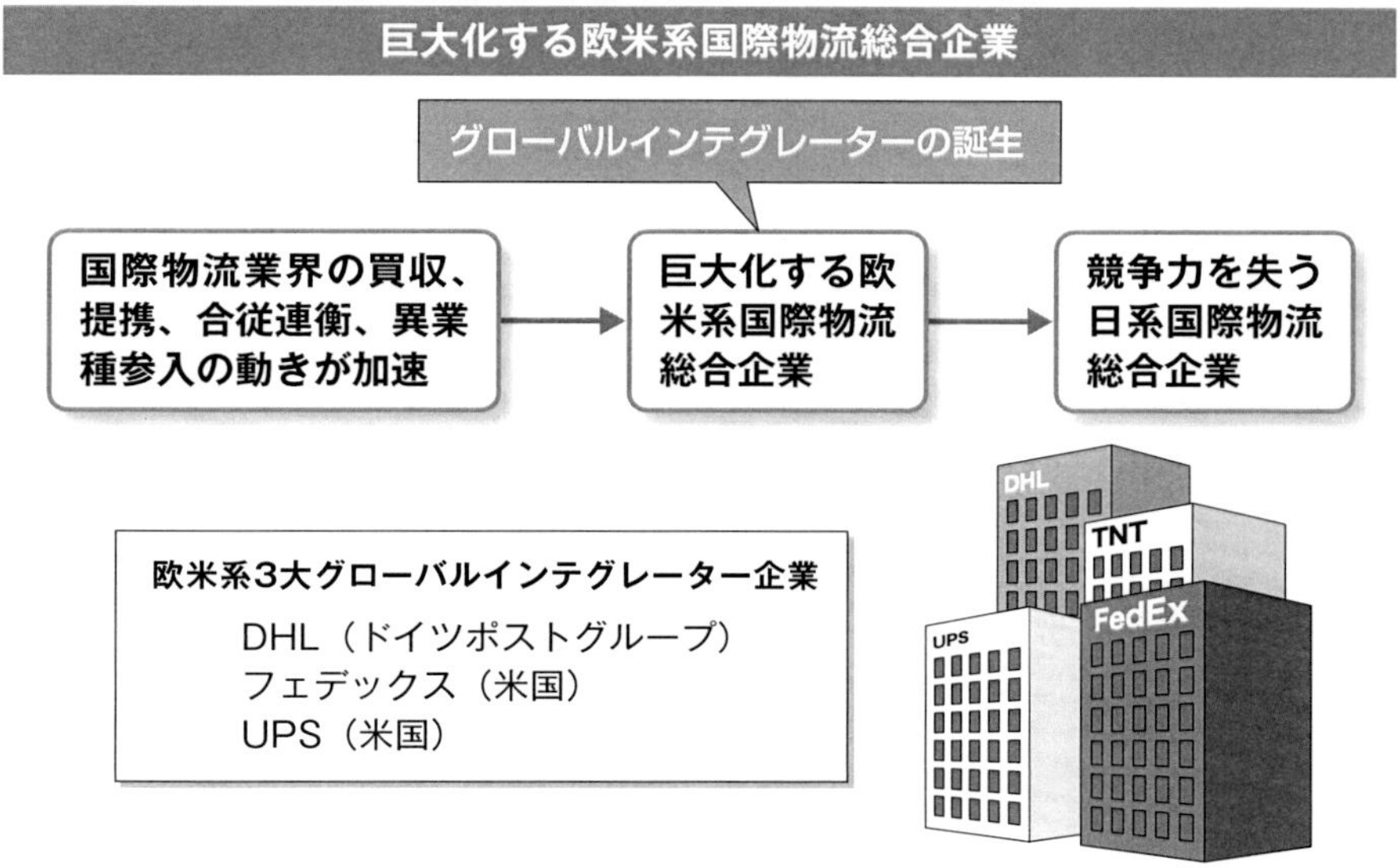
巨大化する欧米系国際物流総合企業
グローバルインテグレーターの誕生
国際物流業界の買収、提携、合従連衡、異業種参入の動きが加速
巨大化する欧米系国際物流総合企業
競争力を失う日系国際物流総合企業
欧米系3大グローバルインテグレーター企業
DHL（ドイツポストグループ）
フェデックス（米国）
UPS（米国）
DHL
TNT
FedEx
UPS

インタイムでのドア・トゥ・ドア・デリバリーを推進しようというグローバルインテグレーターにとって、最先端の建築技術にロジスティクス工学の視点からの機能向上にも配慮した物流施設は必要不可欠なものとなったのです。

さらにいえば従来の国別レベルでの物流拠点の選定からたとえば、東アジア、北米、欧州といった、地域ワイドでの拠点選定が必須となり、物流拠点戦略の再構築がグローバルインテグレーターの重要な課題ともなってきたのです。

そうした流れのなかで、登場したのがグローバル物流施設プロバイダーです。グローバルインテグレーターやその顧客企業を対象として不動産投資ファンドを活用しての物流施設の建設が進められるようになりました。世界中の機関投資家などがファンドの運用対象として、グローバルな視点から物流ファンド事業に注目するようになりました。

そして巨額の資金をバックにグローバル物流施設プロバイダーは物流施設の総合開発を行い、さらには物流施設活用についてのコンサルティングビジネスやファシリティマネジメント（施設管理）ビジネスも推進しています。

# 80 AEO制度とは

## セキュリティ管理の円滑化を促進！

### 認定業者のプロセスを免除

AEO（オーソライズド・エコノミック・オペレーター：認定された貿易関連事業者）制度とは、国際物流におけるセキュリティ管理と円滑化を促進するために税関当局などが認定した輸出入関連事業者、運送事業者、倉庫事業者などに対して、通関手続きの簡素化などを認める制度です。認定された事業者には通関手続きの審査・検査のプロセスが一部免除などで簡素化されます。

AEO制度としては、輸出者を対象とした「特定輸出申告者制度」（自社内での輸出申告が可能）、輸入者を対象とした「簡易申告制度」（貨物到着前の輸入申告が可能）、倉庫業者を対象とした「特定保税承認制度」（手数料の軽減）、さらにそれに続くかたちで通関業者を対象とした「認定通関者制度」（AEO通関業者制度）と国際運送事業者を対象とした「特定保税運送制度」（AEO運送業者制度）が、保税運送手続きの簡素化を目的とし、創設されています。

サプライチェーン全体を網羅するかたちで輸出入業者、倉庫業者、通関業者、国際運送事業者のそれぞれをAEO制度の対象とし、制度が整備されてきたわけです。

### 国際的なAEO制度の導入

米国の同時多発テロ以降、サプライチェーンセキュリティなどを念頭に世界税関機構（WCO）の枠組みを基盤に各国の税関当局が同制度の導入を進めてきました。

米国ではC-TPAT（カスタム・トレード・パートナーシップ・アゲインスト・テロリズム）と呼ばれ、輸出国から米国に至るインバウンドサプラ

**Point**
- C-TPAT
- 24時間前申告ルール

**AEO制度の全体イメージ**

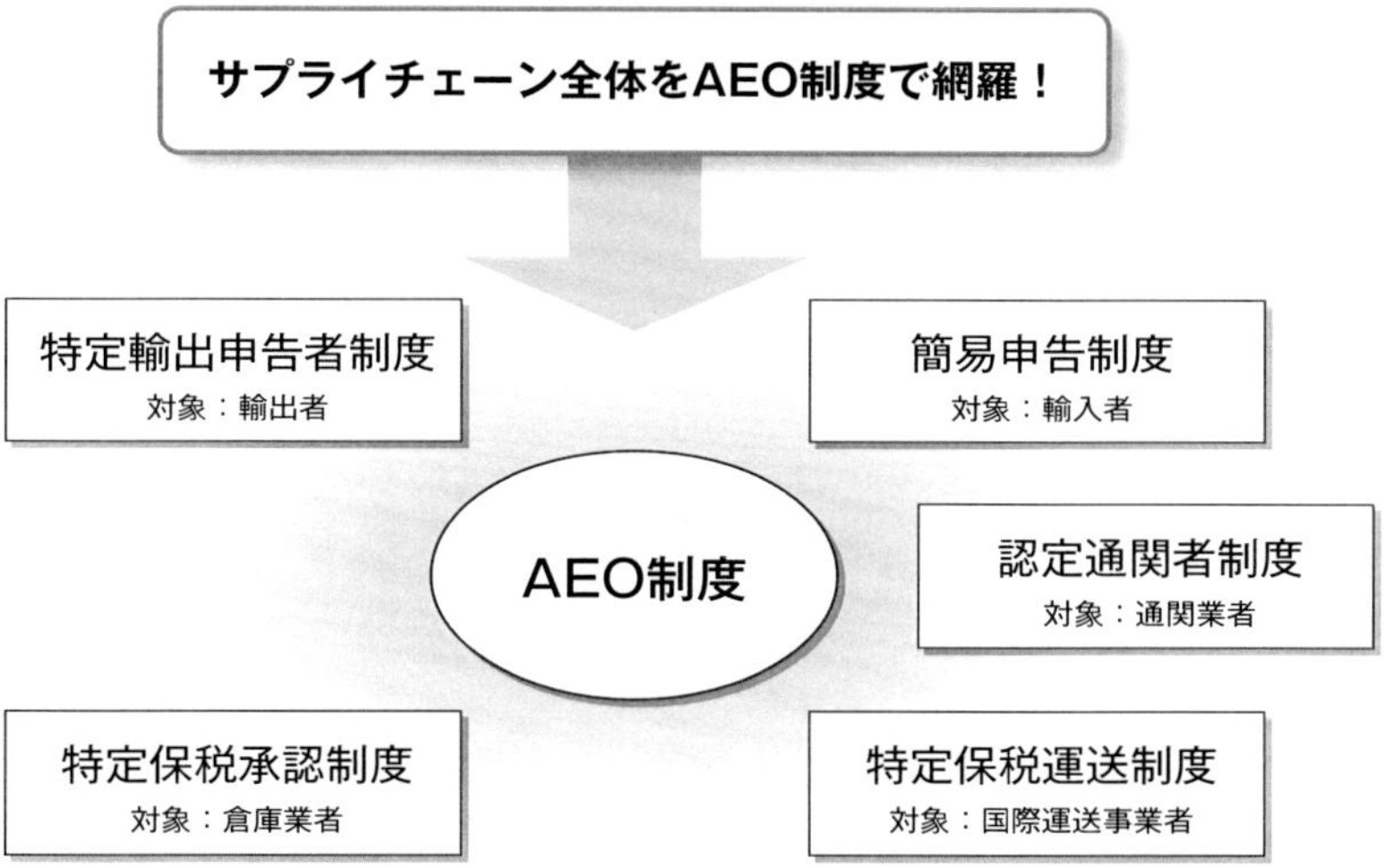


イチェーンのセキュリティ強化を目的とし、同時多発テロ発生の翌年4月より官民共同の取組みとして導入されました。その対象は米国への輸入関連事業者、トラック、海運、航空、鉄道、港湾の各事業者、フォワーダー、通関事業者などで、認定レベルは3種類あります。

ちなみに米国では船会社などに対して米国向け海上貨物について船積みの24時間前までに（航空貨物については到着4時間前までに）積荷目録情報の提出義務を課す「24時間前申告ルール」も導入されています。

なお、ＷＣＯでは２００６年6月に国際標準のＡＥＯガイドラインを採択しています。同ガイドラインの採択などを受けて、ＥＵにおいてもＡＥＯ制度が施行されています。また、国際間の同制度の相互承認も行われるようになりました。サプライチェーンセキュリティの国際標準の一つとなりつつあるわけです。たとえば、２００８年10月より日本とニュージーランドは、双方のＡＥＯ輸出者を相互承認の対象者として、双方の対象者が輸出した貨物のそれぞれの輸入について安全面に関する通関の円滑化措置を実施しています。

# 81 AEO運送者制度の概要

## 保税運送の迅速化を支援

### AEO運送者とは

「特定保税運送制度」（AEO運送者制度）は、国際運送事業者（外航海運、航空会社、フォワーダー、トラック事業者、海運事業者）を対象とした制度です。認定を受けることで、ロジスティクスセキュリティレベルが一定の基準を満たしていることをアピールできます。

税関長の承認を受けた者については個々の保税運送の承認が不要となり、さらに特定委託輸出申告に係る貨物については輸出者の委託を受けて保税地域以外の場所から直接積込港までの運送を行うことができるというものです。同制度の承認を受けるには業務遂行能力、過去の法令違反歴について審査を受けなければなりません。

また社内コンプライアンス（法令遵守）規則の作成とそれに沿っての適正かつ確実な業務の遂行も求められています。

### 承認申請のプロセス

AEO運送者の承認申請については、国土交通省で発行している『国際運送事業者のためのAEO制度実務手引書』などを参考に社内体制を整え、主たる事業所を管轄する税関に事前相談、承認申請を行う必要があります。

承認を受けるためには法令遵守規則、業務手順書や建屋・設備などの情報、情報システムの機能説明などを用意する必要もあります。また事業法の部分に関しては国土交通省の所管課が審査を行い、各事業法に係る法令違反歴（過去3年間）、業務遂行能力（主に過去3年間の行政処分歴）などがチェックされます。

Point

- 社内コンプライアンス
- 特定保税運送

**国際運送事業者を対象としたAEO制度の概要**

**国際運送事業者を対象としたAEO制度**　**関税法第63条の2**

承認要件
① 関税関係法令、業法に過去3年間の違反がなく、それ以外の法令についても過去2年間の違反のない者が対象
② 保税運送業務についてNACCSを使用し、適正かつ確実に業務を遂行できる
③ 国際運送貨物の運送業務について適正かつ確実に業務を遂行できる
④ 国際運送貨物の運送業務について法令を遵守するための規則を定めている

↓

**① 保税運送を行う場合の手続きが簡素化**
**② 輸出者の工場・倉庫などにおける輸出申告が可能**

## ＡＥＯ運送者のメリット

　ＡＥＯ運送制度の承認を受けた特定保税運送者（ＡＥＯ運送者）には、保税運送に係る手続きの簡素化・負担軽減というベネフィット（恩恵）が与えられます。一般の保税運送では運送するごとに発送地、到着地、運送貨物を特定し、税関に申告し、承認を受ける必要があります。

　また、保税運送が頻繁に行われる場合の包括保税運送制度についても発送地ごとの承認は必要で、さらに対象貨物についても貨物の概要が明らかなものに限られ、包括承認期間も最長でも1年で毎年更新の手続きをしなければならないなどの制約があります。しかし特定保税運送の場合は、発送地ごとの承認、到着地での確認が不要となります。

　他方、輸出者（荷主企業）は、ＡＥＯ通関業者を使い、輸出申告を行えば、保税地域外の工場、倉庫などで輸出申告が行えることになります。それによって輸出リードタイムの短縮を実現することが可能になります。

　また、サプライチェーンセキュリティの全体最適化を実現しているということを、消費者などに強く印象づけることもできます。

# 82 ＡＥＯ制度とサプライチェーンセキュリティ

## 国際貨物のセキュリティをチェック

### 荷差し、荷抜きを排除

ＡＥＯ制度の大きな特徴として、グローバルサプライチェーンの観点からの貨物に対するセキュリティ対策があげられます。

近年は国際テロなどの増加により、貨物のなかに爆発物、毒薬、不正薬物などが紛れ込むことがないように、これまで以上に細心の注意が払われなければならなくなってきました。それため荷差し、荷抜きなどが絶対に行われないような業務体制、業務手順の整備が必要になってきています。それゆえ、国際貨物のセキュリティチェックを行うための施設・装置・情報システムなどのさらなる充実、人事管理、あるいは従業員、出入り業者、訪問者などの身元証明のより一層の徹底などが求められてきています。

貨物管理については運送経路、方法、貨物の状況などを正確に把握し、同時にコンテナなどが不正にアクセスされたり、荷抜き、荷差しが行われていたり、不審な貨物がないかどうかを意識しながら作業することが求められています。

また荷積み・荷卸しについては検品、検数、検量などを単に行うのではなく、「不審な貨物が紛れ込んでいないか」ということに十分に気を払う必要があります。もちろん、空コンテナ、空容器のセキュリティ管理についてもしっかりと行う必要があります。そのなかに爆発物などが仕掛けられるリスクがないとは断定できないからです。

さらにいえば、ＡＥＯの認定を受けてからも継続的な改善を行っていく姿勢が求められています。

### ハイリスクな貨物をチェック

繰り返しになりますが、米国で発生した９・11同

**Point**

- 荷抜きと荷差し
- ハイリスクな貨物

## サプライチェーンセキュリティチェックの充実

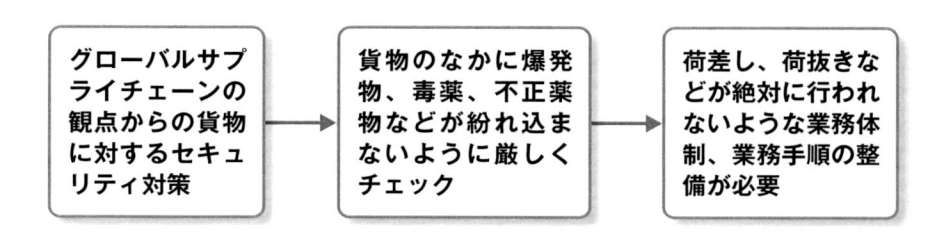

**グローバルサプライチェーンの観点からの貨物に対するセキュリティ対策** → **貨物のなかに爆発物、毒薬、不正薬物などが紛れ込まないように厳しくチェック** → **荷差し、荷抜きなどが絶対に行われないような業務体制、業務手順の整備が必要**

国際貨物の入念なセキュリティチェックを行うための施設・装置・情報システムなどのさらなる充実、人事管理、あるいは従業員、出入り業者、訪問者などの身元証明のより一層の徹底などが求められている

時多発テロ以降、米国はグローバルサプライチェーンのセキュリティ管理の徹底を国際物流における大きな柱の一つとしています。グローバルサプライチェーンにおけるハイリスクな貨物の発見、検査体制が厳密化される方向性はますます強まろうとしています。国際貨物のセキュリティ管理がグローバルロジスティクスの大きなキーワードとなりつつあるわけです。

そして国際的なレベルでＡＥＯ制度をより充実させていこうという動きも、そうした流れのなかで、考える必要があるのです。

たとえば、日本から米国への貨物輸出に際して、米国税関は日本からの貨物がＡＥＯ事業者によるものであれば、審査・検査の段階でその資格をリスク評価に反映させています。すなわち、ＡＥＯ事業者を活用することで米国への貨物輸出を円滑化することができるのです。輸出者である荷主企業などもこうした状況を十分に把握する必要があるのです。

国際貨物の迅速な輸出を目指すのならば、ＡＥＯ事業者の積極的な活用を図ることが望ましいといえます。

# 83

# 特恵関税

## 南北問題の解決が目的

### 特恵関税制度

開発途上国から輸入される一定の農水産品、鉱工業産品に対し、一般の関税率よりも低い税率（特恵税率）を適用する制度があります。これが一般特恵関税制度です。特恵関税は国連貿易開発会議（UNCTAD）において、南北問題の解決の一手段として制度の枠組みが合意されました。日本においては関税暫定措置法により、定められています。農業産品については「特定の品目を選定し、その品目に対して特恵関税を供与する」とされ、約340品目が対象となっています。また、鉱工業産品については「石油、毛皮など一部の例外品目を除き、原則としてすべての品目に特恵関税を供与する」とされ、約3200品目を対象となっています。

特恵関税の利益を享受できる国、または地域のことを「特恵受益国等」といいます。そのなかでもとくに開発が遅れていて支援の必要性が高い国のことを「特別特恵受益国」といいます。特恵受益国はグローバル経済をめぐる環境で変わってきます。その便益を与えることが適当であるとされる国・地域を政令で指定します。

たとえば、サウジアラビアは2009年に特恵受益国から除外されました。これは、世界銀行の統計で3年連続して高所得国に分類されたからです。南北問題の解決の一手段として制度化された趣旨を考えると、高所得国を特恵関税国に加えておくことはできないと判断されたわけです。

また、注意しておきたいのは中国についてです。近年の中国の躍進ぶりを考えると、いずれ特恵関税国から除外される可能性は相当に高いといえますが、現状では中国（マカオ、香港を除く）については、特恵関税国となっています。

**Point**
- 特恵税率
- 特恵原産地証明書

### 特恵関税制度の大枠

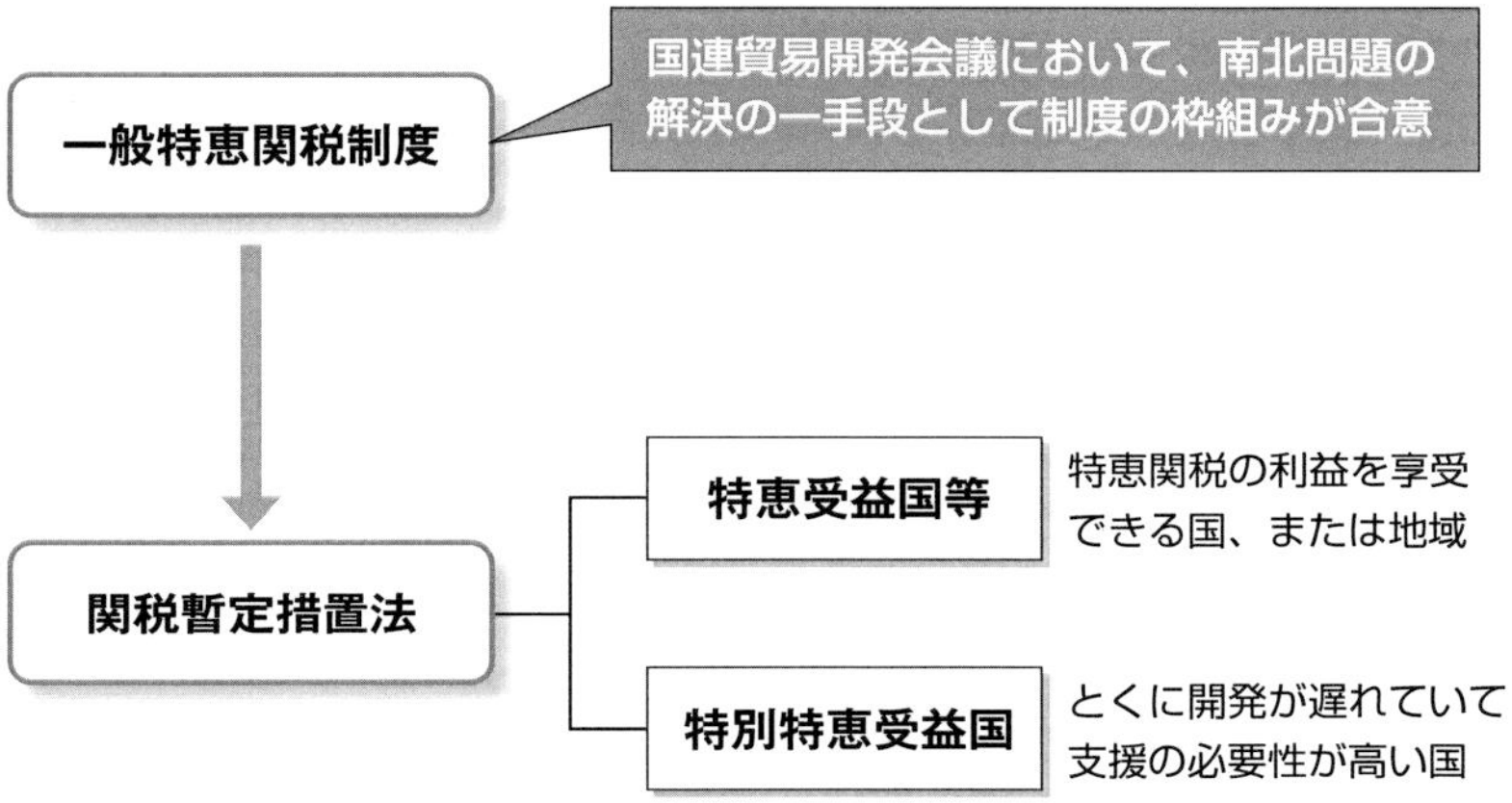
一般特恵関税制度
国連貿易開発会議において、南北問題の
解決の一手段として制度の枠組みが合意
関税暫定措置法
特恵受益国等
特恵関税の利益を享受
できる国、または地域
特別特恵受益国
とくに開発が遅れていて
支援の必要性が高い国

## 特恵原産地証明書

特恵関税国には関税上、特別の待遇を与える制度として、特恵税率が適用されます。対象となる品目は、農水産品、鉱工業産品です。

農水産品については、対象貨物をリストアップする方式（ポジティブリスト方式）が採用されています。これに対して鉱工業産品については反対に適用除外品をあげる方式（ネガティブリスト方式）がとられています。なお、委託加工貿易などで日本から輸出された原材料を用いて特恵受益国等で生産された製品を輸入する場合にも適用されます。

東南アジア諸国連合（ＡＳＥＡＮ）のうち、インドネシア、マレーシア、フィリピン、タイ、ベトナムの５カ国のうちの１国から日本に輸出される物品について、それらの国のなかの２カ国以上を通じて行われる場合は、１つの国としてみなされます。

ただし、特恵関税国から直接、運送されないで、非原産国で積替えや一時蔵置以外に簡単な加工などを行った場合には、特恵関税の恩恵を受けられなくなります。また、特恵税率を適用するには輸入通関に際して特恵原産地証明書が必要になります。

# 84 貿易業務の情報化

## 煩雑な貿易業務を円滑化

**貿易EDI**

貿易取引では多種多様な書類に対応する必要があります。そのため電子化、情報化が必然の流れとなり、貿易EDIが広まりました。貿易取引を行うときに必要となる船荷証券などに関する諸手続きの書類を電子データ化するのです。紙ベースではなく、データベースで行うことにより、効率化が推進され、たんにコストダウンが実現するという以上の大きな効果が期待できます。

貿易EDIの主な効果としては、次のものがあります。

**①遅延の減少**

船荷証券の到着遅延などを回避できます。

**②管理コストの低減**

紙ベースではなくデータベースのため、文書の保管コストを削減できます。紙ベースでの信用状取引により発生する多額のコストを削減することも可能となります。

**③安全性の向上**

貨物引換証の内容保証などについての偽造防止が可能となります。情報追跡機能を強化することも可能となります。

**④在庫管理の改善**

ジャストインタイムの納入システムの円滑な構築をサポートすることが可能です。

**⑤文書一貫性・顧客サービスの向上**

データ化し、インターネットを経由しての利用が可能となることで、ミスなく迅速な対応が可能となります。文書の転記ミスなどもなくなり、同時に文書一貫性が高まります。

**⑥業界間ネットワークの統合**

貿易EDIに関係する公的機関、業界には、船会

**Point**

- ボレロ・ドット・ネット
- JETRAS

### 貿易EDIのネットワーク

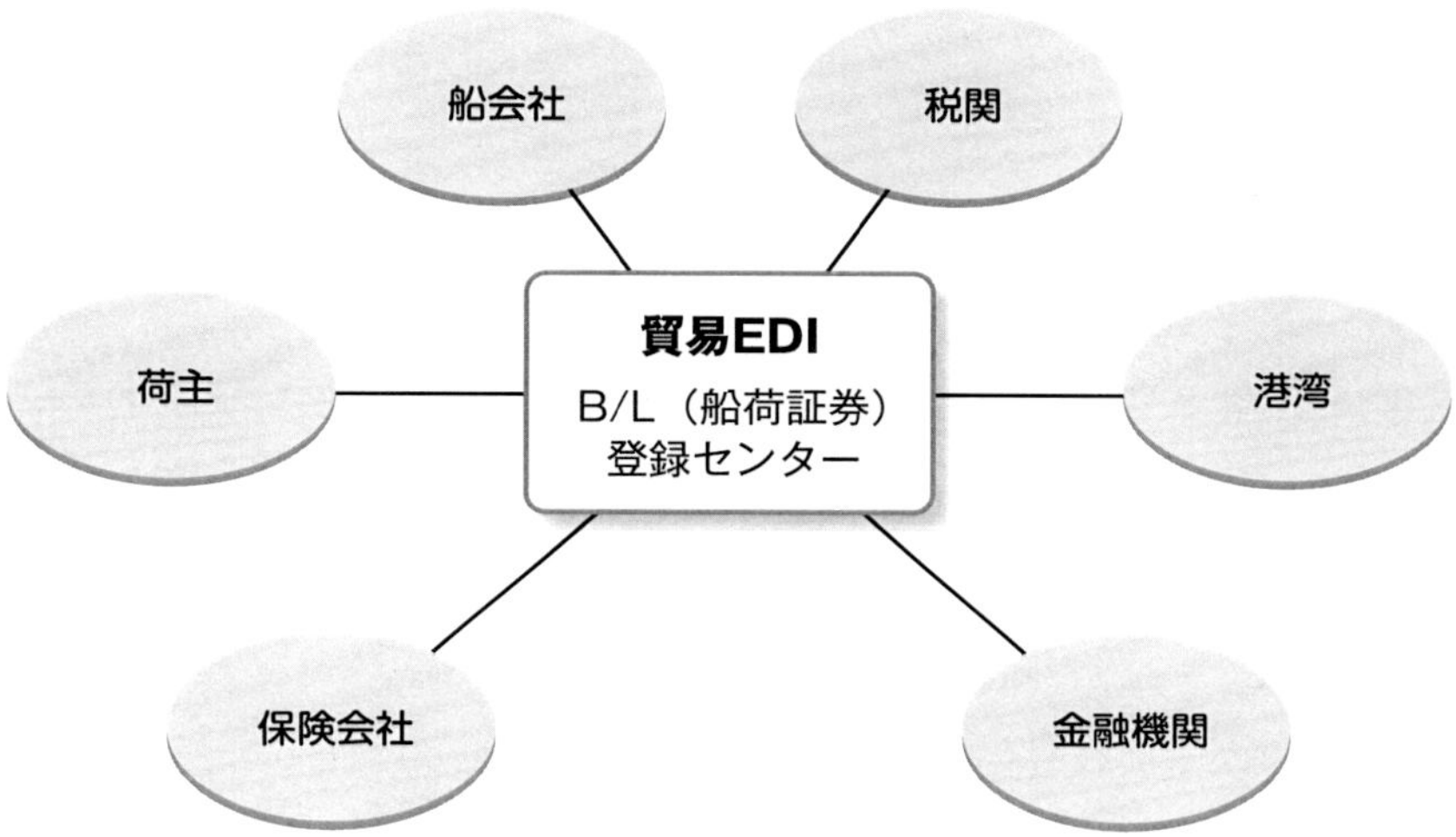


社、航空会社、通関事業者、港湾事業者、倉庫会社、保険会社、金融機関、税関、港湾局などがあります。貿易ＥＤＩのさらなる充実により、これらの業界を情報ネットワークで統合することが推進されていくことになります。

## 貿易ＥＤＩの推進組織・システム

国際的な標準化組織であるボレロ・ドット・ネットが国際的な貿易ＥＤＩの構築を行っています。インターネットを活用して、国際的な貿易金融に関する手続きをウエブ上で円滑、迅速に行うサービスです。船荷証券などの貿易関連の文書をデータ化し、インターネットで交換することで書類確認作業などを大幅に短縮することで効率化とコスト削減を実現することができます。

我が国では貿易管理オープンネットワークシステム（ＪＥＴＲＡＳ）が設置されています。輸出業務における許可・承認・申請手続き、電子的な許可証、電子的な承認証の裏書き、通関実績管理、輸入業務における割当、割当残高管理など、通関業務全般の手続きがウエブ上で行えるワンストップサービスが実現されています。

85

# 海外の物流センターの活用

## 海外拠点とのリンクを重視

### 不足する好立地の国際物流拠点

物流センター、配送センターなどの立地は物流戦略を大きく左右する重要なポイントとなります。したがって慎重に決定されなければなりません。とくに海外工場などとのリンクを考える場合、港湾、空港などとのリンクがよく、配送先に近くなければなりません。

多くの日本企業は中国に生産拠点をシフトしています。日中間での物流システムのさらなる充実が進んでいます。こうした状況をふまえ、港湾、空港に円滑にリンクできる立地が好まれるケースが増えています。

さらにいえば、サプライチェーンマネジメント（SCM）の普及という流れのなかで物流拠点の集約化、共同化が進展しています。大規模な物流施設が求められる傾向が強まっています。1社で2万～6万㎡の施設を必要とするケースもあります。

しかし、日本国内の物流センターの好立地の供給には限度があります。需要の強い国際物流の立地拠点の賃料は不況下でも大きく下がることはなく、むしろ品薄状態が続いています。こうした状況のなかで、注目度が高まっているのがドロップシップ方式（直送方式、ダイレクト方式）の活用です。

### ドロップシップ方式の活用

従来、中国の受託製造企業などの現地工場で生産された製品は陸送後、保税地域で検品作業などが行われます。次いで航空輸送、あるいは海上輸送を行い、日本国内に陸揚げされ、国内の拠点となる物流センターに輸送されていました。そして国内センターでの在庫管理を経て、国内工場、営業所などに納品されていました。

Point

- ドロップシップ方式
- グローバル物流拠点戦略

**海外工場からのドロップシップ方式**

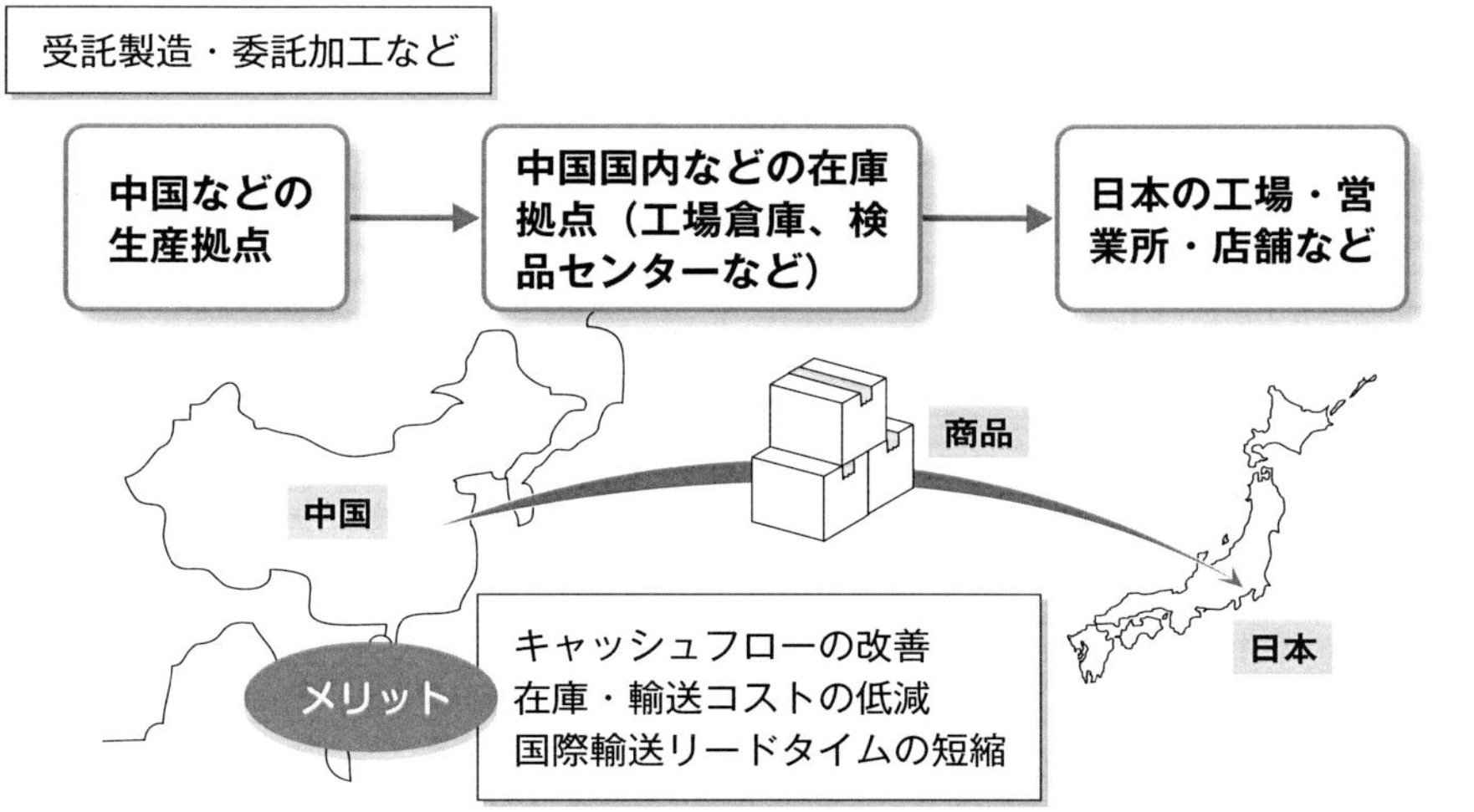


ところがドロップシップ方式では中国の工場倉庫で仕分け、検品を行い、出荷し、日本国内の工場、営業所、店舗などにダイレクトで納入します。日本国内の物流センターを中抜きすることで、中国から国内までの輸送リードタイムと物流コストを大幅に削減することが可能になります。もちろん物流に合わせて情報流も緻密にフォローするようにします。日本よりも土地条件に恵まれる大規模で好立地の物流センターを低コストで運営することが可能です。

中国企業の製造情報（製造番号、購入注文番号、契約情報、パッキング情報、製品情報など）は中国企業と国際物流を担う企業によって共有され、効果的に活用されるようにします。

また、在庫拠点を絞り、在庫圧縮を実現することによって、キャッシュフローの改善、在庫の大幅低減化、物流拠点コスト削減・簡素化、サプライチェーンにおけるさまざまな重複、あるいは物流システムの不透明性なども大幅に改善できます。

国際物流システムの拡張により、物流拠点の設置、配置戦略についてもグローバルな視点から考えなければならない時代が来ているといえるわけです。

# 86 変わる日本の空港・港湾の位置付け

## 国際物流インフラをいかに強化するか?

### 低下する日本の国際的位置

わが国は、かつては「海洋大国」といわれていました。横浜港や神戸港はアジア有数のハブ港湾として、国際物流でも重要な位置付けにありました。また、空港についても成田空港（成田国際空港）に多くの航空貨物が集まっていました。ところが近年はアジア各国の港湾、空港の充実で日本の港湾・空港の国際的な立場は低下の一途をたどっています。

国際物流の中心はシンガポール、香港、韓国、中国などの他国のハブ拠点に移っているのです。こうした事態を憂慮して、国土交通省は日本を代表するハブ港湾を選定しました。

選定にあたっては、韓国の釜山港などに対抗できるサービスの提供、民間手法による港湾経営、ターミナルなどのコスト低減策、戦略的なセールス、荷主へのサービス向上などが考慮されました。ハブ港湾の機能を強化させるには他国の主要港湾との連携に加えて、日本国内の地方港との連携、すなわち内航海運の充実も大きな課題となります。

また、日本の主要港湾のなかには、これまで輸出港として機能していたものが少なくありません。国内工場で生産した製品を海外に輸出する際の起点として機能していたのです。しかし、近年は中国などからの輸入にいかにタイムリーに対応できるか、すなわち輸入港としての機能強化も求められています。あわせて港湾の後背地のロジスティクス機能の見直しなども求められています。規制緩和に加え、物流団地（ロジスティックパーク）などのインフラの整備をさらに進めていく必要もあるでしょう。

さらにいえば、国際競争力を強化するにはシンガポール港のように中継港機能の強化も必要になってきます。ハブ港湾の定義を見直し、次世代に通用す

**Point**

- ハブ港湾
- 輸出港と輸入港

**問題山積の日本の国際物流戦略**

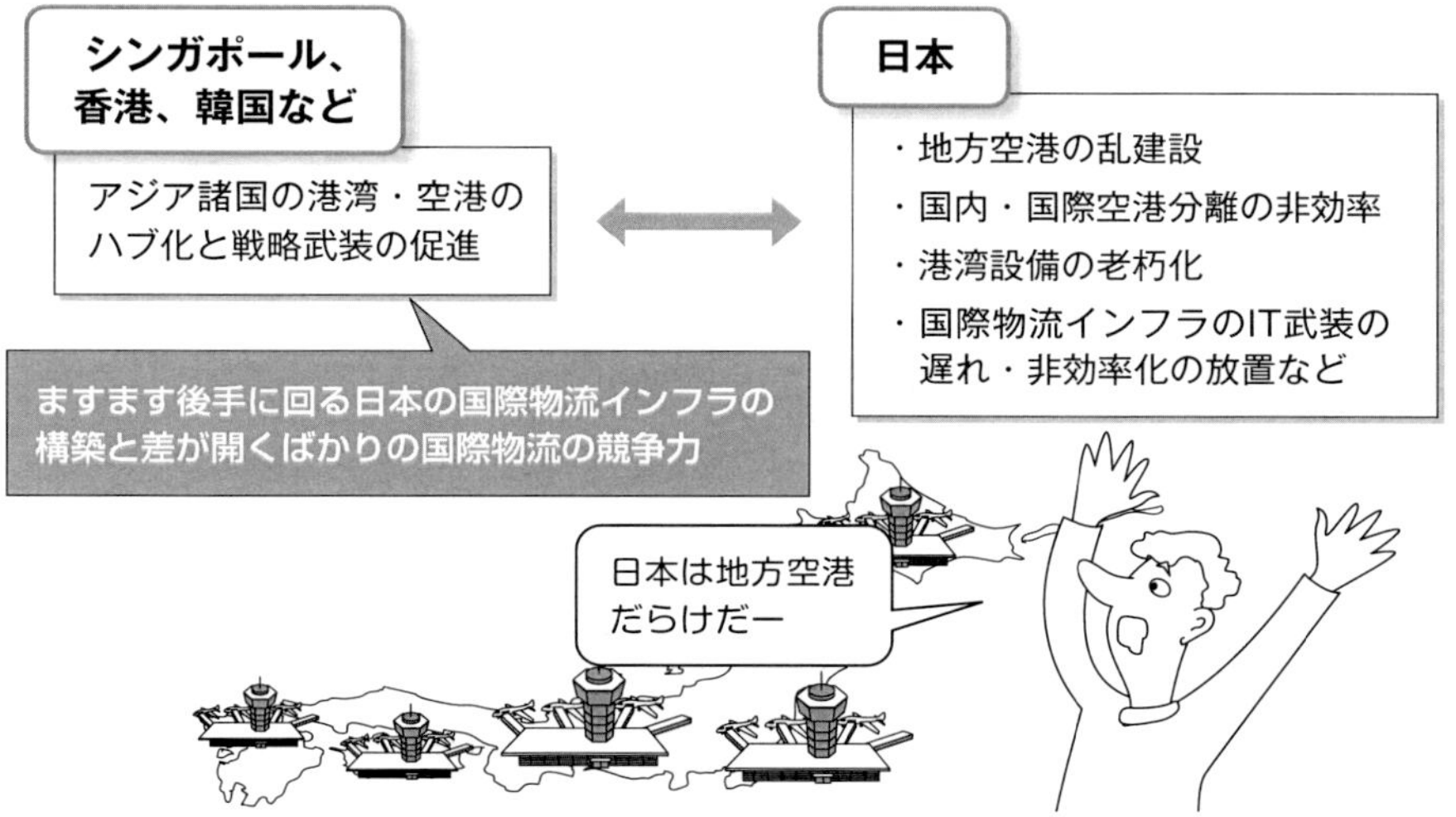
シンガポール、
香港、韓国など
アジア諸国の港湾・空港の
ハブ化と戦略武装の促進
日本
・地方空港の乱建設
・国内・国際空港分離の非効率
・港湾設備の老朽化
・国際物流インフラのIT武装の
遅れ・非効率化の放置など
ますます後手に回る日本の国際物流インフラの
構築と差が開くばかりの国際物流の競争力
日本は地方空港
だらけだー

る国際物流インフラを再構築していく必要があるわけです。

## 国内・国際空港の分離の問題点

空港についていえば、羽田の再国際化に大きな注目が集まっています。

国内空港と国際空港を分離すると、海外の貨物を日本のハブ空港からダイレクトに地方空港に空輸することができません。

たとえば中国からの輸入貨物を成田空港に運び、さらに地方空港を経由させて地方の在庫拠点に持っていくことは不可能というわけです。しかし羽田を活用すれば国際・国内便をあわせて使うことができるので、地方への貨物アクセスが円滑になります。ただし、羽田の場合、取り扱える貨物の全体量がそれほど多くありません。現状のままではアジアの主要空港に機能面で優るとは言いがたい状況です。

無論、国際物流面での競争力低下は日本経済全体に良い影響を与えることはないでしょう。港湾・空港の国際物流インフラ機能をいかに強化していくかということが、これからの我が国のかかえる大きな課題の一つであることはいうまでもないでしょう。

# 海上コンテナの転倒防止

海上コンテナをトレーラーで陸上輸送する際に横転し、事故につながることがあります。トレーラーの横転で周囲の自動車が巻き込まれれば大惨事となってしまいます。トレーラーが横転しないように細心の注意を払って運転する必要があることはいうまでもありません。

しかし、細長いにもかかわらず重心が高くなっているというトレーラーの構造が事故を誘発するという指摘もあります。重心が高いためにわずかの速度でもカーブなどの際に車体が不安定になり、コンテナが落ちることもあるというのです。また積載率が低ければコンテナ内の重心が偏ることもあり、そうなれば横転のリスクも高まる可能性があるともいわれています。

横転事故などを回避するためには、トレーラーのドライバーに細心の注意を求めるのみならず、法定速度をさらに低く設定するなど、横転を未然に防ぐしくみづくりも必要になってきます。トレーラーの荷台にコンテナをしっかりと設置することを徹底する必要もあります。

また、横転しにくい車体設計や、荷台とコンテナのロックを迅速あるいはオートマチックにできるようなメカニズムを開発するように社会的に自動車会社に強く求めていくことも必要になってくるかもしれません。

# 貿易・国際物流

# 資料編

## 輸出実務の手順

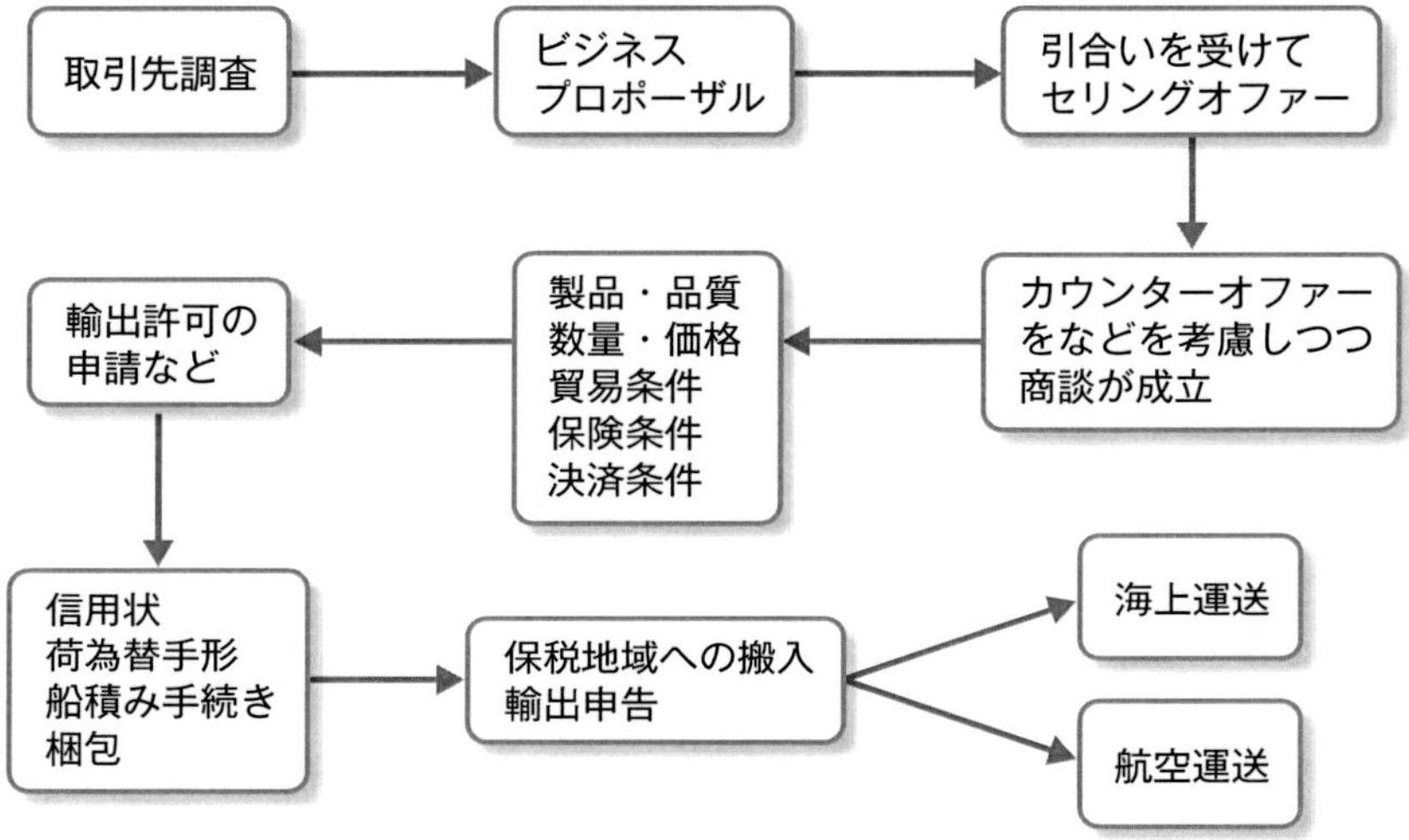
取引先調査
ビジネス
プロポーザル
引合いを受けて
セリングオファー
カウンターオファー
をなどを考慮しつつ
商談が成立
製品・品質
数量・価格
貿易条件
保険条件
決済条件
輸出許可の
申請など
信用状
荷為替手形
船積み手続き
梱包
保税地域への搬入
輸出申告
海上運送
航空運送

## 輸入実務の手順

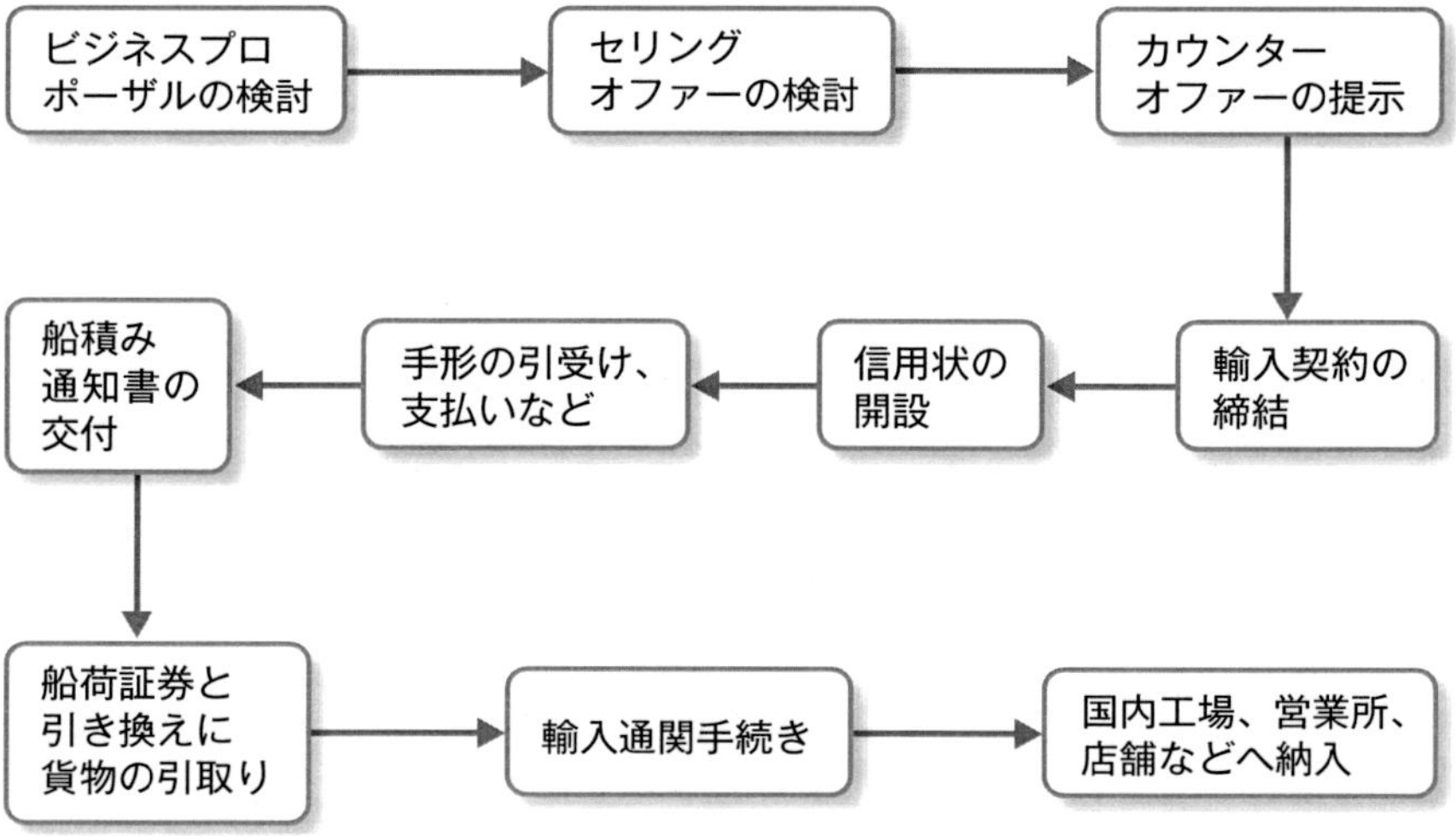
ビジネスプロ
ポーザルの検討
セリング
オファーの検討
カウンター
オファーの提示
輸入契約の
締結
信用状の
開設
手形の引受け、
支払いなど
船積み
通知書の
交付
船荷証券と
引き換えに
貨物の引取り
輸入通関手続き
国内工場、営業所、
店舗などへ納入

## 海上コンテナの種類（ISOコンテナ規格）

| 種類 | 最大総重量 | 海上コンテナの自重 |
|---|---|---|
| 20フィート（6,096mm）、<br>40フィート（12,192mm）<br>の2種類が中心<br>・ドライコンテナ（有蓋コンテナ）<br>・リーファーコンテナ（低温輸送）<br>・サーマルコンテナ（冷蔵コンテナ）<br>・ハンガーコンテナ（衣類用） | 20フィート：<br>20,320～30,480kg<br>40フィート：<br>24,000～30,480kg | 〈ドライコンテナ〉<br>20フィート：約2,300kg、<br>40フィート：約3,800kg<br>〈リーファーコンテナ〉<br>20フィート：約2,800kg、<br>40フィート：約4,200kg |

注：諸資料をもとに作成

## コンテナとは

| コンテナ | 積載した貨物を積み直すことなしに複合輸送、積み替え荷役に適したかたちで行うための貨物輸送用容器 |
|---|---|

・積載した貨物を積み直すことなしに複合輸送、積み替え荷役に適したかたちで行うための貨物輸送用容器

・1961年にコンテナ寸法の国際規格化についてのISOの総会が行われ、翌年規格が定められ、以後も適時、寸法規格の追加などが行われている

## 航空輸送コンテナの種類

| 種類 | 解説 | 備考 |
|---|---|---|
| エアクラフト・ユニットロードデバイス（エアクラフトULD） | 貨物室の緊縛装置に直接固定できるタイプで一般的な貨物を運ぶためのパレット、ネット、イグルー、コンテナの総称。 | パレット、イグルーはアルミ製、ネットはナイロン製。国際複合一貫輸送用（20フィート）のコンテナのことをインターモーダルコンテナという。 |
| ノンエアクラフト・ユニットロードデバイス（ノンエアクラフト ULD） | 緊縛装置に合致しない仕様のユニットロードデバイスの総称。 | エアクラフトULDを介することで貨物室に搭載する。 |
| 保冷・冷凍コンテナ | 温度調節機能のついた保冷コンテナのほかに保冷構造のみの簡易型保冷コンテナもある。 | 国際貨物輸送では主に温度調節機能のある保冷コンテナが用いられる。 |
| ガーメントコンテナ（衣服用コンテナ） | 衣服をコンテナ内に吊り下げて運ぶことができる構造となっていて、ハンガー国際輸送システムなどに際して活用される。 | ハンガーに吊るしたまま衣服を輸送することで、店舗などでの掛け替え作業などの時間とコストを短縮できる。 |
| 家畜専用コンテナ、ホースストール（競走馬用）、家畜クレート（大型家畜用）、ダブルデッキクレート（中小動物用） | 競走馬、牛、豚、羊などの動物の輸送に利用される。動物の大きさ、特性などにより輸送容器のスケールや外観は異なることになる。 | 魚介類輸送コンテナもある。 |

イグルー：パレットのサイズに合わせた金属製、グラスファイバー製のカバー。パレットと構造的に一体となっているものを構造的イグルーと呼ぶが、実務ではこれもコンテナに含めることがある。

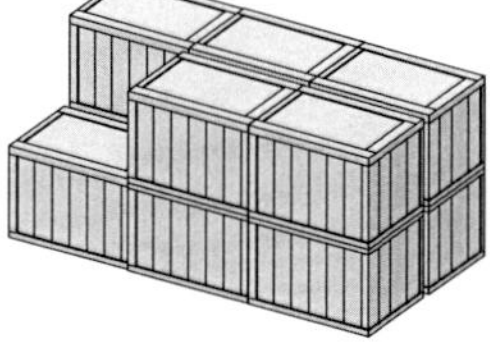

## 貿易に関わる関連法規

| 法律 | 内容・解説 |
|---|---|
| 関税法 | 関税とは産業の保護などを目的に課される税金で「輸入税」の一種。我が国の関税法では原則として輸出入されるすべての貨物は税関長に申告されなければならない。必要な検査を受け、許可を得ることになる。 |
| 関税定率法 | 関税率について定めている。主要税率には基本税率、暫定税率、協定税率、特恵税率があり、そのほかにも簡易税率がある。 |
| 関税暫定措置法（特恵関税） | 特恵関税制度の適用要件、原産地制度、適用停止などについて定めている。ただし、特恵関税国から直接、運送されないで、非原産国で積み替えや一時蔵置以外に簡単な加工などを行った場合には特恵関税の恩恵を受けられなくなる。また、特恵税率を適用するには輸入通関に際して特恵原産地証明書が必要になる。 |
| 通関業法 | 通関業を営むものについて、その業務規則、通関士の設置などの必要事項を定めて、業務の適正な運営を図り、貨物の通関手続きなどの適正かつ迅速な実施の確保を目的としている。 |
| 外国為替及び外国貿易法（外為法） | 輸出貿易管理令で輸出承認を求めている。貿易実務者にとってはキャッチオール規制、リスト規制などの理解が重要になる。 |
| ワシントン条約 | 実際にまだ生きている動植物のみならず、はく製、加工品などのなかに絶滅危惧種が含まれている場合も商業目的の場合、輸出許可書、輸入承認証などが必要になる。 |
| バーゼル条約 | 「有害廃棄物が先進国から発展途上国などに輸出されることによって、発展途上国の環境を著しく汚染することがないようにする」という趣旨で採択。PCB、めっき汚泥などの59品目が特定有害廃棄物として規制の対象。 |
| 国際植物防疫条約 | 同条約の趣旨を受け、輸入貨物の木材梱包材料（木製パレット、木箱など）に付着する害虫などから森林・環境・健康・資源等を保護するため、輸入貨物の木材梱包材料の検疫を実施する国が多い。 |
| WEEE/RoHS/REACH規制（欧州） | WEEE指令とは、廃電気・電子製品の廃棄物処理責任についての指令、RoHSは、電子・電気機器における特定有害物質の使用を制限する指令、REACH指令（「化学物質の総合的な登録、評価、認可、制限に関する指令」）では、EU域内で製造、あるいは域内に輸入された化学物質の登録から認可が製造者、輸入者に課されていて、特定の化学物質を使用する場合にそのデータを提出することを定めている。 |
| CCC認証制度（中国） | 中国では販売業者と輸入業者は、「強制的製品認証証書」を取得し、同時に強制的製品認証マークのない目録内の製品を、購入、輸入、販売してはならない。対象となるのは、電線ケーブルアセンブリー、電動工具、照明設備、特殊車両、農業機械、医療機器など。 |

## 主な国際貨物のリスクと対応

| 輸送過程でのトラブル | トラブルの原因 | トラブルへの対応・対策 |
|---|---|---|
| 船などの火災・爆発 | 船の座礁・衝突・接触・沈没など。 | 貨物の不着、損失の詳細を迅速に確認。保険会社への連絡。 |
| 貨物の盗難、コンテナジャック、抜荷 | 輸送リスク、保管リスクなどの高い海外ルートの使用など。 | 抜荷による貨物の損失、貨物の不着、貨物の未出荷などへの事後処理を迅速に行う。 |
| 漏損、重量などの減少 | 自然減など。出荷時点での梱包、荷支度の不十分など。 | 物流過程での保管、梱包などを工夫する必要性大。 |
| 破損・曲損、へこみ損 | 出荷時点での梱包、荷支度の不十分など。 | 物流過程での保管、梱包などを工夫する必要性大。コンテナ内の積み付け、固定の徹底など。物流特性に合わせた適切な荷役作業の指導・教育の強化。 |
| 雨ぬれ損（淡水ぬれ損）海水ぬれ損 | コンテナの破損など。 | コンテナの保守・修理の徹底。 |
| 汗ぬれ損 | コンテナの内壁に内外気の温度差などにより結露が発生するため。 | 除湿装置付きコンテナなどの導入。 |
| 汚損 | コンテナ内の汚れなど。 | コンテナ内の5Sの徹底。 |
| 船、航空機、トラックなどの運送機関の遅延 | 渋滞、荒天候、通関手続きの遅れなど。 | 長期天気予報などの出荷前の事前確認の徹底、渋滞時間などの調査、余裕を持っての通関手続きの遂行など。 |
| 波ざらい | 荒天候など。 | 甲板上のコンテナをしっかり固定・緊縛する。 |
| 見知らぬ貨物の混入（差し荷） | テロなどの計画・実行。 | 監視カメラの導入、梱包明細書などの入念なチェック。空コンテナなどの管理の徹底。 |

## 中国保税区域のまとめ

| 名称 | 解説 |
|---|---|
| 保税区 | 外高橋保税区（1990年認可：上海）をはじめ天津、大連、広州、青島、寧波、海南島海口など。貨物を区内に搬入した段階では増値税の輸出還付は認めていない。 |
| 輸出加工区 | 上海（松江、金橋、青浦など）大連、天津、北京、杭州、深圳、青島、瀋陽などに設けられている。区内での委託加工貿易には増値税は課されない。 |
| 物流園区 | 外高橋保税区、青島、大連、寧波、天津、張家港など。保税区域と港湾区域を連動させ物流業務を円滑に行うことが設置の目的。税関の許可を受けて集中通関を受けることができる。選別、マーク貼りなどの簡単な加工を行うことが可能。 |
| 物流中心A | 企業単位の保税物流センターで、「自社あるいは自社グループの保税施設として使うこと」とされている。年間輸出額、登録資本金など、経営する企業の条件が定められている。倉庫については自社で保有するか3年以上の賃貸契約が義務付けられている。 |
| 物流中心B | 運用について複数企業が携わるタイプの公共性の高い保税物流センターが対象。設置される倉庫面積の大きさは中西部地域で5万㎡以上、東部地域では10万㎡以上と定められている。 |
| 保税港区 | 上海、天津、寧波などで貨物の保税保管輸出入などの活動が認められている。 |

## 日本の保税地域の種類と機能

| 種類 | 主な機能 | 貨物の蔵置期間 |
|---|---|---|
| ①指定保税地域 | 外国貨物の積卸、運搬、一時蔵置 | 1カ月 |
| ②保税蔵置場 | 外国貨物の積卸、運搬、長期蔵置 | 2年（延長可能） |
| ③保税工場 | 外国貨物を原料とする加工・製造 | 2年（延長可能） |
| ④保税展示場 | 外国貨物の展示・使用 | 税関長が指定する期間 |
| ⑤総合保税地域 | 外国貨物の積卸、運搬、長期蔵置、加工・製造、展示 | 2年（延長可能） |

出所：財務省関税局「税関」ホームページ

## リスト規制のまとめ

| | |
|---|---|
| **規制の概要** | ・武器、あるいは軍事用途に転用可能な高度汎用技術品の輸出について、品名をリストアップして行われている規制。<br>・用途、需要者に関係なく該当する輸出品については経済産業大臣の許可が必要。 |
| **対象国** | 全世界向けの輸出が対象。 |
| **対象品目** | 生物兵器、化学兵器、核兵器、ミサイルなどについては輸出貿易管理令別表1により経済産業大臣の許可が必要。 |

## キャッチオール規制のまとめ

| | |
|---|---|
| **規制の概要** | ・たとえ汎用品であっても、需要者の意図、用途によっては大量破壊兵器の生産に結びつく可能性がある国（非ホワイト国）への貨物や技術の輸出に規制がかけられる。<br>・キャッチオール規制の対象となる貨物、技術などについては、ホワイト国以外への輸出について、客観要件、インフォーム要件のいずれかに該当する場合は経済産業省の輸出許可を受けなければならない。 |
| **ホワイト国** | アイルランド、アメリカ合衆国、アルゼンチン、イタリア、英国、オーストラリア、オーストリア、オランダ、カナダ、ギリシャ、スイス、スウェーデン、スペイン、大韓民国、チェコ、デンマーク、ドイツ、ニュージーランド、ノルウェー、ハンガリー、フィンランド、フランス、ベルギー、ポーランド、ポルトガル、ルクセンブルクの26カ国がホワイト国である。なお経由地がホワイト国であっても仕向地がその他の国となる場合はキャッチオール規制の対象となる。 |
| **輸出管理者の心構え** | グローバル化の流れの中で「どのような素材、部品、製品などがどのような目的でどのような需要者に輸出されるのか、武器などに転売、転用されるリスクはないのか」ということを入念にチェックするように務める。 |

**客観的要件**：輸出しようとしている貨物が大量破壊兵器の開発などに用いられるリスクのある場合、あるいはすでに行っている場合を指す。なお、客観要件は用途要件（大量破壊兵器に使用される場合など）と需要者要件（需要者が大量破壊兵器の開発などを行うか、あるいはすでに行っている場合など）に分けられる。
**インフォーム要件**：輸出者に対して経済産業大臣から輸出するまでに許可申請をすべき旨の通知があった場合を指す。

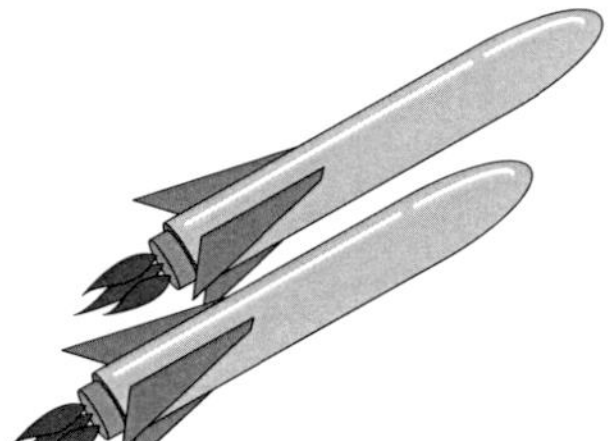

## 代表的なインコタームズ（1）CIF、FOB、CFR

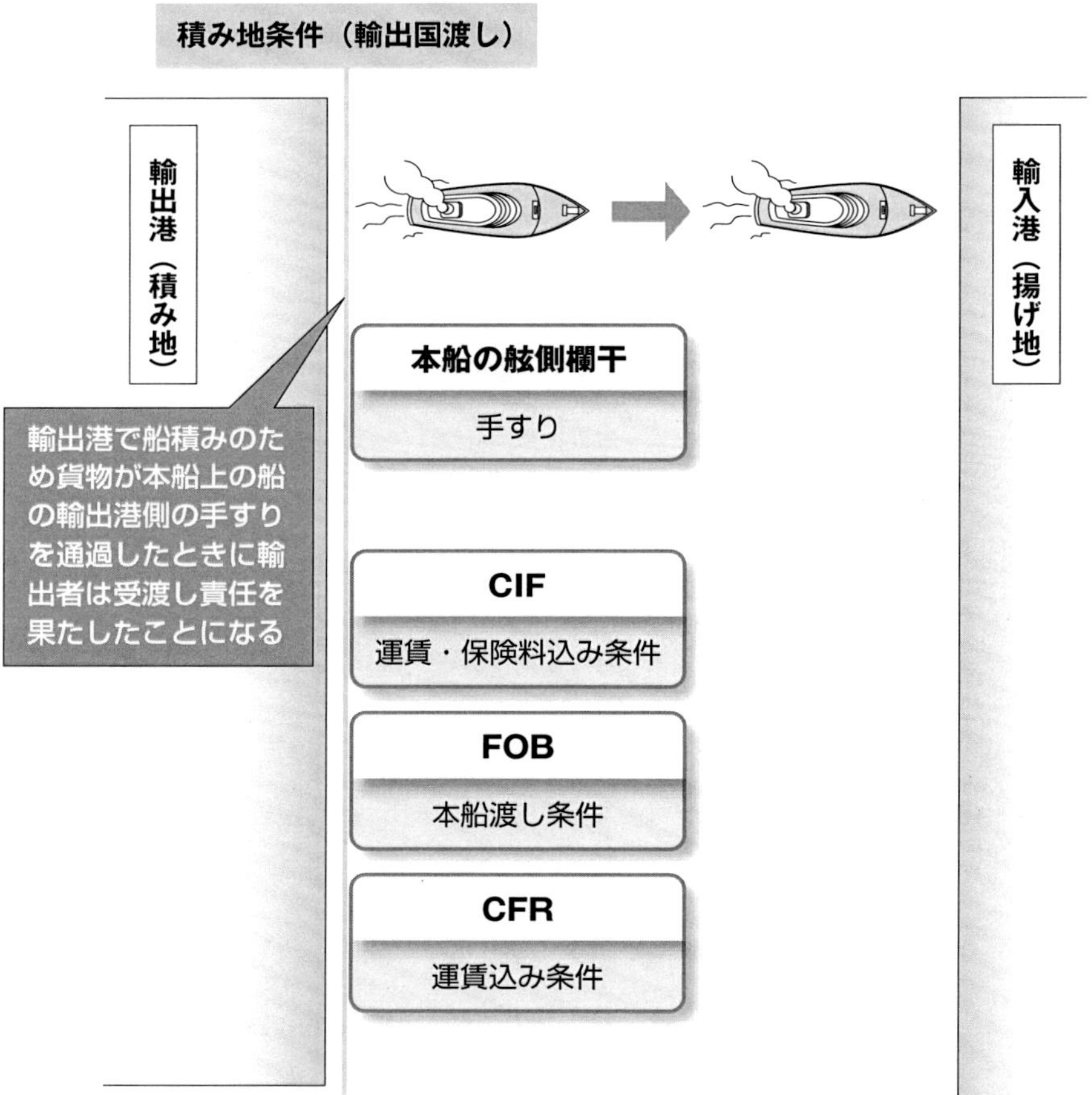


C：コスト（貨物の価格）
F：フレイト（貨物輸送費）
F：フリー（引渡し）：インコタームズのF型のF
I：インシュアランス（保険）
OB：フリー・オン・ボード（甲板渡し）
＊FOBのFは「フリー」、CIFのFは「フレイト」

## 代表的なインコタームズ（2）DES、DEQ、DDU、DDP

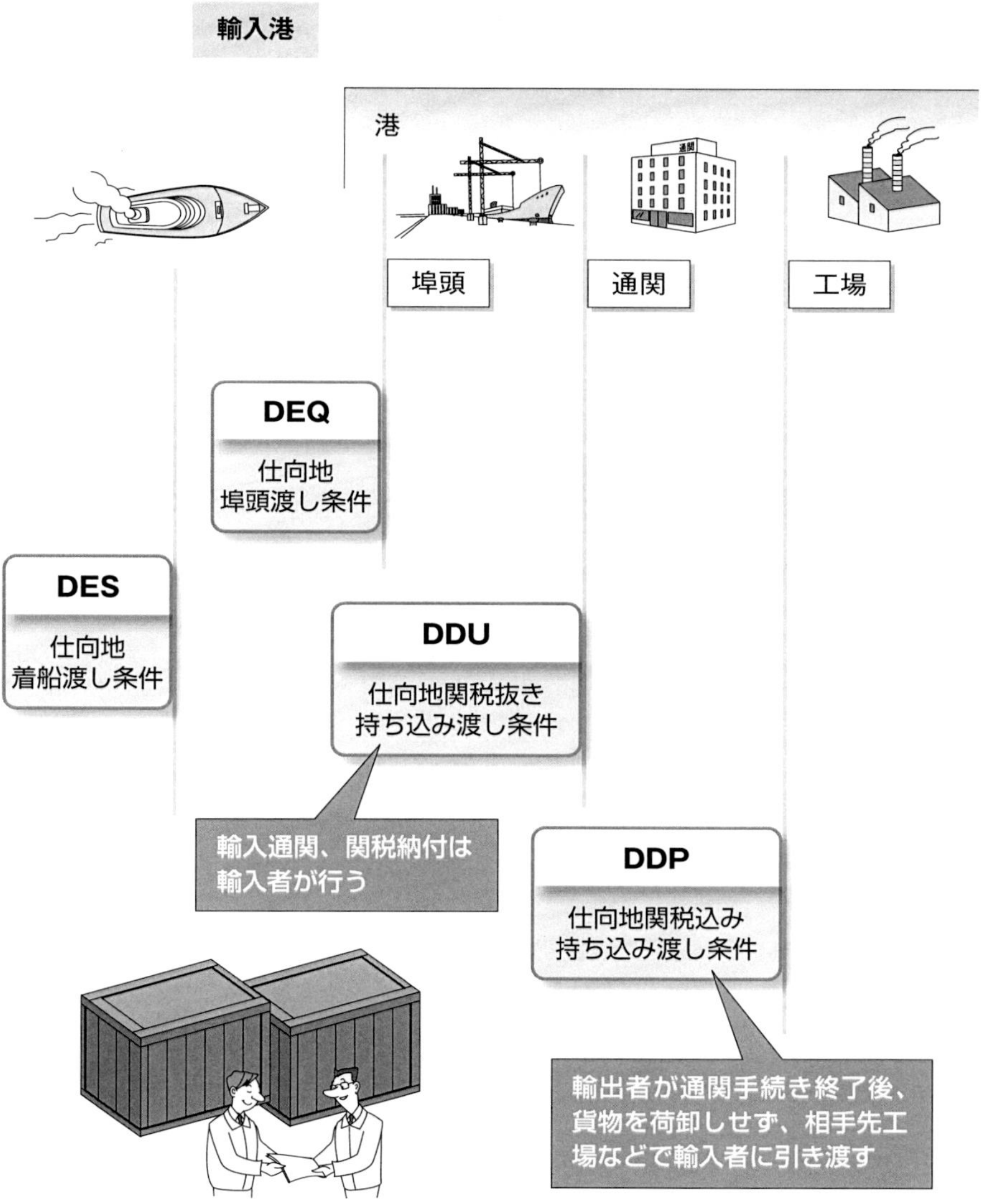

## インコタームズ一覧表

| 名称 | 解説 |
|---|---|
| CIF（運賃・保険料込み条件） | 売主は貨物が本船手すりを通過するまでの運賃、保険料を負担する。 |
| CFR（運賃込み条件） | 売主は貨物が本船手すりを通過するまでの運賃を負担する。 |
| CPT（輸送費込み条件） | 売主は仕向地までの運送費を支払う。 |
| CIP（輸送費・保険料込み） | 売主は仕向地までの運送費、保険料を支払う。 |
| DAF（国境渡し条件） | 輸出通関手続き終了後、輸入国の税関の手前で荷卸しをしない状態で輸入者に貨物が引き渡される。 |
| DES（仕向地着船渡し条件） | 仕向地到着後、輸入通関前に本船上で引き渡す。 |
| DEQ（仕向地埠頭渡し条件） | 仕向港に陸揚げ後、埠頭で輸入通関前に引き渡す。 |
| DDU（仕向地関税抜き持ち込み渡し条件） | 輸入通関、関税納付は輸入者が行う。 |
| DDP（仕向地関税込み持ち込み渡し条件） | 輸出者が通関手続き終了後、貨物を荷卸しせず、相手先工場などで輸入者に引き渡す。 |
| EXW（売り手工場渡し条件） | 売主が輸出国の自社工場、倉庫などで買主に貨物を引き渡す。 |
| FAS（船側渡し条件） | 輸出通関手続き終了後、本船の船側に置くことで引渡しが完了する。 |
| FCA（運送人渡し条件） | 輸出者が輸出通関手続き終了後に輸入者の指定する運送人に貨物を引き渡す。 |
| FOB（本船渡し条件） | 輸出通関手続きの終了後、本船の手すりを通過することで貨物の引渡しが行われたことになる。 |

## 貿易取引の決済プロセス　AEO制度のまとめ

| | |
|---|---|
| **概要** | AEOとはオーソライズド・エコノミック・オペレーター（認定された貿易関連事業者）の略。国際物流におけるセキュリティ管理と円滑化を促進するために税関当局などが認定した輸出入関連事業者、運送事業者、倉庫事業者などに対して、通関手続きの簡素化などを認める制度である。認定された事業者には通関手続きの審査・検査のプロセスが一部免除などで簡素化される。サプライチェーン全体を網羅するかたちで輸出入業者、倉庫業者、通関業者、国際運送事業者のそれぞれをAEO制度の対象とし、制度を整備。 |
| **経緯** | 平成13（2001）年：輸出者を対象とした「特定輸出申告者制度」（自社内での輸出申告が可能）<br>平成18（2006）年：輸入者を対象とした「簡易申告制度」（貨物到着前の輸入申告が可能）<br>平成19（2007）年：倉庫業者を対象とした「特定保税承認制度」（手数料の軽減）<br>平成20（2008）年：通関業者を対象とした「認定通関者制度」と国際運送事業者を対象とした「特定保税運送制度」が、保税運送手続きの簡素化を目的とし、創設 |
| **国際的な状況** | 世界税関機構（WCO）の枠組みを基盤に各国の税関当局が同制度の導入。WCOでは2006年6月に国際標準のAEOガイドラインを採択。<br>米国：C-TPAT（カスタム - トレード・パートナーシップ・アゲインスト・テロリズム）と呼ばれ、輸出国から米国に至るインバウンドサプライチェーンのセキュリティ強化を目的とし、2002年4月より官民共同の取組みとして導入。その対象は米国への輸入関連事業者、トラック、海運、航空、鉄道、港湾の各事業者、フォワーダー、通関事業者などで、認定レベルは3種類 。<br>国際間の同制度の相互承認も可能：たとえば、2008年10月より日本とニュージーランドは双方のAEO輸出者を相互承認の対象者として、双方の対象者が輸出した貨物のそれぞれの輸入について安全面に関する通関の円滑化措置を実施している。 |
| **サプライチェーンセキュリティとの関係** | グローバルサプライチェーンにおけるハイリスクな貨物の発見、検査体制が厳密化することになり、国際貨物のセキュリティ管理がグローバルロジスティクスの大きなキーワードとなりつつある。 |

## 中国貿易べからず　7か条

| | |
|---|---|
| **1. 商習慣などの相違を軽視するべからず** | 日本と中国では商習慣が大きく異なる。日本では当然と思われることでもよく確認するようにしたい。 |
| **2. 文化面での相違を軽視するべからず** | 商習慣のみならず、文化面でも日中の相違点をしっかり理解しておくことが信頼関係の構築につながり、貿易取引をスムーズに行ううえでも有益になる。 |
| **3. 日中の法律面の相違を軽視するべからず** | 日中の貿易関係の法律は似通っているように見えても、大きな相違点があるものもある。中国の貿易関連の法律について十分に注意したい。またキャッチオール規制などと中国への輸出についても詳しく勉強しておきたい。 |
| **4. 輸送インフラの相違を軽視するべからず** | 中国の国内・国際インフラは整備されつつあるが日本に比べ時間がかかったり、不備な面もあったりすることを十分に認識しておくこと。 |
| **5. 中国通関手続きを軽んじるべからず** | 中国への輸出に際して「中国税関法」、「中国対外貿易法」、「中国貨物輸出入管理条例」、「貨物自動輸出許可管理弁法」などについて理解するようにしたい。中国版RoHSなどについても入念に調べておくとよい。 |
| **6. 検品・検針、荷役を軽んじるべからず** | 検品・検針などの技術指導を徹底させることで不良品の発生などを防ぐことができる。また、精密機器などについて荷扱いが雑にならないように指導する体制作りも必要である。 |
| **7. 梱包を軽視するべからず** | 木製梱包材については熱処理、くん蒸をしっかり行い、証明する書類などをつけて輸出する。 |

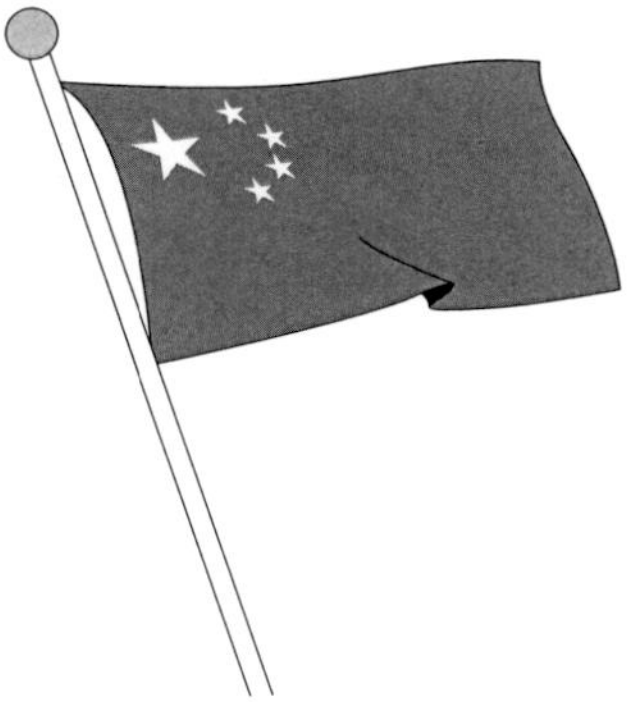

## 税関のまとめ

| | |
|---|---|
| **税関とは** | 財務省の地方支分部局の一つで関税の徴収を行う。また輸出入貨物の通関、密輸などの取り締まり、あるいは保税地域の管理も行われる。 |
| **税関の所在地** | 函館税関、東京税関、横浜税関、名古屋税関、大阪税関、神戸税関、門司税関、長崎税関、沖縄地区税関。 |
| **税関の役割** | ① 適正かつ公平な関税などの徴収<br>② 安全・安心な社会の実現<br>③ 貿易の円滑化 |
| **税関検査の種類** | 検査場検査、本船検査、船中検査。 |
| **情報システム** | NACCS（ナックス）が導入されている。 |

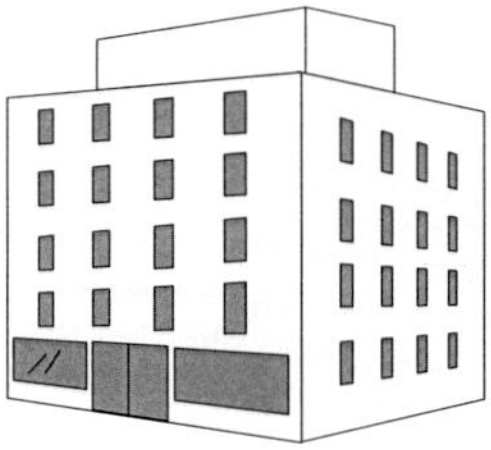

**税関**

**申告チェック**

## コンテナターミナルのレイアウトの一例

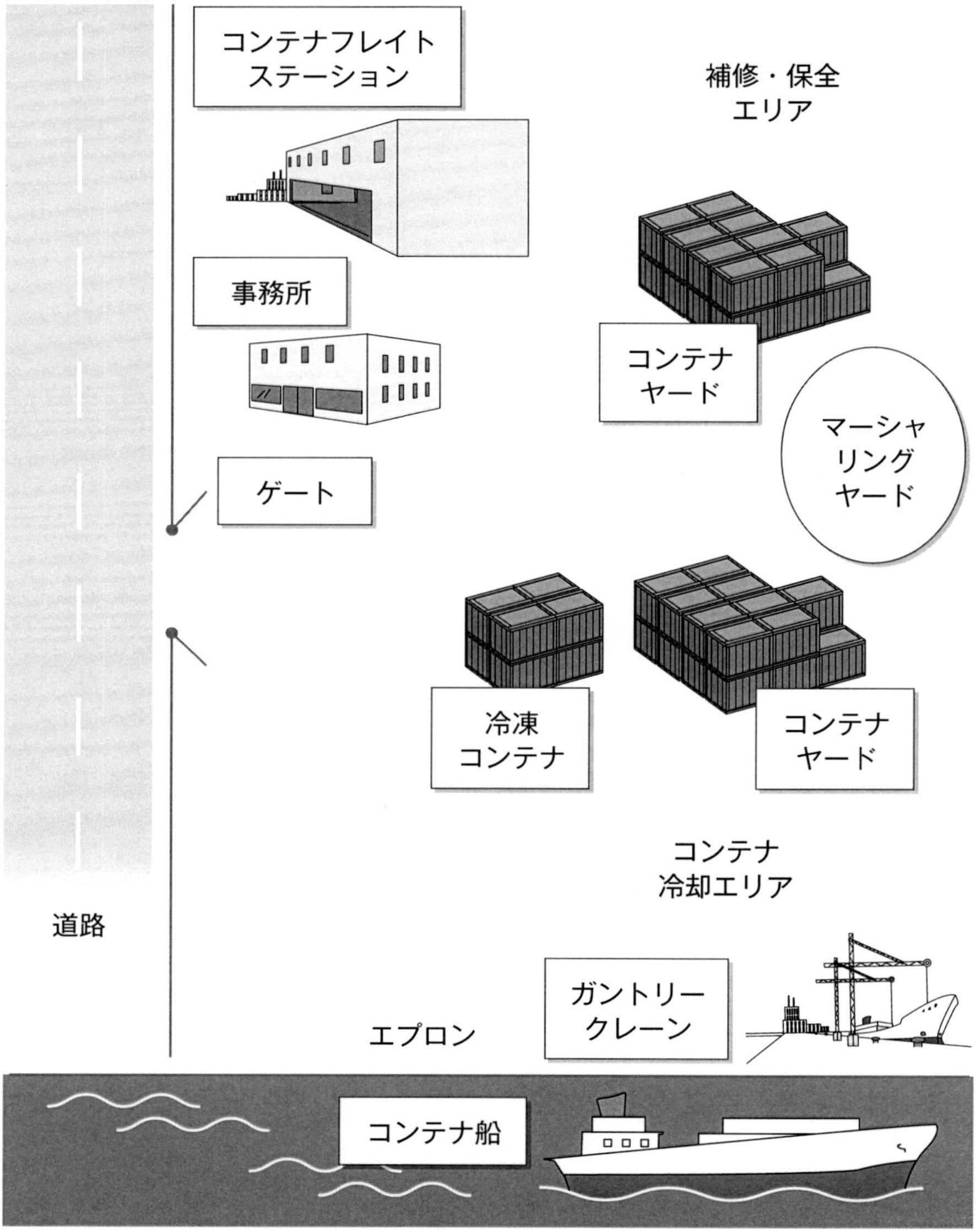

## 船荷証券のまとめ

| | |
|---|---|
| **船荷証券とは** | 船会社が輸出者に発行。船会社から輸出者に発行される受取証で、同時に貨物の出荷を証明する書類となる。また運送契約の成立とその内容を示している。貨物の引渡し請求権を示す有価証券。通常一度に3通、発行。 |
| **記載事項** | 輸出者（荷送人）、輸入者（荷受人）、着荷通知先、荷受地、船積港、荷揚港、荷渡地、荷印、総重量、総容積、貨物の品名、個数、運賃と諸費用、船荷証券の発行の日付け、発行地など。 |
| **記名式と指図式** | 記名式とは荷受人が指定されているもので、指図式とは、荷受人を特定しないタイプのもの。指図式の場合の荷受人欄（英文ではConsignee）には、「指図の通り」（英文では「to order」)、あるいは「荷送人の指図通り」（英文では「to order of shipper」）と記載されている。 |
| **譲渡** | 裏書きすることで荷主の所有権を譲渡することが可能。 |
| **再発行** | 紛失した場合には簡易裁判所に公示催告を申し立て、その船荷証券を無効にする措置をとり、徐権決定後にはじめて、再発行の請求ができるようになる。 |
| **貨物の物品名や数量など** | 「Shipper's Load and Count」（荷送人が積み込み数えたものとして）といった文言を入れ、船会社が貨物の中身に対して責任を負わないことを明示。 |

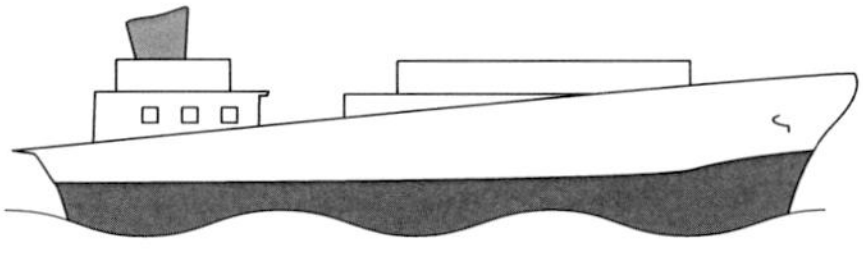

## 世界の主な空港

| 空港名 | 解説 |
| --- | --- |
| メンフィス国際空港 | デルタ航空、フェデックスのハブ空港として有名。世界最大の航空貨物取扱量を誇る。 |
| テッド・スティーブンス・アンカレッジ国際空港 | 積載重量の大きい国際貨物便を中心とした、アジアと欧州、米国東海岸の諸都市を結ぶルートの中継・中核空港、給油寄港のための空港として存在感を強めている。 |
| マイアミ国際空港 | アメリカ南部、南米への貨物中継拠点として機能。キューバへの定期便も飛んでいる。フェデックス、UPSなどが拠点空港として活用。 |
| シャルル・ド・ゴール国際空港 | 欧州大陸最大の貨物取扱量を誇るハブ空港。 |
| 香港国際空港 | 世界第二、アジア最大の貨物取扱量を誇るハブ空港。顧客満足度が高く、貨物ターミナルも充実している。 |
| 上海浦東国際空港 | 24時間型空港。世界最大のハブ空港となることを視野に入れつつ、規模の拡張と空港施設の充実を継続している。 |
| 仁川国際空港 | 日本や中国の地方空港とのネットワークを充実させ、東アジアのハブ空港として高い機能性を発揮。 |
| シンガポール・チャンギ国際空港 | 国内線はなく、国際線のみ。東南アジア最大のハブ空港として中継貿易での活用度が高い。 |

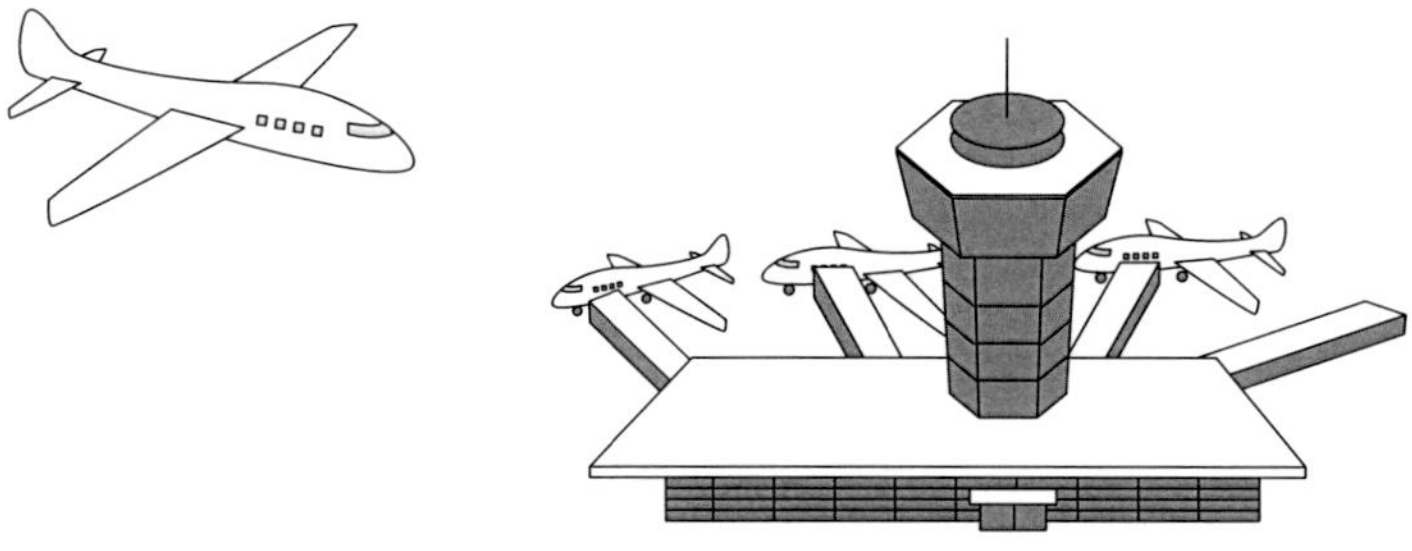

## 世界の主な港湾

| 港湾名 | 解説 |
|---|---|
| シンガポール港 | 世界最大のコンテナ取扱港。港湾IT化、税制面での優遇、ロジスティクスオペレーションの円滑化のためのサポートシステムの構築などを他港に先駆けて進めてきた。 |
| 香港港 | 24時間通関体制の自由港。中国へのゲートウエイ港として大きな存在感を発揮。 |
| 上海港 | 中国最大の港湾。上海西南端沖合の群島に大規模コンテナターミナルを整備し、さらなるコンテナ取扱量の拡大を目指す。 |
| 釜山港 | 日本と東アジアを結ぶトランシップ港湾、あるいはハブ港湾としての機能を高めてきた。 |
| ロッテルダム港 | 「ユーロポート」の別名がある欧州を代表する港湾。日本の神戸港、東京港とは姉妹港。2003年までは世界最大の貨物取扱量を誇った。コンテナターミナルは機械化、IT化が高度に進んでいる。 |
| ハンブルク港 | 欧州第二の港湾。横浜港と姉妹港。西欧と東欧、北欧を結ぶ好立地にあることから近年、西欧企業などによる戦略的位置付けが高まっている。 |
| ロサンジェルス港 | 全米最大のコンテナ取扱港。巨大なターミナルを会社単位で使用するメガターミナル方式。コンテナターミナルには貨物鉄道がアクセスでき、国際複合一貫輸送体制をスムーズに構築できる。 |

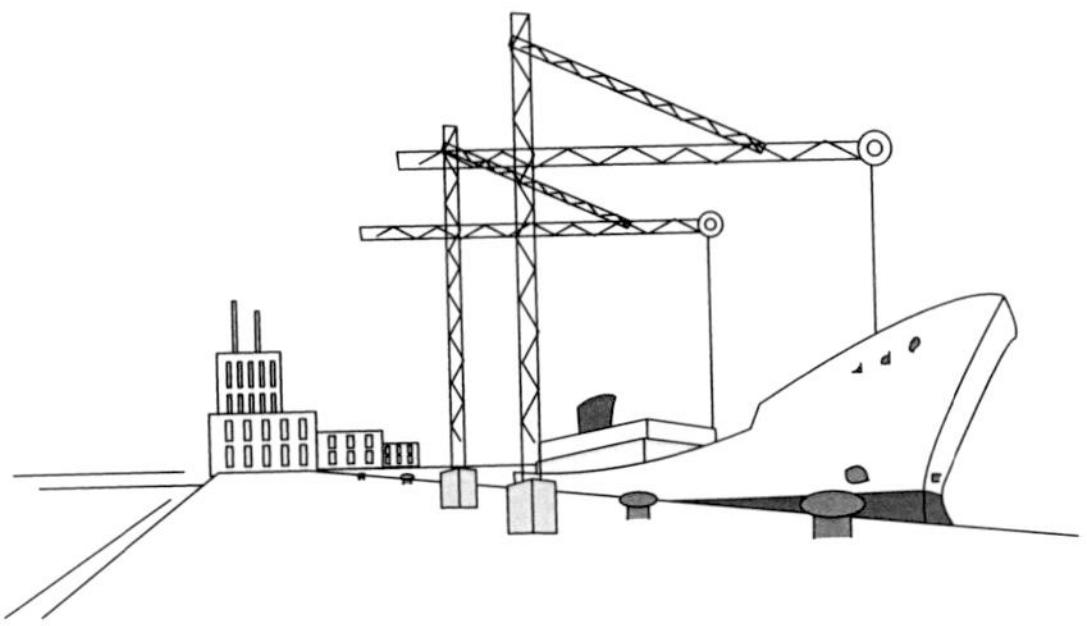

# 貿易・国際物流　重要用語一覧

## インコタームズ

国際的な統一定義を貿易取引の契約書の約款に入れる貿易条件の定義で、国際商業会議所が策定。強制力はなく、契約で定めた場合のみ適用される。

## インボイス（送り状）

輸出者名、輸入者名、輸出貨物の品名とその価格（単価、総額）、数量、梱包方法、荷印、受け渡し条件、本船名あるいは航空便名、輸出地（船積港など）、輸入地（陸揚港など）、納期、決済方法、保険条件などが、主として英語などで記載する。輸出貨物の明細書、輸出品の代金の請求書、輸出者の義務の確認書類、輸出品の納品書・請求書などの機能がある。

## ATAカルネ

ATA条約（「物品の一時輸入のための通関手帳に関する通関条約」）に基づくもので免税措置の適用を受けることができる。ATAカルネには税関に提出する通関手続きの書類が入っていて、税関はその用紙を輸出入の申告書、貨物の明細書として扱う。

## 梱包明細書（パッキングリスト、包装明細書）

輸出貨物の梱包明細を記載した書類。通関用、船積み用、荷為替手形買取用がある。

## 海貨業者

港湾運送事業法に基づいて輸出者に代わり港湾地区で貨物の受け渡しを行う業者で、港湾地区における幅広い業務を行う。船積み書類の作成、輸出入貨物の搬入、保管、運送などの取扱い、船荷証券の受け取り、荷渡し指図書の入手などの一連のプロセスに海貨業者が関わることになる。

## 海運同盟

海運同盟とは定期船会社の国際的なカルテル。運賃、配船形態などについて船会社が競争の激化を避けるために同盟を結ぶ。海運同盟の数は250程度、存在するが、閉鎖型（英国型）と開放型（米国型）とに大別できる。

### 航空（貨物）運送状（AWB：エアウエイビル）

通関手続きをスムーズに行うために、税関に貨物の詳細を知らせ、目的地までの輸送をスピーディかつ円滑に行うことが発行の目的。運送契約締結の証拠書類、貨物の受領証、運賃の請求書、荷送人に対する指図書としての機能がある。3通の原本とその他の副本で構成されている。船荷証券と異なり、有価証券ではない。

### 国際宅配便

国際宅配便のサービスは、クーリエサービス（CS）とスモールパッケージサービス（SPS）に2分される。貿易取引、国際業務などの緊急性のある書類、契約書などの信書以外の書類、あるいは書類に類する小口の荷物についてはクーリエサービスが使われる。スモールパッケージサービスとは、二国間の荷送人（発荷主）から荷受人（着荷主）まで、小口貨物をドアツードアで運ぶサービスである。

### 国際物流の機能

国際物流の機能には、輸送（国際輸送）、保管（蔵置など）、荷役（保税地域での荷役など）、流通加工（海外・保税地域など）、包装・梱包（コンテナ・通い箱など）、情報管理（国際貨物の情報管理など）がある。

### コンテナ

積載した貨物を積み直すことなしに複合輸送、積替え荷役に適したかたちで行うための貨物輸送用容器のこと。内容積は1㎥以上で、貨物の積み込み、取り出しを行いやすい構造で複数使用に耐える強度を備えているもの。海運で使われるものを海上コンテナと呼んでいる。

### コンテナ港

コンテナ輸送を行うためにコンテナターミナルを整備した港湾。コンテナ船が利用する港湾には、コンテナの積み卸しのためのガントリークレーンを岸壁に設置している。また、コンテナターミナルにはエプロン、マーシャリングヤード、コンテナフレイトステーション、出入口ゲートがある。

### コンテナ明細書（CLP：コンテナロードプラン、コンテナ内積付表）

コンテナ内部の貨物の明細を明示するのが目的。輸出品目の概要、荷印、梱包ごとの重量、容積などを記載。

### シー・アンド・エアー

海上輸送と航空輸送をミックスさせた輸送方式。海上輸送のみだと国際トータルリードタイムが長くなる場合、一部に空輸を導入することでコストを抑えつつ、リードタイムを短縮することが可能になる。シー・アンド・トラック（海上輸送プラス陸上輸送）、シーアンドレール（海上輸送プラス鉄道輸送）なども有力な輸送モードミックスの選択肢である。

### 信用状取引

信用状（L/C）を開設しての貿易取引のこと。信用状に要求されている書類を用意し、為替手形と買取依頼書を作成し、銀行に買い取りを依頼する。その際には送り状、包装明細書、船荷証券、保険証券、原産地証明書などが必要になる。

### タリフ（運賃表）

海運同盟に加盟している船会社のタリフは航路別、貨物別に定められている。海運同盟のタリフは基本運賃、割増運賃に加え、さまざまな付帯料金が加味されることも少なくない。また、割増運賃とは逆に運賃が割り引かれることもある。なお、基本運賃は［運賃率／トン］×［当該貨物トン数］で算出される。

### チャイナプラスワン

中国の労働コストが上昇したため、さらに低コストで工場運営が可能なベトナムやインドに生産拠点を移すことになる流れをふまえ、中国に次に進出するべき新しい進出候補国のことをいう。日本を起点としたグローバルサプライチェーンの距離はどんどんと長くなる傾向にあることを象徴するような語でもある。

### 通関業者

通関業を営む者を指す。通関業務については通関業法に定められている。

### 定期船

運航スケジュールがあらかじめ決まっている海上運送船舶のこと。多くの荷主から集荷された貨物（個品貨物）が混載され、積み込まれる。個品運送契約による運賃設定になる。

定期船の運賃には重量建て運賃、容積建て運賃、従価建て運賃、ボックスレートがあり、基本運賃に加えて通貨変動、燃料割増、船混割増などの割増料金が設定されている。

### デバンニングレポート

貨物の数量と状態を検数業者がチェックして、作成するレポート。検数人、検数の依頼者、荷受人などの名称、本船名、航海番号、コンテナのタイプ、コンテナ番号、コンテナシール番号、船積港、デバンニングの詳細、商品名、船荷証券の番号、検数の結果などが記載される。

### フォワーダー（フレイトフォワーダー）

貨物を送る荷送人（荷主）と実際に運送業務を担う者（実運送人）との中間に立った運送の取扱人のこと。利用運送業には第1種利用運送業と第2種利用運送業があり、トラック、船舶、航空機などのうちの1種類だけを利用運送する場合は第1種、複数の輸送手段を組み合わせる場合は第2種ということになるので、ドアツードアによる複合一貫輸送を請け負い、国際フォワーダーの場合、第2種に該当する。

### 不定期船

用（傭）船運送契約による海上運送を行う船舶の総称。不定期船の多くはドライバルク貨物（鉄鉱石、石炭、穀物など：乾貨物でバラ積み貨物）を輸送する。用船契約には、航海用船契約、定期（期間）用船契約、裸用船契約（船舶賃貸借契約）がある。

### NACCS（ナックス：輸出入・港湾関連情報処理システム）

海上貨物や航空貨物の入出港、積荷関連の諸手続き、輸出入貨物の諸情報の登録・管理、輸出入の申告、関税の納付手続きなどを行うことが可能。海運貨物を扱うSea-NACCSと航空貨物を扱うAir-NACCSがある。

### 船荷証券（ビル・オブ・ランディング：B/L）

船荷証券は船会社から輸出者に発行される受取証で、同時に貨物の出荷を証明する書類となる。また運送契約の成立とその内容を示している。

### 保証状（L/G）

保証状は銀行が連帯保証をすることで、船会社に対して、貨物の引取りを望む着荷主が正当な権利の保有者であることを保証する。

### ボートノート（カーゴボートノート）

コンテナ貨物ではなく、在来船の貨物の引取りの際には、デバンニングレポートではなく、ボートノートが作成される。ボートノートの書式もデバンニングレポートの書式と同様に検数業者が用意したものが使われることになる。

### 荷為替手形

輸出者の振り出した為替手形に船積み書類が添付されたもの。信用状（レター・オブ・クレジット：L/C）付きのものと、信用状なしのものとがあり、両者の信用度が異なる。

### 荷印（シッピングマーク）

貨物につけられる荷札のことで購入者名、製品名、原産地、陸揚地、梱包番号、契約番号が記され、貨物がどのようなものなのかがわかるようになっている。

## ■主要参考文献


『アジアにおける循環資源貿易』、小島道一著、アジア経済研究所、２００５年

『絵解き　すぐわかる産業廃棄物処理と静脈物流』、鈴木邦成著、日刊工業新聞社、２００９年

『絵解き　すぐわかる物流のしくみ』、鈴木邦成著、日刊工業新聞社、２００６年

『海上リスクマネジメント』（改訂版）、藤沢順、小林卓視、横山健一　共著、成山堂書店、２０１０年

『グリーンサプライチェーンの設計と構築』、鈴木邦成著、白桃書房、２０１０年

『国際海上コンテナ輸送概論』、今井昭夫編著、東海大学出版会、２００９年

『国際物流のクレーム実務』、雨宮正啓監修、成山堂書店、２００９年

『国際物流の理論と実務』（四訂版）、鈴木暁著、成山堂書店、２００９年

『国際物流のリスクと保険』、加藤修著、白糖書房、１９９０年

『図解　あっという間にわかる！　物流の最新常識　第２版』、鈴木邦成著、日刊工業新聞社、２００６年

『図解　実務入門　よくわかる貿易書類入門』、片山立志著、日本能率協会マネジメントセンター、２００６年

『図解　よくわかるＷＥＥＥ＆ＲｏＨＳ指令とグリーン調達』、ＷＥＥＥ＆ＲｏＨＳ研究会編著、日刊工業新聞社、２００５年

『図解　ＲＥＡＣＨ規則と企業対応』、ＲＥＡＣＨ研究会編著、日刊工業新聞社、２００８年

『最新　貿易実務　補訂新版』、浜谷源蔵著、椿弘次　補訂、同文館出版、２００８年

『実務担当者のための　最新　中国物流』、株式会社日通総合研究所、大成出版社、２００８年

『中国　保税開発区・倉庫活用実践マニュアル』、水野真澄著、エヌ・エヌ・エー、２００８年

『日本一やさしい貿易実務の学校』、木村雅晴著、ナツメ社、２００９年

『日中貿易物流のＡＢＣ』、岩見辰彦、石原伸志　共著、日本実業出版社、２００７年

『はじめての貿易実務』、木村雅晴著、ナツメ社、２００８年

『必修　中国物流の基礎知識』、株式会社日通総合研究所、大成出版社、２００４年

『ビジュアルでわかる国際物流』（２訂版）、汪正仁著、成山堂書店、２００９年

『貿易書類の基本と仕組みがよ～くわかる本』、布施克彦、秀和システム、２００９年

『貿易物流実務マニュアル』、石原伸志著、成山堂書店、２００５年

『輸出入　貨物保険の実務事典』、林忠昭著、日本実業出版社、１９９６年

『輸出入・シッピング実務事典』、高内公満著、成山堂書店、１９９１年

『よくわかるこれからの貿易』、高橋靖治著、同文館出版、２００６年

# 索　引

### 数字・英字



### あ

## ■著者プロフィール

**鈴木邦成**　（すずき　くにのり）

エコノミスト、日本ロジスティクスシステム学会理事。日本経営工学会、日本物流学会、日本環境共生学会会員。日本大学教授（在庫・物流管理などを担当）。

主な著書に『図解 物流の最新常識』、『トコトンやさしいSCMの本』、『絵解きすぐできる物流コスト削減』『トコトンやさしい流通の本』、『絵解きすぐわかる物流のしくみ』、『絵解きすぐできる流通在庫の管理・削減』、『絵解きすぐできる商品管理・物流管理』、『絵解きすぐできる産業廃棄物処理と静脈物流』、『新・物流マン必携ポケットブック』、『図解 物流効率化のしくみと実務』、『アジア物流のしくみと実務』、『図解 物流センターのしくみと実務』（いずれも日刊工業新聞社）、『物流100問100答』（明日香出版社）、『戦略ウエアハウスのキーワード』（ファラオ企画）、『郵政民営化で始まる物流大戦争』（かんき出版）、『グリーンサプライチェーンの設計と構築』（白桃書房）などがある。物流・ロジスティクス関連の学術論文、寄稿論文なども多数。


図解　国際物流のしくみと貿易の実務　NDC 336

2010年 9 月25日　初版 1 刷発行　（定価はカバーに表示してあります）
2024年10月18日　初版10刷発行

©著　者　鈴木　邦成
発行者　井水　治博
発行所　日刊工業新聞社
〒103-8548　東京都中央区日本橋小網町14-1
電　話　書籍編集部　03 (5644) 7490
販売管理部　03 (5644) 7403
F A X　03 (5644) 7400
振替口座　00190-2-186076
U R L　https://pub.nikkan.co.jp/
e-mail　info_shuppan@nikkan.tech
印刷・製本——新日本印刷（株）（POD4）

落丁・乱丁本はお取り替えいたします。
2010 Printed in Japan
ISBN　978-4-526-06525-5